いま蘇る

ブリア=サヴァランの美味学

Kawabata Akiko

川端晶子

東信堂

ブリア＝サヴァラン像
(Une Histoire de La Cusine Française, 1962)

ブリア＝サヴァランの初恋の人、ルイーズはまことに魅力的で少しぽっちゃりしていて赤ら顔で、いかにも健康そうに見えた。見る人びとをほれぼれさせ、芸術家の創作意欲をもかきたてるような風情であった。

健康そうな肥満型の体型の人気は衰え、血色の悪い痩せ型になろうとして酢を飲むことが流行していた。ルイーズは一ヶ月間毎日コップ一杯の酢を飲み続けて、とうとう十八歳で亡くなり、ブリア＝サヴァランは一生独身を通すことになった。

（ブリア＝サヴァラン没後一〇〇年記念・パイアンの講演記録より）

はしがき

十七世紀後半から十九世紀前半において、フランスで出版された数多くの料理書は、大別して、グリモ・ド・ラ・レニエールの『食通年鑑』に代表されるような、美味を追及し、考察する「食通の文学」と、カレームに代表されるような、実務家のための調理技術書の二方向に分けられるが、ブリア＝サヴァランの『味覚の生理学』は、「食べる」ということが人間生活にとってどのような深い関わりをもち、ある民族、ある国民の風俗・文化がいかに食生活に支配されるかを的確に把握し、表現した、世界的にユニークな書である。

同書は、感覚や味覚の定義、美味学の誕生、食欲、乾き、消化、肥満、るい痩《そう》、死にいたるまでの随想や、食卓の快楽についての論考であり、美味が人間の精神的、肉体的生活にどのような影響を及ぼすかについて、機知に富んだ筆致で書かれている。ブリア＝サヴァランは、食の快楽がいかに優れているかを絶えず説き続け、その理論、詩情を創出したのである。同書は、哲学的、感覚的かつ文学的書と評価されているが、世界的成功を収め今日でも広く愛読されている。

本書はこの『味覚の生理学』(*Physiology du goût*) の、今日的な視点に立った解読書・解説書である。

ちなみに、『味覚の生理学』の日本語訳がはじめて出版されたのは一九五三年で、関根秀雄訳『美味礼賛』(創元社）であった。その後、同訳書は一九九六年に白水社から新装復刊された。しかし、最も多くの人びとに親しまれているのは、関根秀雄・戸部松実共訳『美味礼賛(上・下)』(岩波文庫、一九六七年)、ワイド版、岩波文庫、上・下（全二冊、二〇〇五年）であろう。本書は、その内容上原書から多くの引用を必要としたが、引用文の翻訳に際しては、これら訳書から啓発されることが多かった。ただし、それら本書中の引用訳文の文責が筆者にあることはいうまでもない。

今日、関根秀雄先生の初版訳が出版されてから五十余年がすぎた。その後日本人の食事情も大いに様変わりし、海外旅行や日本国内においても世界的美味を楽しめるようになった。『美味礼賛』の中に見られる料理や食事風景も、かつてより身近に理解・消化できるようになり、また、食に関するさまざまな学問分野も著しい進歩を遂げて、ブリア＝サヴァランの斬新な学説が発展的に解明され、さらなる学問的研究成果をあげつつある分野も多い。本書を手にした方がたが、食にまつわる含蓄ある人間学のエスプリに接するとともに、グローバル化した今日の食体験から、約二〇〇年前のフランスの食文化が身近に感じられ、感慨深く、楽しい読み物として、皆さまのお役に立てれば幸いである。

なお、本書は、『食の科学』誌に「ブリア＝サヴァランの美味学」と題して、一九九八年三月から二〇〇〇年九月までの三十一回にわたり、連載させていただいた原稿を加筆修正したものであり、原書の「生理学」に代えて、本書の題名の一部に「美味学」を用いたのは、人口に膾炙《かいしゃ》した関根先生の『美味礼賛』からの連想であるとともに、この連載のタイトルにも由来している。また、以下は余談になるかもしれないが、ブリア＝サヴァランは、最初『味覚の生理学』(*Phisiologie du goût*) を匿名で、一八二六年に出版しており、著者名が明記されるようになるのは、二十年位後の版からである。なぜ匿名にしたかは明らかでないが、初版の題名の下には次のように書かれており、ここにも「美味学」の文字が現れている。

《文学や科学のもろもろの学会の会員である一教授より、パリの美食家に捧げる歴史と現代的諸問題とを含める書『味覚の生理学　またの名　超越的美味学随想』》

川端　晶子

二〇〇九年一一月

大目次／いま蘇るブリア＝サヴァランの美味学

第三部　哲学的料理史……235

第四部　没後一〇〇年記念フェルナン・パイアン

詳細目次／いま蘇るブリア＝サヴァランの美味学

第四章　《ポトフ》と《七面鳥》……300

凡例

(1) 本書中の『味覚の生理学』の底本には、筆者がフランス政府給費留学生としてパリ滞在中、一九六五年一〇月に購入した復刻版 *Phisiologie du goût,Julliard* (1965)を用いた。

(2) 本書は、第一部「ブリア＝サヴァランのアフォリスム」、第二部「美味学」、第三部「哲学的料理史」に、第四部「没後一〇〇年記念フェルナン・パイアン講演」(「あとがき」参照)を加えて四部構成とした。

(3) 上記『味覚の生理学』原書からの引用はじめ、引用原文は三字ずつ下げて記載した。

(4) 引用文末( )に記入の頁数は原書の該当頁を示す。

(5) 引用での著者の補い箇所は〔 〕で示した。その際、関根訳も参照した。

いま蘇るブリア＝サヴァランの美味学

第一部　ブリア＝サヴァランのアフォリスム

『味覚の生理学』（原著名：*Physiologie du goût*）は一八二六年刊行以来、十数年の間、匿名というかたちで世に出されていた。タイトルの下に「本書の序文となる、また美味学の永遠の基礎となる教授のアフォリスム（食卓箴言）」[1]と記されている。この教授のアフォリスムこそ、『味覚の生理学』を世界の美食家の聖典として確固たる地位を確かなものにしたのである。

ブリア＝サヴァランを敬愛していたバルザック（一七九九〜一八五〇）は、「このアフォリスムがあまりにも見事な出き栄えだったので、たちまちその大部分は美食家にとって諺同然となった」と評している[2]。

以下、アフォリスムについて考察を加えよう。

一　生命がなければ宇宙もない。そして生きとし生けるものはみな身を養う。

L'Univers n'est rien que par la vie,et tout ce qui vit se nourrit.

ある国民が「食」をどのように位置づけるかは、その国の文化を測る物差しともなるが、ブリア＝サヴァランは「食」こそ生命の源泉であり、宇宙の根源であると考えていた。

人びとは宇宙の恵みとしてある多くの生命体によってからだを養い、新しい命を育み、精神に安らぎを与え、また高揚させていくが、その源が「食」である。ブリア＝サヴァランは「食」に対する深遠な見識をもっていたが、フランスはこのような思想を文化にまで発展させた。

ソクラテス（紀元前四七〇―三九九）の「生きるために食うべし、食わんがために生くるべからず」という言葉があるが、後半は聖書の「人はパンのみに生くるにあらず」の意に通じる。このアフォリスムは『味覚の生理学』の基礎概念ともいうべきものである。

「食物連鎖」という言葉は二十世紀に入って、イギリスの動物生態学者C・S・エルトンによって一九二七年に提唱されたが、ブリア＝サヴァランは既に食物連鎖と栄養の関係を念頭に入れた考え方をもっていたと思われる。

食物連鎖は栄養の連鎖としてとらえることができる。**図1**に栄養レベルの食物連鎖ピラミッドを示したが、第一栄養レベルに属している植物は食物の生産者である。第二栄養レベルに属する動物は草食動物であり、第三栄養レベルに属するのは肉食動物である。肉食動物の捕食者は第四栄養レベルに属する。栄養レベルが上昇するのに伴い、ピラミッドを構成する捕食者の数は減り、個体は大型化していく。これらの被食・捕食の過程を通じて、エネルギーは栄養レベルのピラミッドの上部に向って流れていく。

地球のあらゆる環境のなかで生活している人間は、多種類のさまざまな動植物を食べる雑食性の高次消費者であり、食物連鎖ピラミッドでは最高の位置にある。人間は食物を大量に得るために農耕、養殖、牧畜などを行って、特定の動植物のみを増加させて、自然の生態系を改変している。そのため、環境破壊によって地球の生態系がくずれないよう、大自然の摂理をわきまえ、大自然の恩恵に感謝しなければならない。

二　禽獣《きんじゅう》はくらい、人間は食べる。教養ある人にして初めて食べ方を知る。

Les animaux se repaissent:l'homme mange: d'esprit seul sait manger.

地球上の生きものは、動物も人間もすべて、さまざまな生命体を自己の栄養源として摂取し、同化させながら生命を維持している。すなわち、食物連鎖のなかで生きているのである。ブリア＝サヴァランは、動物はむさぼり食うが、人間の食べ方に

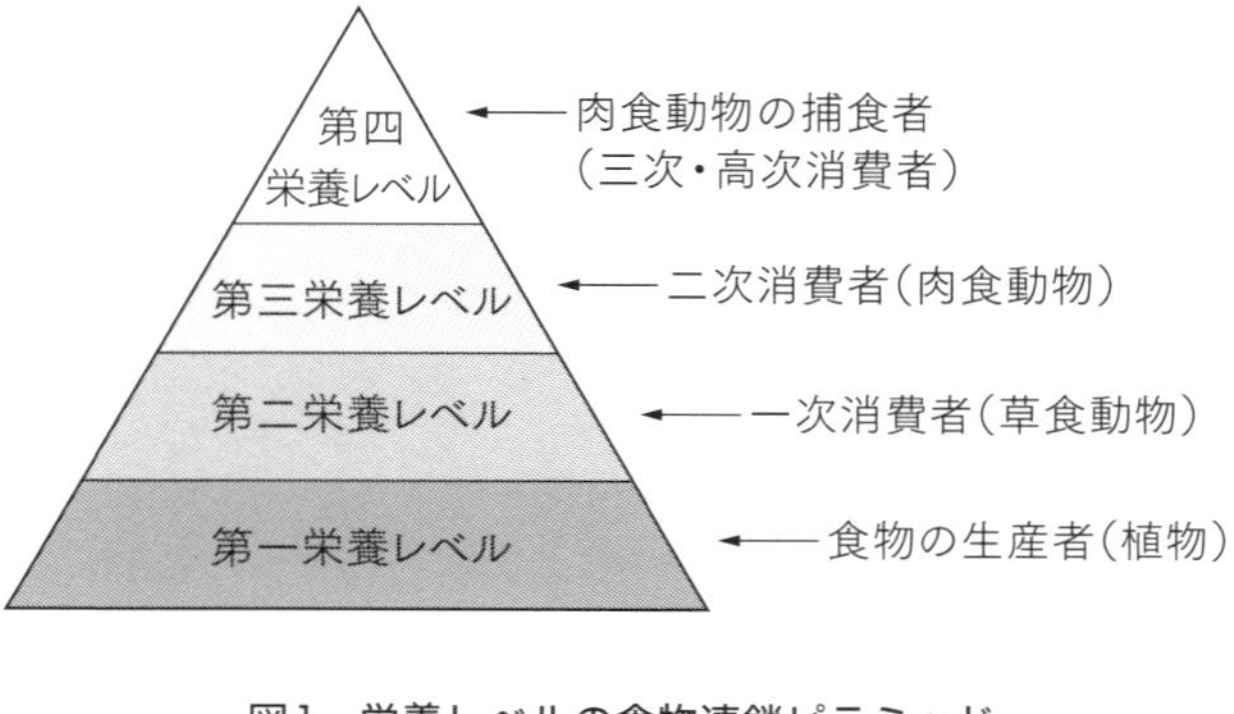

図1　栄養レベルの食物連鎖ピラミッド

はおのずとそれとは異なったものがなければならないという。動物はただ空腹になると食べるが、人間は食べ物を噛みしめて味わい、知的・文化的な喜びを味わうところに違いがある。これは、引用されることの多いアフォリズムの一つであるが、動物の食餌と違って「人間が食べるとはどういうことか」ということを問いかけている哲学的思考の展開のきっかけともなる貴重なアフォリズムである。

人間が食べるということの意義には、生理的意義と精神的意義の二つがある。動物は外界から食べ物を摂取して自らの生命の維持に役立てているが、人間も例外ではなく生きるために食べている。食物摂取によって自らの健康を再生産し、健康で活力に満ちた豊かな人生を送るとともに、健全な子孫を残して民族が繁栄することを請い願っている。これが生理内意義である。

一方、人間は食べることに対して、古くからさまざまな精神的エネルギーを投入し、食料の生産、保存加工・流通、技術の開発など、多くの恩恵を人びとに与えてきた。

食べること、すなわち、食事は食べる人の心を育て、ときには心を癒し、憩の場ともなる。家族団らんをはじめ、友人やさまざまなグループでの親睦を深めたり、さらに、社交、政治、外交などのコミュニケーションの媒体ともなる。食の営みは生理的意義をもつ縦糸とこれら精神的意義をもつ横糸の織りなす人間学の原点でもある。人間生活にとって重要な衣・食・住のなかでも、とくに食べ物は、そのもの自体が口から取り込まれて人間のからだに同化してしまうという、人間にとって最も関わりの深い物質である。そして、人間は食べる楽しみとともに、おいしさを追求する努力を重ねている。これらは動物においては見ることのできない、人間にのみ与えられた特権であり、食べることの文化面である。

Georges VILLA. Menu pour l'Académie des Gastronomes.

図2　アカデミー・ガストロノミーのパーティーのメニュー

(Dictionnaire de l'Académie des Gastronomes, 1962)

注：ブリア=サヴァランのアフォリスムの一つ《禽獣はくらい、人間は食べる。教養ある人にして初めて食べ方を知る》が書かれているのが興味深い。

三　国民の盛衰はその食べ方のいかんによる。

La destinée des nations dépend de la manière dont ells se nourrissent.

ブリア=サヴァランは「料理術の哲学的歴史」(第三部・第一章参照)のなかで、最初は粗食であったローマ人が、征服した土地が広がるにつれてだんだん贅沢になっていく様子を書いている。この頃の食事風景を物語るものに、レクチステルニウム(宴臥)があり、左脇を下にして左肘で身体を支え、横向に寝て右手でものを摑んで食べることをアンキュビタシオン(横臥体位)という。食べるために食べようと古代ローマ人の上流階級の人たちは考えていた。そこでは、食べたものを吐き出して、また、食べるというような、造物主への冒瀆とも言える行動が見られたことから、このような食べ方は滅亡へとつながるとブリア=サヴァランは警告する。飽食時代と言われる今日のわが国においても、情報過多による食べ方、食べ物を捨てることの無関心さなど、反省すべきことが山積している。食べ方が国民の盛衰を分けるということも過言ではないという実感をもつこの頃である。

四　どんなものを食べているかを言ってみたまえ。君がどんな人であるかを言い当ててみせよう。

Dis-moi ce que tu manges,je te dirai ce que tu es.

人は食べる物によって、その人となりがわかるということを述べているが、ロラン・バルトは「どんな人とつき合っているかを言ってくれたまえ、君の人となりを言い当てて見せよう」という諺のパロディであるという。

一般に、食行動は人となりに影響を与えているところから、引用される頻度の高いアフォリスムである。さらに、この諺は人間のアイデンティティーが自然の産物と人間の身体との関係で決まることを暗示しているともいえる。ようやく人間は、自然のコンディションのサイクルを乱したり、麻痺させたり、破壊し続けているのではないだろうかと真剣に考え始めている。小泉武夫が『食の堕落と日本人』[3]の中で、「食生活が乱れるとその人の体調がくずれるのと同じく、国民の食の周辺が乱れてくるとその国の社会も崩れてくる」と現代日本人の食の堕落の現状を検証している。また、食べ物の嗜好は性格にも影響を与えるとしてこの方面の研究も進められている昨今である。

五　造物主は人間に生きるがために食べることを強いるかわり、それを勧めるのに、食欲、それに報いるのに快楽を与える。

Le Createur':en obligeant l'homme à manger pour vivre,l'y invite par l'appetit,et le recompense par le plasir.

食欲とは、おいしい物を食べたいという欲望であり、何を食べようかという意欲でもある。欲望が満たされた結果、得られる満足感や喜びは脳を活性化させ、快楽を誘い、いきいきとした活力を与える。西川恵が『エリゼ宮の食卓——その饗宴と美食外交』[4]のなかで、シラク大統領の大食漢ぶりを次のように書いている。

あの食欲にはビックリします。東京に来たとき、ある中華料理店で会食者は三人なのに六人分頼む。店の人が「そんなのは多すぎる」というのも構わず、「いいから持ってきて」と注文する。そしてその通り全部平らげる。あれだけエネルギッシュな人だからこその食欲と思います。食事中、ひとときも黙っていないことでも有名だ。

食欲とエネルギッシュさは相関がありそうである。食にまつわる食欲と快楽の問題は、科学的な技術が発達した今日、脳の科学とも関連づけられながら、新しい研究方法とともに、新しい視点からの研究が進められている。しかし、ブリア＝サヴァランの考え方は今日でも大いに役立つ。

六　グルマンディーズはわれわれの判断から生まれるので、判断があればこそわれわれは、とくに味のよいものを、そういう性質を持たないものの中から選びとるのである。

La gourmandise est un acte de notre jugement, par lequel nous accordons la préférence aux chose qui sont agreables au goût sur celles qui n'ont pas cette qualite.

このアフォリスムから、いよいよグルマンディーズの領域に入っていく。ブリア＝サヴァランは、「グルマンディーズとは、味覚を喜ばせるものを情熱的に、理知的に、また常習的に愛する心、すなわち、美食愛である」と述べている。

美食愛は人間の知的活動の一つであり、増成隆士が述べている「食べ物のおいしさは、生理的・感覚的な次元に成立するものではなく、そこを基盤としながらも、そこを超えて、知的・文化的な次元に成立する」[5]という考え方に合い通じるものである。美食愛はまさしく人間の食行動の根底に存在する情感であるといえよう。さらに、ブリア＝サヴァランは「美食術はアテネの優美、ローマの豪奢、フランスの繊細の三つを統合したもので、気が利いた、巧みな技術、精力的な賞味、透徹した判断力を備えた美徳である」とも言っている。

また、キュノンスキーは「最も美しい国、それは美食する国であり、美食を心得た国であり、味覚と忍耐と誠実の数世紀を経て、料理を大芸術の権威まで高めた国であり、われらの巨匠ブリア＝サヴァランが美食術を理論付けた国である……」[6]と述べている。

おいしいものを食べたいということ、これには、何がおいしいかの判断が伴われなければならないが、まずはおいしいものを知るということが大切であり、自らの中に洗練された価値判断をもつことが必要である。

記憶として蓄積されることになる食材から受ける感傷的印象は、五感の知的神経を刺激し、くすぐり、かき立て、脳にデータを伝達する。視覚では外観、触覚ではテクスチャーが、聴覚では音がその役割を果たす。これらは、美味論にとって欠かせない序曲であり、唾液の分泌や食欲増進を引き起す。ここで、嗅覚上のイメージを識別し、記憶するのが大脳皮質である。脳は素晴らしい指揮者として、アロマ、フレーバー、味、テクスチャー、音などといった知覚したメッセージの質を判断する。ここでは、客観的知覚と主観的知覚の境界が曖昧になる。それは質的評価により、「少し好き、とても好き、情熱的に好き」というような主観性が引き出されるからである。

総体的な記憶は、嗜好の評価基準に応じて強化される。好きなことは忘れがたいが、二度と食べたくないものもよく覚えているものである。合理的でしっかりした記憶を得るには、繰り返し学習し、記憶の引き出しのなかに、食べ物の特徴をしっかりとしまうことである。

七　食卓の快楽はどんな年齢、身分、生国の者にも毎日ある。他のいろいろな快楽に伴うこともできるし、それらすべてがなくなっても最後まで残ってわれわれを慰めてくれる。

Le plaisir de la table est de tous les âges, de toutes les conditions, de tous les pays et de tous les jours:il peut s'associer a tous les autres plaisirs,et reste le dernier pour nous consoler de leur pertre.

「食べる快楽」は、一つの欲望を満足させることから得られる現実的、直接的な感覚であり、「食卓の快楽」は人間固有のもので、食事に伴うさまざまな事情を総合的にとらえる精神的な感覚である。食事の下ごしらえ、場所の選択、招待者の人選など、食事に先立つさまざまな配慮が要求される。食べ物をおいしく快適にいただくためには、食べ物（客体）と食べる人（主体）とのかかわり方が最高に好ましい状態に整えられていることが必要であり、喜びと愛と安らぎの雰囲気を醸しだすことが大切である。

食べ物のおいしさが成立する要素を**図3**に示した。食べ物の化学的要素と物理的要素を基盤にし、味覚、嗅覚、触覚、視覚、聴覚でとらえられる食べ物の状態と、食べる人の生理的、心理的、先天的、後天的、環境的要素とのかかわり方から、人間の脳でおいしさが評価される。すなわち、おいしさは五感のすべてと、さらに味わう人の生理的、心理的状態や環境、文化などがかかわっており、これ

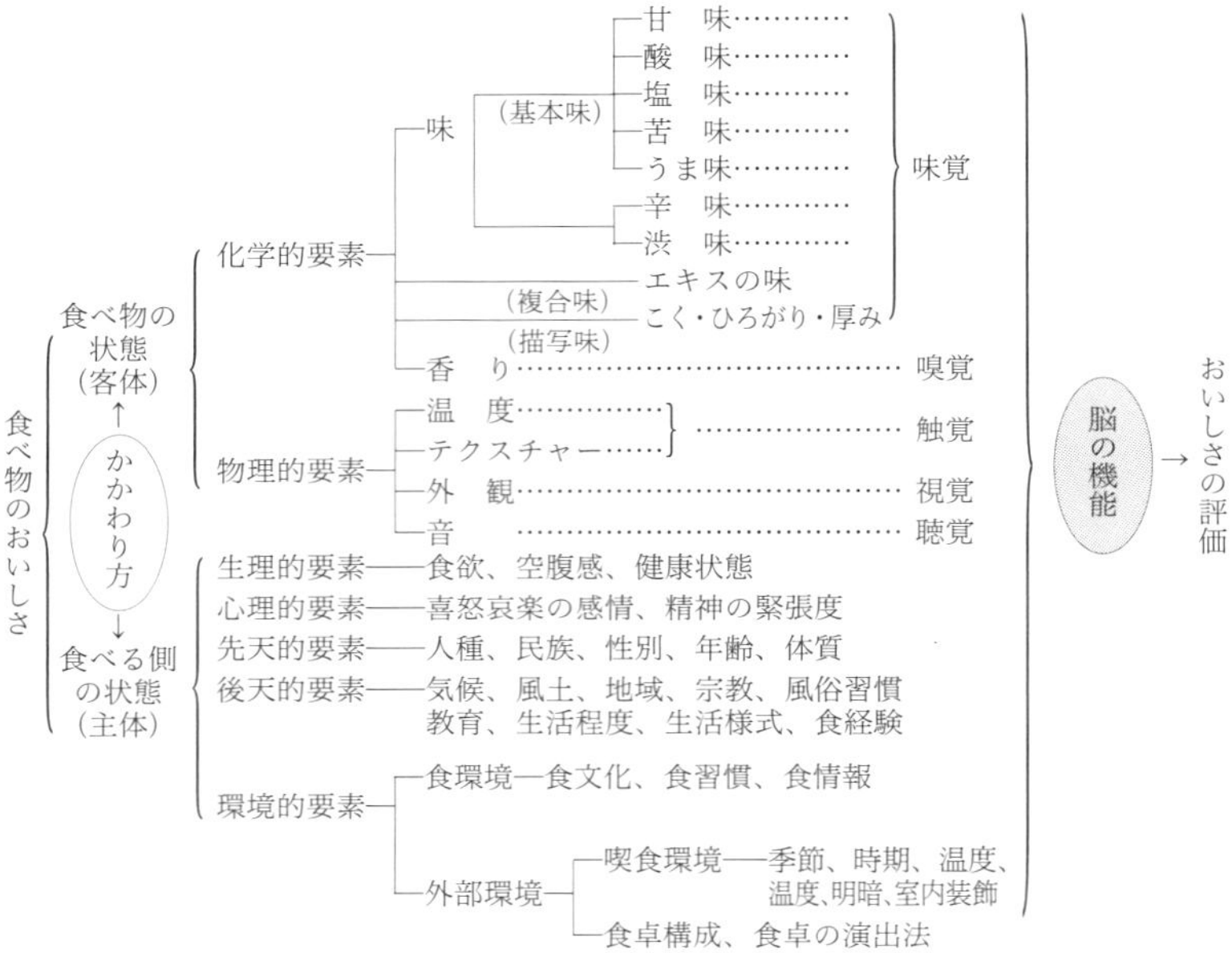

図3　食べ物のおいしさが成立する要素

らの相互作用によって創出されるのである。

伏木亨は『人間は脳で食べる』[7]の中で、おいしさについて四本の柱をあげ、「その一は生理的なおいしさ、その二は食文化のおいしさ、その三はやみつきを誘発するおいしさ、その四は情報のおいしさである」と述べているが、おいしさの文化は人間特有のものであり、情報がリードするおいしさは現代（二十一世紀初頭）の食事情を反映している。

詩人ラ・ファール（一六四四〜一七一二）や歴史家サントレール（一七七八〜一八五四）が機知溢れる作家として後世にその名を残しているのは、何よりも彼らが愉快な食卓の友であったためである。

それに加えてしばしば目撃するのが、あらゆる種類の人間関係、たとえば、恋愛、友情、ビジネス、投機、権勢、懇願、庇護、野心、策略などが同一の食卓を囲むように群れ集まっているという光景である。こうした食卓の仲間たちは、人生百般の事情に通じ、甘苦辛酸などのさまざまな味わいの果実を生み出すのである。

フランス的に洗練された風習は、ローマ風に食べたものを吐き出すという習慣の存続を認めなかった。フランス人は、もっと上品な方法で目的を達することになる。

というのは、食をそそる極めて魅力的な料理を創作したのである。それらは、軽い料理で味覚を喜ばせてくれるが、胃に負担をかけるほどではない。セネカ（BC五五～AD四〇頃、ローマの修辞家）であれば、「雲のような御馳走」とでも言ったかもしれない。

「食卓の快楽」は、ある程度の御馳走、おいしいワイン、愉快な会食者、たっぷりした時間さえ揃っていれば十分堪能できる。

地方の小さな貴族の家庭に生まれたブリア＝サヴァランは若くして弁護士になり、司法官、憲法制定会議の議員、民事裁判所所長、破毀院（最高裁判所）判事なども歴任したが、過激派の心ない人たちの誤解を受け、スイスやアメリカに亡命したこともあった。破毀院判事を務めていた頃のパリにある彼の家で開かれていた晩餐会は有名であり、材料の選択、料理人への気配りなどはパリのインテリ階級の間で大評判であったという。彼は日頃から食べ物について卓越した見識をもっていた上に、さまざまな体験をもとにして『味覚の生理学』を執筆していくころには、彼の頭脳は含蓄ある美味論の宝庫となっていた。

八　食卓こそは人がその初めから決して退屈しない唯一の場所である。

La table est le seul endroit où l'on ne s'ennuie jamais pendant le première heure.

「食卓の快楽」のまとめともいうべきアフォリスムである。食卓の喜びには、恍惚とか興奮といった激しい快楽はないが、その代わりに持続性において優れている。とくに、食卓における独特の特典ともいうべきものは、ありとあらゆる他の快楽に向けて、心身の調子を整えてくれることであり、心ゆくまで堪能できるご馳走をいただいた後は、常に心身ともに一種独特の幸福感に浸ることができる。とくに食を文化と考え、美食を求める人びとにとっては、食卓は華やかな舞台であり、そこに供される料理はまさに、プリマ・ドンナの名曲を聞くに等しい。

フランスの食文化に造詣の深かった東佐誉子の「食卓箴言」[8]のいくつかを記す。

東佐誉子の食卓箴言

☆　食卓は美と喜び、詩と芸術の世界である。

☆　多くの生物にとっては、単に食欲の目標に過ぎない食べものも、人の心の琴線にふれると、創造主の祝福の讃歌として映る。

☆　食べものは美と愛の表象であるから、人間の肉体を強化すると同時に、心情に働きかける偉大な機能をもつ。

☆　食べものは、創造主の美と愛の創造であることを知った人が、最後の真理に乗じた至高の

☆人といえよう。

☆食堂は、「料理」という交響楽を通して、天地のリズムと相接触する霊的調和の場所であり、人間性を完成する道場でもある。

☆食卓のプリマ・ドンナは各料理人の愛の料理である。その言語を絶した美味を通して、食品とは創造主の愛と美の表象であることをおのずと伝達される。

☆この美味な表象こそは人の生命の光であり、絶対健康の源泉である！　この世を明るくし、秩序づけるエネルギーである。

☆食堂の至高の旋律は、洗練の極みの優雅な奉仕的態度と、男性の騎士の動作(弱きを捧げる)と、詩のような美しい会話とである。

☆食卓での最大のタブーは黙食(座のメンバーと談笑せず、独り黙々として食事だけに専念集中すること)と枯淡とである。和やかに、明るい雰囲気と行届いた愛の態度と、ユーモアが最も尊重される。

☆食堂は、舞台と客席が一つになっているから、会食者全員がそれぞれ演奏者にならなければならない。食卓交響楽(楽器による演奏ではなく、会食者一同によってかもし出される雰囲気のこと)が始終最高の演奏が続けられるよう、全力をつくす義務が一人一人の双肩にかかっている。

☆食卓の雰囲気は会食者の教養の深さだけのものになる。一人でも調子を外すと、無残にも全体が壊れる。これは管弦楽演奏の場合と全く同じである。

☆ 食卓で自己を不完全に表現することは罪悪である。また隣人を不快にする権利もないのである。また人を支配する権利もない。

☆ 愛深い人は、食卓で奉仕の喜びと最も高貴な自分を実現しようとする。この愛の心配りはおのずと美の創造となる。一人一人が自己を最高度に表現するならば、食堂の大気は純化される。何故なら全員がおのずと清快な放射線を放ち、それが、花の薫りのように食堂に滲徹するからである。しかし、この食事の法則によって生きることをしないものは、肉体に病苦と老衰をもたらす。

☆ 食卓もまた「リズム」の追求と鑑賞にまで高揚されるべきである。永遠のエネルギーを享受することができるからである。

☆ 芸術的食卓とは、「愛の料理」と、美の雰囲気を通して創造主の愛と偉大な企画とに触れ、宇宙的感情（美と愛と秩序）を呼びさまし、この感情を高鳴らせるそれである。

また、興味深いことに、増成隆士は「料理には、単体的なものから複合的なものまで多様にありうる。音楽の独奏曲、合奏曲、協奏曲、管弦楽、交響楽などに相当するものとして捉えてみると、その多様性がわかる。それぞれの美味は、独創的な美味、合奏的な美味、協奏的な美味、管弦楽的な美味、交響楽的な美味ということになろう」[9]という。

九　新しいご馳走の発見は人類の幸福にとって天体の発見以上のものである。

La découverte d'un mets nouveau fait plus le bonheur du genre humain que la découverte d'une étoile.

若い頃から食通として知られていたブリア＝サヴァランの食を通じた人生哲学を実感するアフォリスムである。「新しいご馳走の発見」と書かれているが、むしろ、「新しいご馳走の創作」とした方が適切であろう。新しい食べ方、新しい料理の創作には、いつの時代でも人類挙げて熱心であり、個人はもとより、食品産業レベルやレストランにおいても、つねに新しい商品開発、新しい料理の創作に情熱を燃やし続けているが、ここではそういった心情を述べている。

ブリア＝サヴァランは『味覚の生理学』のなかで、ヴァリエテ（余禄）の「学問の選択」と題して、このアフォリスムに関係の深い次のような詩を載せ、〝フィガロの歌〟と同じ節で歌うとしている。(ibid. p.409)

わたしは天文学をふりすてて、
ただ天空をさまよい歩いた。
わたしは化学も思いすてる。
その味わいはあまりにせつない。
むしろわたしは美味学のために、
この前進を捧げよう。
グルマンたるいかに快き！

世界の人々は、膨大な精神的・物質的エネルギーを費やしながら、新しい料理、珍しい味、新しい食べ物とおいしさを求め続けている。二十一世紀初頭の今日、フランスにおいて新しい「分子ガストロノミー」の台頭がある。

エルヴェ・ティスの分子ガストロノミー

物理化学者であるティスは新しい「分子ガストロノミー」を立ち上げるために、レシピの検証とその科学的実験を試みた。科学とはまず、分類することからはじまるという理念のもとに、フランスの重要であるとされている歴代の料理本を解読し、分類した。伝統的な三五〇種のソースを一種ずつ作ってみて顕微鏡で分子構造をチェックし、二十三のカテゴリーに分類し、あらゆる料理を物理化学の式で表わせることを見出している。フランスの美味学を土台にして、科学の力で新しい料理を無限に創造し、人類の幸福に貢献したいという情熱が、ヨーロッパの各国、アメリカを始め世界を駆け巡り始めている。ティスの「調理は科学だ！　いや芸術だ！　いや愛だ！」という叫びが伝わってくる[10]。

十　胸につかえるほど食べたり、酔っ払うほど飲んだりするのは、食べ方も飲み方も心得ぬ輩のすることである。

Ceux qui s'indigèrent ou qui s'enivrent ne savent ni boire ni manger.

ブリア＝サヴァランはここで、「いわゆる教養ある人の食べ方とは」という問題をもう一度考え直すチャンスを与えている。ブリア＝サヴァランは暴飲暴食を戒め、そして美食がもたらす快楽とともに、羽目をはずさない節度ある正しい食の楽しみをいかに満喫できるかを、科学的に分析しようと試みた。

グルマンディーズ（食道楽）とグルマン（美食家）については、新たに章を設けて詳細に述べている。（第五章　第三節　参照）

十一　食べ物の順序は、最も実のあるものから最も軽いものへ。
L'ordre des comestibles est des plus substantiels aux plus légers.

ブリア＝サヴァランは食卓の快楽のスケッチのなかで、「料理はそれぞれ滋味豊かなものを選ばなければならないが、皿数は多すぎない方がよい。ワインはそれぞれの分に応じて最上であることを要する。また、順序については、料理の方は実質的なものから軽いものへ」と述べている。(ibid. p.188)

かつては、料理のサーヴィスの仕方についてはいろいろあって、フランス式、ロシア式、イギリス式と呼ばれていたようである。今日（二十一世紀初頭）見られるようなフランス式料理の典型的なコースは「ロシア式サーヴィス法」と言われるもので、サーヴィス法の開拓者としてその功績が評価されているユルバン・デュボワ（一八一八〜一九〇二）によって編み出されたものである。昔のフランス式サーヴィス法は第一帝政時代（一八〇四〜一八一四）から第二帝政時代（一八五二〜一八七〇）頃まで行われていた方法である。すなわち、一回に全部の料理を出してしまう方法と、第一、第二というように二回に分けて出す方法、および第一、第二、第三に分けて出す方法があったという。ブリア＝サヴァランが『味覚の生理学』を書いた当時はまだ、フランス式サーヴィス法の時代であり、各々のコースで多数の料理を同時に出すやり方であった。はじめに実質的なものをしっかりと食べ、お腹を整えてから、軽いものに移ったほうが味わいを十分に賞味できると考えていた。

十二　飲み物の順序は、最もおだやかなものから、最も強く最も香り高いものへ。

L'ordre des boissons est des plus tempérées et plus fumeuses et aux fumées,

ブリア＝サヴァランは飲料類のなかで、水こそがほんとうに渇きを癒す唯一の飲料であるとした上で、それらのもつ速効性について次のように述べている。「飲料類の効果は迅速である。疲れ切っている人に最も実質的な食べ物を与えると食べるのに骨が折れ、はじめのうちはわずかな快感しか感じないであろう。しかし、彼に一杯のワインかコニャックを飲ませてごらん。たちどころに元気が出て生き返ったようになる」という。（以下第三章、第六章参照）

十三　ワインをとりかえてはいけないというのは邪説である。舌には飽きがくる。三杯目からあとは最良のワインを飲んでもそれほど感じなくなってしまう。

Prétendre qu'il ne faut pas changer de vins est une hérésie; la langue se sature; et, apres le troisieme verre, le meilleur vin n'eveille plus qu'une sensation obtus.

このアフォリスムについて、辻静雄は「当時は現在のように料理に合わせてワインを選んだのではないようであり、ワインの質もあまり上等ではなかったようである」[11]といっている。

ぶどうは神話、伝説のなかにも出てくる植物であり、生命と豊穣、歓楽と祝祭の象徴である。ワインは人間に「酔い」を与えた最初の飲み物であった。やがて、ワインは料理とペアで嗜むものとして食生活のなかに浸透していった。

十四　チーズのないデザートは片目の美女である。

Un desert sans fromage est une belle à qui il manque un oeil.

チーズの歴史は古いが正式な正餐でどのように食べられていたかは明確ではない。パリ人の食卓にチーズが欠かせなくなるのは十九世紀後半になってからであり、このアフォリスムがブリア＝サヴァランの著書に出てきているのは、彼に先見の明があったからだといえる。

料理とともにワインを飲み進めて堪能するのはデザートコースに入る頃で、何種類かのチーズを盛り合わせた器の登場は何かほっとするひと時である。チーズ研究家の松本修司は「チーズはデザートか否か」[12]というエッセイのなかで、「フランスには非熟成で塩を加えない生チーズと熟成の工程中のチーズに塩を加えるチーズがある。フランス料理の献立が序論、本論、結論から構成されていると考えると、序論と本論のすべては塩味であり、結論の料理だけが甘味である。そこで、塩味の料理が終った直後に出される塩味チーズはデザートに入らず、塩味の本論の止めとして、本論の料理と一緒に出されるパンとワインとともに賞味して一区切りつけ、食べ終わったら、塩、胡椒などの塩味を基本とした料理を一切食卓から切り離して、最後の甘味を基本としてデザートコースに入る。塩味のないクリーム状のチーズに甘味を加えたものこそ、デザートとして位置づけされるチーズである」という。

ジャン＝ポール・アロンは『食べるフランス人』のなかで、チーズについて次のように述べている。

「一九世紀初頭、食料品店のカタログには五〜六種のチーズの名称が載っている。グリュイエール、チェスター、パルメザンなど長旅に耐える硬い質のものだ。例外が二つ、柔らかい質のヌーシャテルと、高価だがこの上なく美味で、超有名店の請求書のどれにも見られるようなロックフォールだ。……第二帝政時代のブリス男爵はあまりにも微妙な選択を免れようとしてであろうが、チーズを締め出すほうを選ぶ。……自他ともに認める大食漢アレクサンドル・デュマ（一八〇二〜一八七〇）がチーズに対して戸惑いや気後れから距離を置いていることに驚かれるであろうが、チーズがたくさん消費されることはあり得ないであろう。消化が悪く、時には有害でもあるからだ」と。

事実、パリの消費者にチーズが欠かせないものになるのは、一九世紀の後半に入ってからである。

最近、日本でも「ブリア＝サヴァラン」という名のナチュラルチーズを賞味することができるよう

チーズ：ブリア＝サヴァラン

いわゆるナチュラルチーズがフランスの共有財産になるのは、ブリア＝サヴァランの時代からかなり後のことである。パリのサン・ラザール駅のすぐ傍に、ちょっとなだらかな坂道があって、少し上ったところに、「アンドルーエ」というチーズ屋がある。この店の主人が名付けたのがこのノルマンディの牛乳で作ったチーズである。
（辻静雄『ブリア＝サヴァラン「美味礼讃」を読む』岩波書店　1989　p. 127）

になったが、これはノルマンディの牛乳で作ったチーズで、フレッシュ感とゴージャスな雰囲気がブリア゠サヴァランの人柄を偲ばせる味わいである。しかし、ナチュラルチーズがフランス人の共有財産になるのは、ブリア゠サヴァランの時代よりもかなり後のことである。「チーズのないデザートは片目の美女である」というアフォリスムを記したブリア゠サヴァランの先見の明に対して称賛の拍手を送りたい。

十五　料理人にはなれても、焼肉師の方は生まれつきである。

On devient cuisinier,mais on nait rôtisseur.

この「料理人」とは、調理をする人の総称として用いているが、「焼肉師」（ローティスール）とは焼肉を専門とする料理人のことをいう。肉料理の多いフランス料理では、肉の焼き加減が最も重要なポイントであるとされ、したがって焼肉師が大切にされている。肉を焼くという作業は極めてデリケートなものであり、霊感にも近い勘を必要とすると考えられ、料理としても煮込んだものよりも焼肉のほうが高く評価されている。

本格的なグルマンディーズの実例の中で、ブリア゠サヴァランは「料理人は理論によって学者にもなれるが、常に技術によって学者となり、職務の性質からは化学者と物理学者の中間に位置している。そして、料理人は生命維持のメカニズムを託されているのだ」(p.312) と述べている。

さて、焼肉とは肉のあぶり焼きのことであるが、当時の加熱法はあぶり焼き(ローティ)、ゆでる(ポシエ）、蒸し煮（ブレゼ）、揚げる（フリール）のみであり、十八世紀末までは肉を焼く前に下ゆでする調理法が続けられていたという。それは、常温で熟成し過ぎた鳥獣肉の腐敗した表面を処理する衛生的な配慮であるとともに、肉質を軟らかく仕上げるために行われた準備調理操作であった。

骨付き牛や羊の半身をあぶるという作業は非常に難しい。火加減を見ながら頻繁に肉串を回し、肉汁をかけながら、大きな肉塊の各部位の焼け具合を見極めていかなくてはならないのである。当時の食材は品質があまり良くなく、さらにそれらを保蔵する環境も貧弱なものがあった。そういった中で、あぶる工程のみがクローズアップされているところに注目すべきであろう。

アントワーヌ・シェフェールは『感覚論』[13]の中で、《感覚についてのピアノレッスン》と題して、「調理における加熱機器（オーヴン）はピアノであり、鍵盤をたたくように調理操作を繰り広げて誕生するハーモニーを奏でるのである。美味学では、五感のすべてが、食材を選び、調理し、評価し、分析し、味わうための道具である。音楽は聴覚の楽しみを、調理は味わいの楽しみを創造する。いずれも奏でるということは同じであり、楽しい雰囲気と言うメロディである」と述べている。焼肉師に最も完璧な技巧と行届いた心遣いが要求されるのは、フランスならではの特質である。

十六　料理人に必要欠くべからざる特質は時間の正確さである。これはお客様の方も同じく持たねばならない特質である。

La qualité la plus indispensable du cuisinier est l'exactitude: elle doit être aussi celle du convié.

料理人の備えるべき資質のうちで最も大事なものは時間厳守であり、また、招かれた方も絶対に時間通りに到着しなければならない。遅れたのでは料理はまったく駄目になってしまう。恐らくブリア＝サヴァランの頃は、フランス時間ということで、ずいぶん時間に対してルーズであったのではないかと想像される。

日本式とフランス式の供食スタイルを比較すると、日本式は空間展開型であり、フランス式は時系列型であると言えよう。いずれのスタイルであってもおいしく食べるためには、食べ頃があり、時間の正確さが要求される。作る人と食べる人の時間的呼吸の一致がおいしさの花を開いてくれるのである。

料理人には、適時、適温、適量の設計における正確さが必要となるであろう。

1　適時

適時とは、それぞれの食材の新鮮さと熟度のバランスを考え、それらを組み合せる知識と技術が要求されるということである。

さらに、食事スタイルに合わせたメニューの順に従って、料理の完成とサーヴィスのタイミングを考えながら進行させなければならない。

2　適温

適温とは、その料理が要求する適温と当日の環境による体感温度との調整、並びに温度の経時変化を予測したサーヴィスの順序とスピードの調整ということである。料理と体温の好ましい温度差はプラス・マイナス二十五度から三十度であると言われている。ワインの適温管理にも最新の注意が必要である。

3　適量

適量とは、メニューの内容の構成と深い関係があり、身体的、生理的な欲求（性別、年齢別、エネルギー、たんぱく質、脂質、塩分、糖分など）に対応する食事量に配慮することである。

食べる側（客）も、もてなす方の配慮を最高の状態で受容できるように、まず時間の正確さを心がけることが必要である。また、食べる側の整えるべき生理状態とは、まず第一に食欲を高めておくということである。

十七　来ないお客を長い間待つのは、すでに揃っているお客様方に対して非礼である。

Attendre trop longtemps un convive retardataire est un manque d'égards pour tous ceux qui sont présénts.

パリのリシュリュー通りにあるブリア＝サヴァランの邸宅では、時々晩餐会が開かれた。それは少人数の集まりであり、内容も決して贅沢ではなかったが、食材の選択と料理にかける心尽くしから、教養あるパリの紳士淑女の憧れの的となっていた。とくに、気配りと時間の正確さについては厳格、厳密であった。サヴァランの好きな料理としては、七面鳥、去勢鶏、ブレス（リヨンから北々東六十キロにある町）の雌の若鶏、きじ、それにトリュフ、魚ではひらめ、わかさぎというものがあった。真心を込めて料理を準備し、客を待つブリア＝サヴァランは身をもって時間の大切さを強調している。すなわち、美食を愛する人は、招かれるときに他の人を待たせないようにすることが大切であるという。

十八　せっかくお客をしながら食事の用意に自ら少しも気を配らないのは、お客をする資格のない人である。

Celui qui reçoit ses amis et ne donne aucum soin personnel au repas qui leur est prépare,n'est pas digne d'avoir des amis.

ここでは食事のもてなしの心について述べている。調製された料理を食器に盛り、魅力的な食卓のセッティングを行い、目的に応じた雰囲気を作って、どのようなサーヴィスを行うかということである。食事は人の心を育て、疲れを癒し、明日への活力を与える憩いの場となる。また家族団欒をはじめ友人やさまざまなグループでの親睦を深めたり、社交、政治、外交などのコミュニケーションの媒体ともなる。

このアフォリスムは食事に客を招く際の心配りを述べている。

ブリア＝サヴァランは「食卓の喜びは人類だけに限られたものであり、それは、食事の準備、場所の選択、会食者の招待など、事前にいろいろな心遣いがなされてはじめて体験できるものである」と述べている。

こうした心遣いが浸透しているフランス人の客のもてなし方には、いつも頭が下がる思いであるが、とくに、会食者の洗練された心配りには目を見張るばかりである。

最近、日本でも食卓のコーディネートの基本理念が語られ、「もてなしのこころ」や食卓の演出の基本要件が語られている。

1　食のアメニティ

食のアメニティとは、ラテン語の「愛する」という語源から、人間に内在する本質である「愛」を縦軸に、人間と環境を包含した「生命」を横軸にした場合、その交差する接点に存在し、愛と生命が融合するところに生まれると解釈されている。

アメニティという言葉は「快適性」とか、「快適環境」、「魅力ある環境」などと解釈されているが、「安らぎ」、「愛する」、「愛すべき」という意味ももっている。アメニティは環境問題から研究が始まったが、アメニティの場とは、ひと息ついて安らぐことができる場所をいい、人はアメニティのあるところに心の安らぎを覚える。単なる快適性と言うよりももっと深い意味の「命の安らぎ」とも言うべき意味を根底にもっている。「食による癒しと絆の再生」という言葉も使われているが、これはとりも直さず「食のアメニティ」を求めてきた潮流の現われである。

2　6W1H

現在（二十一世紀初頭）、食卓の演出の基本用件として「6W1H」が語られている。

「６Ｗ１Ｈ」とは、who, with whom, when, where, what, why, how である。

3　だれが（who）食べるのか？

食事はだれが食べるのか？　食べる人の年齢層や個々人によって生理状態や嗜好も異なる。家庭では家族構成がその対象となり、フードビジネスではターゲットとなる客層が対象となる。

4　だれと（with whom）食べるのか？

だれと食べるのか？　一人で食べるのか、家族団らんの食卓なのかなど、人間関係も多様化しているが、食事空間と密接な関係がある。ブリア＝サヴァランが描写するレストラン内の情景も楽しい。（第三部　第二章　レストランの章で詳述）

5　いつ（when）食べるのか？

いつ食べるのか？　食事は一日に朝食、昼食、夕食の三回というのが普通であるが、年齢や生理状態、食習慣によっても異なり、お茶の時間や夜食などの軽食もある。空腹感は体内時計とも密接な関係がある。

6　何を（what）食べるか？

何を食べるか？　これは食材や料理、メニューを選択するということである。食材や栄養素のバランスが整っている料理を期待するが、近年は、機能性成分にも関心が寄せられている。二十一世紀に入って、フランスのエルヴェ・ティス[14]が「分子ガストロノミー」という新しい研究分野を立ち上げているが、サヴァラン以来の美味論に新しい分子論を導入して、科学の力で新しい料理を無限に創造し、人類の幸福に貢献したいとしている。

7 何のために(why)食べるか?

人間が食べるという行動には、生理的な意義と精神的な意義があるが、これはモチベーションという言葉に置き換えることができる。生命維持のための栄養的動機、おいしく食べるための嗜好的動機、体調を調節するとともに病気を予防し、健康を維持する生理的動機、食を楽しむとともに他者とのコミュニケーションを円滑にするための文化的動機などがある。

8 どのように(how)食べるか?

どのように調理し、どのような食事様式で食べるかということは食文化そのものであり、世界各地域に、それぞれ長い歴史と文化に培われた伝統がある。とくにフランス人は、彼らが「ガリア人」と呼ばれていた昔から、孤独を嫌って集合を好み、おしゃべりをしたり議論することの好きな国民である。彼らは時間をかけてご馳走を楽しむのと同時に会話を楽しむ。

アレクサンドル・デュマは『デュマの大料理事典』[15]の中で、次のように述べている。

「晩餐は何よりも重要な日常の行動であり、これを立派に成し遂げるには、エスプリが必要である。

晩餐において食べるだけでは十分ではなく、出しゃばることもなく、明るくおだやかに話をしなければならない。会話はアントルメに添えられたワインのルビーの色とともに輝き、デザートの甘さとともに甘味を帯び、食後のコーヒーを飲む頃にもなると、本当の深みに達していく」。

十九　主婦は常にコーヒーの風味に責任を持たなければならず、主人はリキュール類の吟味に万全の注意を払わなければならない。

La maitresse de la maison doit toujours s'assurer que lecafé est est excellent; et le maitre, que les liqueurs sont premier choix,

夫婦が分担しあって客のもてなしをするという考え方は好ましい。社交が盛んであるフランスでは、一家のホスト（主人）とホステス（主婦）の役割は大きく、そのシステムの分担も明確にされている。正式な宴会への招待は日本の茶事にも似た準備や手順が必要である。主婦が担当するコーヒーについては、その風味、産地や品種の選定から、豆の等級や収穫年の良否、焙煎、挽いてから供する湯やカップの温度にいたるまでの一貫した取り扱いの技術や知識について責任を持つことが必要である。一方の主人はリキュール類に責任を持たなければならない。リキュールの種類と名称は数え切れないほど多く、そのなかから当日のメニューや客の好みに適したリキュール類を選択することはまさしく主人の役割である。息の合ったホストとホステスによるコーヒーとリキュールの品定めによって、当日のすばらしい食事が完結する。

二十　だれかを食事に招くということは、その人が自分の家にいる間中その幸福を引き受けるということである。

Convier quelqu'un, c'est se charger de son bonheur pendant tout le temps qu'il est sous notre toit.

申し分のないご馳走をいただいた後には、心身ともに一種独特の幸福感に浸るのが常である。食事に客を招くということは、身体的にも精神的にも幸福感を醸しだす責任がある。

食事に招くということは、一時《ひととき》の喜びをともに楽しむことである。公的なレセプションであれ、私的なパーティであれ、古代の神人共食がそのルーツであるが、同じ釜の飯を食べたり、同じパンを分かち合うことや陶酔飲料の酒やワインで酔いつぶれるのも、同根といえよう。共食を成功させ、共感と好評を得るためには並々ならぬ努力が必要である。

責任という問題で、有名な伝説がある。クレーム・シャ

シャンティイ城

(Les Guides Verts Mchelin, Envlrons de Paris, 1965)

ンティイ（ホイップド・クリーム）の名の起源で有名なシャンティイ城の祭典において、ホストの大コンデ公は、偉大な料理長であるヴァテールにルイ十四世を迎えるための総責任を任せた。八〇人分ずつ六〇のテーブルが用意され、三日間で合計約五千人分の食事をヴァテールは一二日間も眠らずに準備したにもかかわらず、初日、夕食に招かれざる客も多く押しかけ、二つのテーブルでロースト料理が不足してしまった。ヴァテールは眠れぬままに朝を迎えたが、注文した魚も届かなかった。彼は意気消沈し、責任感から自決（一六七一年）してしまった。クレーム・シャンティイという名は、シャンティイ城にちなんでヴァテールによってつけられたものである16。

さて、完璧なもてなしは、ホスト側の綿密な連携で成り立つものであり、容易なことではない。

以上、二〇項目のアフォリスムには、含蓄ある意味が潜んでいる。ブリア＝サヴァランの『味覚の生理学（*Physiologie du goût*）』は、パリでの発刊以来約一八〇年を過ぎた今日でも、ことにアフォリスムは、読む人々の各人各様の解釈の仕方で、内容を膨らませ、また時代のさまざまな「食」の問題の解決の糸口として、つねに新鮮な示唆を提供してくれるのである。

注

1　ブリア＝サヴァラン著　関根秀雄・戸部松実訳　『美味礼讃 上・下』　一九六七　一二頁

2　ローラン・バルト著　松島征訳　『味覚の生理学を読む』　みすず書房　一九八五　五一頁

3　小泉武夫著　『食の堕落と日本人』　東洋経済新聞社　二〇〇一　はじめに

4　西川恵著　『エリゼ宮の食卓―その饗宴と美食外交―』　新潮社　一九九六　五九一頁

5 増成隆士・川端晶子編著『美味学』建帛社　一九九七　一頁
6 キュルノンスキー、ガストン・ドリース著『美食の歓び』柴田書店　一九七〇　まえがき
7 伏木亨著『人間は脳で食べる』ちくま新書　二〇〇五　三七〜五〇頁
8 東佐誉子著『食卓芸術』未刊：林定子・川端晶子編『いま蘇る味の世界—東佐誉子の人とことば—』講談社サービスセンター　一九九二に収録
9 増成隆士・川端晶子編著『美味学』建帛社　一九九七　五一頁
10 川端晶子「エルヴェ・ティスの分子ガストロノミー」『日本調理科学会誌』二〇〇六　三九巻六号　一八四頁
11 辻静雄著『辻静雄著作集』新潮社　一九九五
12 松本修司『日仏交流』創刊号　横浜日仏協会　一九九六
13 アントワーヌ・シェフェール『感覚論』フランス料理文化センター　一九九七　三三頁
14 川端晶子　前掲「エルヴェ・ティスの分子ガストロノミー」
15 アレキサンドル・デュマ著　辻静雄・林田遼右、坂東三郎訳『デュマの大料理事典』岩波書店　二〇〇二　三九五頁
16 Les Guides Verts Michelin, "Environ de Paris" p.61, 1965

第二部　美味学

第一章　美味学の誕生

人類は火の発見によって、食品を加熱して食べることのできる唯一の動物となり、味覚の喜びを知ったのである。『味の美学』[1]によると、「美味学」あるいは「美味論」という語が一般に用いられ始めたのは、一八〇〇年代であるという。人間は美味を愛し、人間の本質としての動物的生存意欲を全うするための栄養補給を目的とした食生活に、この美味の楽しみを合わせ求めている。

増成隆士は『美味学』の美味学序説[2]の中で、「食べ物の美味しさは、生理的・感覚的なものを不可欠な媒体とするが、しかし、単に生理的・感覚的な次元に成立するものではなく、そこを基盤としながらも、そこを超えて、知的・文化的な次元に成立するということ、そして、また、美味はそこにあらかじめ存在するものだけでなく、人間がつくり出すものである、ということにわれわれの眼を向けさせる哲学的なカリカチュアに、このシーンはなっているところから、美味学的に深い意味を含んでいるものとしてとらえるべきであろう。さらに、美味は一面で客体（食べ物そのもの）の物質としての在り方とともに、他面で、主体（食べる人）とのかかわり方によって成立する。後者には生理的・

感覚的な次元と知的・文化的な次元があり、知的・文化的次元では、知と文化の本質からして、個人としての次元だけでなく、その時代やその文化圏の知的・文化的な次元もある」と述べている。

こうして、「美味学」は、食べ物という物質の客体としての要素と、それを食べる人とその環境も含めた主体としての要素との関わり合いによって構成される。

日本における食の思想として、今日でも大切にされているのが、道元禅師の『典座《てんぞ》教訓』と『赴粥《ふしゅく》飯法』[3]である。食べるということは仏道修行の最も重要な行事であり、《食べ物は人間内在の仏性への供物である》という考え方で、おいしさの追求とともに食の思想を述べている。一方、武家時代には《武士は食わねど高楊枝》という考え方が尊重され、武士はたとえ貧しくても、清貧に安んじ、気位を高く持っていなければならないと考えられていた。このように、食に対しては禁欲的な思想さえあり、「おいしさ」を学問の対象として考えていくようになったのは、日本では、ここ二〇〜三〇年くらいであろう。いずれにしても科学と文化の接点に位置している「おいしさ」の問題は、「人間学」をバックボーンとして研究が展開されるべきであろう。

1　美味を求め続けた歴史

美味を求め続けた歴史を遡っていくと、それは取りも直さず、人類の歴史の始まりでもある調理の起源に行き着くことになる。火を使った調理と技術の誕生が人類の食文化の出発点でもあった。狩猟、漁り、採取などで入手したものを加熱して食べることのおいしさを体験した人々は、直火で焼いたり、串に刺して焙ったり、燻製にして味を整えたりと、このように食べやすくするばかりでなく、保存の手段としても利用したのであった。さらに、調理器具の創作、食器類の工夫、食事作法にも心を配るようになっていく。

古代の食べ物と料理は、神話的な儀式によって構成されていた。たとえば、古代ギリシャ神話では、コムスは料理の神であり、バッカスはワインの神であり、ポセイドンは海の神である。アルケストラトス（紀元前四世紀）の『美食誌』[4]と題する著作は、食べ物についての彼の経験と発見とを詳述した体系的研究であったが、断片しか今日に伝わっていないという。帝政初期のローマの食通、美食家であったアピキウスは、『アピキウス・古代ローマの料理書』[5]を残している。（注　約一二〇のレシピを集めた著作で、ソースと煮込み料理の開拓者として誉れ高い彼の覚書をもとに三世紀も後になって編纂されたものである。）

このアピキウスの著作の中で当時の調理法を伺い知ることができるが、この頃の基本的テクニックとしては、火で焙る、茹でる、煮込むの三つの方法があるが、これは象徴的な階層付けに似て、それぞれの方法は人類の置かれた状態と進歩の方向を示している。すなわち、焙ることから茹でることにいたる順序は時間的であるとともに、文化的な意味をもっている。

ローマ料理はオリエント文化の影響のもとに発達したギリシャ料理の伝統を継ぐものであり、アピキウスの料理書は両時代にわたる料理文化の集大成ともいうべきものである。

美味を求め続けた歴史（略図）ギリシャ・ローマからフランスへ

B.C. 600 — 400 — 200 — A.D. 1 — 200 — 400 — 600 — 800 — 1000 — 1200

- B.C. 600　ギリシャ神話と食べ物
  - ・コムス―料理の神
  - ・バッカス―ワインの神
  - ・ポセイドン―海の神
- B.C. 200　古代ローマ時代
  - ・アルケストラトス著『美食法』
- A.D. 1　古代ローマ全盛期
  - ・アピキウス著『古代ローマの料理書』
- 古代ローマの衰退
- 400　中世（4～13世紀）
- 600　・中世の混乱期
- 1000　・フォークがビザンティン帝国からヴェネチアに伝えられる（11世紀）
- 1200　・パスタの出現（13世紀）

B.C. 600 — A.D. 1 — 200 — 400 — 600 — 800 — 1000 — 1200

- 800　中世（9～14世紀）
  - ・西フランク王国成立（八四三年）
  - ・フランス料理におけるゴシック時代
- ・タイユヴァン著『食物譜』（一三七〇年頃）

（川端晶子　食の文化　第三巻「調理とたべもの」140～158　(財)味の素食の文化センター　1999）

西暦 2000 ― 1900 ― 1800 ― 1700 ― 1600 ― 1400

イタリアルネサンス

・プラーティナ著『高雅なる快楽』(一四七四年)

・カトリーナ・デ・メディチがアンリ二世と結婚(一五三三年)(フィレンツェの食文化をフランスの宮廷に紹介)

・トマトソースの出現(17世紀)

・ペッレグリノ・アルトゥージ著『調理科学と食事法』(一八九一年)

・日本においてイタリア料理が親しまれはじめたのは一九七〇年代からである

西暦 2000 ― 1900 ― 1800 ― 1700 ― 1600 ― 1400

ルネサンス(15～16世紀)

・様式の確立

17世紀　フランス料理の発展

・フランソワ・ラ・ヴァレンヌ著『フランスの料理人』(一六五〇年)

・L・S・R著『巧みに饗応する術』(一六七四年)

・マシアロ著『王室とブルジョワ家庭の料理人』(一六九一年)

18世紀　フランス料理の集大成

・ムノン著『ブルジョワ家庭の料理人』(一七四六年)

・ムノン著『宮廷の夜食』(一七五五年)

19世紀　美食の誕生とその黄金時代・調理科学の胎動

・ブリア＝サヴァラン著『味覚の生理学』(一八二六年)

・アントナン・カレーム著『一九世紀のフランスの調理術』全五巻(一八三三年～一八三五年)

・ジョゼフ・ファーヴル著『料理万有事典』(一八八三年)

20世紀　観光地のレストラン業からヌーヴェル・キュイジーヌへ

・《『ギド・ミシュラン』第一号(一九〇〇年)》

・キュルノンスキー&A・ドウ・クローズ共著『フランスの美食の宝物』(一九二三年)

・オーギュスト・エスコフィエ(一八四六年～一九三五年)古典料理の集大成を行った。

・プロスペル・モンターニェ著『ラスール料理辞典』(一九六七年)

2　美味学の起源

美味学（ガストロノミー）という言葉についてブリア＝サヴァランは『味覚の生理学』[6]の中で「ギリシャ語から復活させた」と述べているが、アルケストラトス（紀元前四世紀）の『美食誌』では、《ガストロロジー》あるいは《ガストロノミア》とも呼ばれたといわれている。ブリア＝サヴァランの時代に最も近い文献は、ジョゼフ・ベルシュー（一七六二〜一八三八）が一八〇一年に発表した詩集『ガストロノミー』である。

ベルシューはギリシャ・ローマに詳しく、この時代の言葉を掘り起こしているが、しかし、この詩集の中にはどこにもガストロノミーという言葉は見当たらない。これは、あくまでも題名であり、全編の象徴としての言葉のようである。ベルシューの『ガストロノミー』から二五年たってからブリア＝サヴァランは『味覚の生理学』を出版したわけであるが、本文中にある友人との対話の中で、ガストロノミーについて次のような箇所がある。

【友人】　今朝、食事をしながら珍しく家内と意見が一致しました。そこでお勧めにあがったわけなんです。どうしても先生に、『美味礼賛』（*Meditations Gastronomiques*）は、なるべく早くお出しいただかなくてはいけませんよ。

【著者〔ブリア＝サヴァラン〕】　《婦人の欲するところは神の欲するところ》かね。なるほどこの数語の中にはパリっ子憲章がことごとく含まれているよ。だがこの僕には適用されないだろう。僕は独り者だからな。

【友人】　世間がこぞって先生のご本を愛読するであろうことを、妻も私も信じて疑わないですよ。

【著者】　でもね。書名も書名だし、主題も主題だし、それに世間には悪口屋も多いからね！

【友人】　美味学という名前を聞いただけで人は耳を傾けますよ。主題は当世流行の問題だし、悪口屋だって食いしん坊であることに変わりはありません。何もご心配はいりませんよ。どんな謹厳な学者だって時には軽薄な著作もあるものです。たとえば、高等法院長のモンテスキュー〔一六八九～一七五五。哲学者・政治学者〕だってそうではありませんか？

【著者】　ほんとうだ！　彼も『ヴェヌスの森』のような艶かしいものも書いた。……毎日、毎日の欲求や愉快な茶飯事に関して考察する方がはるかに役立つのだ。(pp.25-29)

以上の会話から、著者のブリア＝サヴァランが『味覚の生理学』の出版をためらっているとき、友人からの強い薦めを受けた様子が伺われる。

また、「ガストロノミー」という言葉は一八〇三年の語源辞典に、すでに出ていたようである。ガストロノミーの「ノミー」とは法則、学問という意味であるところから、ブリア＝サヴァランの意図は「ノミー」らしい理論付けを行って、天下を唸らせてやろう、それも少しお遊びをしながら、というあたりにあったのではないかとも考えられる。

ブリア＝サヴァランは、美味学の起源について次のように述べている。

美味学はあらゆる学問がそうであるように徐々に形成されるものである。まず、最初は経験

的諸方法の集積により、後にはそれらの方法から導き出される諸原理の発見によって学問としての形を整えていく。(p.64)

そして、ブリア＝サヴァランは自信に満ちた言葉で続けている。

> いよいよ美味学が出現した。すると、隣接領域のあらゆる学問は相寄って美味学のために広場をつくってくれた。
>
> 美味学は揺りかごから墓場にいたるまで、われわれを支えてくれる学問である。恋愛の喜びや友情を深める学問、憎悪をなくし、取り引きを容易にし、われわれの短い一生の間、他のあらゆる享楽の疲れも癒してくれて、しかも疲労も感じさせない唯一の享楽を提供してくれる学問である。それをどうして拒否することができよう！(p.65)

こうして、ブリア＝サヴァランによって、美味学が提唱された。

ロラン・バルト(一九一五〜一九八〇)は『味覚の生理学を読む』[7]の中で、次のように述べている。

「性愛の快楽の物理学(緊張と弛緩)についてはすでに解明されているが、味覚の快楽については、まだ何も科学的には解明されていない。ブリア＝サヴァランはまるで学者のような顔をして、本書を生理学の書として語っているが、彼の科学は一種のイロニー(風刺)にほかならないということを知っているのだろうか？　そして倫理学なのである。味覚の悦びは、すべて快感と不快感の二つの対立的価値観に要約されてしまうのである。味わいというものは、味覚判断力に委ねられているが、味覚の科学はそこで一転して倫理学となる。これは一般に科学がたどる運命でもある。ブリア＝サヴァランも自らの提唱する美味学に道徳的性質を付与している。この倫理学には、二つの原則があり、一つは正確さ、もう一つは判断力である。味覚は機敏でなければならず、その実行は精密細心でなければならない」。

増成隆士は『美味学』の中で、「美の重要な性格は、それが生理的・感覚的なものを不可欠と媒体としながら、そこにとどまらず、そこを超えて知的・文化的な次元に成立するものであるということにある」(三頁)と述べているが、それはロラン・バルトのいう美に対する倫理学というバックグラウンドにも相通じるものであろう。

ブリア＝サヴァランは、さらに続けていう。

食事の準備がもっぱらお金で雇った人たちの手に委ねられていた間は、調理の秘密は地下室の中に深く眠っており、調理人だけにこのねたが独占されていて、書かれるのは料理の作り方だけであり、これらの仕事の結果も単なる一技術の産物に過ぎなかった。

しかし、ようやく、やや遅きに失した感はあるが、学者たちがこの分野で活動を始めた。

彼らは食用になる物質を検査、分析、分解、分類し、それらをもっとも単純な構成分子として捉えた。

彼らは同化作用の秘密を探った。また、生命の無い物質の進化のあとをたどり、いかにして生命が誕生するに至ったかを調べた。

彼らは食事療法の効果が一時的なものなのか、それとも永続的なものなのか、すなわち、数日間、数ヶ月間か、全生涯にわたるものかを調べた。

食事療法の思考能力に対する影響も考察し、精神が諸感覚から印象を受けるにせよ、感覚器官の助けがなくても精神が感応するにせよ、いずれにしても、思考力は影響を受けることを認めた。そして、このようなさまざまな研究から、学者たちは全人類と全動物とを包摂する高度な理論を考え出した。

一連のこうした仕事が学者の研究室で行われる一方、サロンでも、人間の栄養に関する学問は、人間の殺し方の学問とその価値において勝るとも劣らないものであると、声高らかに論議されていた。詩人たちは食卓の快楽を謳歌し、ご馳走のことを扱った書物は、一層深みのある意見と一層興味のある格言をもたらすようになった。

まさに、このような状況の中から美味学が産声をあげたのである。(pp.65-66)

3　美味学の定義

ブリア＝サヴァランは美味学の定義について次のように述べている。

美味学とは、食生活を営んでいる人間にかかわりがあるすべてのことについての理論的な知識である。

美味学の目的は、食物摂取によって健康を再生産し、健康で活力に満ちた豊かな人生を送るとともに、健全な子孫を残して民族の繁栄することを希っている。

この目的を達成するために、食べ物に転換し得るものを探索、提供、調理してくれるすべての人たちを一定の原理に従って指導しなければならない。

美味学こそ、農夫、ブドウづくり、漁夫、猟師、あまたの料理人、その他名目や称号は何であろうとも、食べ物に携わっている多数の人たちを動かしている原動力なのである。

美味学に関する学問は、

【博物学】　食用になる諸物質の分類を行う。

【物理学】　食用になる諸物質の成分や性質を検査する。

【化学】　食用になる諸物質を分析したり、分解したりする。

【調理術】　食品を調理し、おいしい食べ物にする技術である。

【商業】　食材をいかに安く入手し、作り出されたものをいかに有利に売りさばくか、その方策を研究する。

【経済学】　課税の対象や諸国家間の交易の対象の手段を定める。

美味学は人間の一生を支配し続けるのである。人は生まれ落ちるや呱々《ここ》の声をあげて、母の乳を求め、死に瀕してもなお、いくばくの喜びをもって最期の一匙を吸うのである。

美味学はまた、社会のあらゆる階層の人々とも関わりをもっている。王者の集う大宴会を主催するのも美味学であり、ほどよいゆで卵を作るのに何分ぐらいゆでたらよいかを教えてくれるのも美味学なのである。

美味学の素材は、食べることのできるすべてのものであり、美味学の直接の目的は、生命の維持であり、その実行には、農業、商業、工業そして経験がかかわってくる。農業は食料を生産し、商業は食材や食料品を交換し、工業は食料を加工し、経験はすべてを最もいい具合に按

配するための方法を産み出してくれるのである。(pp.66-67)

4　美味学の対象領域

美味学の対象領域については、ブリア゠サヴァランは次のように述べている。

美味学は味覚の快楽のみならず、その苦痛も考察の対象にしている。味覚は漸進的に興奮するものであることも発見した。美味学は味覚の働きを規制し、たしなみのある人が踏み越えてはならない限界を定めた。

美味学は食べ物が人間の精神の上に及ぼす影響についても考察する。美味学は、創造力、叡智、判断、勇気、知覚の上に、起きても寝ても働いていても、休んでいても影響を与える。

すべての食材が同じ状態で食膳に供されるとは限らないのであるから、各食材の食べごろを決めるのも美味学である。

たとえば、ケーパー、アスパラガス、仔豚、ひな鳩、その他ごく若いうちに食べる習慣になっている動物類。完全に成熟してから食べるものとして、メロンや大部分の果実類、ヒツジ、ウシ、その他もろもろの成年に達した動物。また、分解し始めるころが食べごろのものもある。これには、西洋カリン、ヤマシギ、とくにキジの肉がそうである。

美味学はまた、食材をそれぞれの性質に応じて分類し、どの食品とどの食品を取り合わせることができるかを示す。さらに、各食品の栄養価を測定し、これは食事の要素となる食品、これは単なる副食品、さらに、これは栄養的には必要ではないが、食卓に彩りを与え、会食の雰囲気を盛り上げるのに必要な食品であるという具合に決めてくれる。美味学は、時、場所、季候に応じてどういう飲み物がふさわしいかということにも関心をもっている。飲み物の作り方や保存方法について指示し、さらに飲む順序についても教えてくれるのである。

美味学は人々および物事をじっくりと観察し検討し、知るに価する事柄はすべての国から国へと伝達してくれるのである。だからこそ、丹精込めて準備されたご馳走は、さながら世界の縮図のようであり、各国はその代表を送り込んでくることになる。(pp.67-68)

したがって「美味学」は二十一世紀初頭の話題になっている「複雑系の科学」の一つであると言えよう。

5　美味学の知識の効用

美味学の効用についてブリア゠サヴァランは次のように述べている。

美味学の知識はすべての人間にとってとても必要なことである。それは、人間に割り当てられている快楽の総量を増加してくれるのである。生活に余裕のある階層の人ほど、この種の知識の有効率は大きい。膨大な収入があって大勢の人々を接待する人々は、それが身分上必要であるにせよ、道楽からであるにせよ、流行に遅れないようにするだけにしろ、有用を通り越して必要不可欠となるのである。

美味学の知識を備えていると次のような特典がある。また、食卓でのもてなし方に、何かしら個性的な味が出てくる。人々に信頼を与え、また相手に対してある程度の監視目を光らせることもでき、多くの場合に彼らを指導することさえできるのである。(pp.68-69)

できあがったメニューを公爵が手にしたときの情景を次のように描写している。

スーピーズ公爵（一七一五～一七八七）が、ある日の祝宴の最後のスペ〔夜食〕で飾りたてたいと考え、司厨長にこれにふさわしいメニューを組み立てさせた。

でき上がったメニューを公爵が手にしたときの情景を次のように描写している。

公爵の目に最初に留まったのは、ハム五十の一行であった。

【公爵】　何じゃと、ベルトラン？　ちょっとたわごとすぎるぞ、ハム五十とは！　わしの連隊全部を呼ぶとでも思っているのか？

【ベルトラン〔司厨長〕】　いいえ閣下、そうではございません。食卓に供するのはその中のただ一つでございます。けれどもそれくらい余分がございませんことには、ソース・エスパニョール、だし汁やつけ合わせを作るには……。

【公爵】　ベルトラン、おまえはわしをごまかすつもりか、この品目を通すことは許さん！

【ベルトラン】　ああ閣下、〔司厨長は憤慨して叫んだ〕閣下はわれわれの腕前や薀蓄をご理解いただいていないようです！　「やってみろ」と仰せられるならば、わたしは閣下の御意に沿わない五十個のハムを注文して、親指の大きさにも足らないクリスタルの瓶の中に入れてご覧に入れます！

このように強引な主張にあっては何とも返す言葉もなく、公爵はにっこりと笑ってうなずか

れた。こうして第一項目はパスしたのであった。（pp.68-69）

6　美味学が政治に及ぼす影響

ブリア＝サヴァランは美味学が政治に及ぼす影響について次のように述べている。

食卓は、供応する人とされる人との間に一種の絆をつくる。そして、いつ、いかなる時代にも、重大な用務は《陰謀から国家間の条約に至るまで》食事をしながら協議決定されるものである。身近な例をとってみても、村民たちがあらゆる相談事を居酒屋で行うのを目の当たりにするのである。

こういう事実を、しばしば重大問題を協議折衝しなければならない人たちが見逃す筈はない。そこから政治的美味学（Gastronomie politique）が生まれたのである。食事は政治の手段となり、国民の運命は宴会において決せられた。ヘロドトス（前四八四～四二五。ギリシャの歴史家）から現代にいたる間のすべての歴史の本をあげてみたまえ。供宴において構想され、準備され、命令されなかったものは、いまだなかったことが、謀反すらもその例に漏れなかったことが、わかるであろう。（p.70）

1　タレーランの美食外交

タレーラン・ペリゴール（一七五四～一八三八）は美食家であり、美食を外交の武器にしていたことは有名な話である。ナポレン失脚後の戦後処理を行う「ウイーン会議」（一八一四）のフランス代表が外務大臣のタレーランであった。ウイーン会議での彼の攻略手段はまさしく「美食外交」であった。敗戦国であるフランスは何とか交渉を有利に進めようと、夜な夜な美酒、美食で各国の要人を接待した。最高の料理とともにふんだんに振る舞われたのがシャンパンであった。フランスは敗戦国であるにも拘わらず、その領土はほとんど失うことなく、成功裏に会議は終結した。その時の料理人は、天才の名をほしいままにしていたカレーム（一七八四～一八三三）であった。

「食卓にこそ、政治の極致がある」。これはブリア＝サヴァランの言葉である。西川恵著『エリゼ宮の食卓』[8]は、フランス大統領官邸エリゼ宮で展開される食卓外交について、世界各国から招いた国賓や首脳をどのようにもてなしたかを分析し、そこに秘められた政治的意図や選択を明らかにしようと試みており、興味深い内容である。

7　美味学者のアカデミー

ここで注目すべきことは、ブリア＝サヴァランが美味学者のアカデミー創設を真剣に呼びかけていることである。

ちょっと見ただけでも、美味学の分野は広く、あらゆる種類の結果を豊かに含んでいるが、今後それを専攻する学者たちの発見と研究によってますます拡大するばかりであろう。数年ならずして美味学がそのアカデミー会員、その講義、その教授、そして受賞制をもたないはずはないのである。

まず、一人の富豪でかつ熱心な美味学者が自宅で定期的な会合を催すであろう。そこでは、もっとも学殖のある理論家が料理人といっしょになって食物科学のあらゆる分野を議論したり、深く極めたりするであろう。

やがて、あらゆるアカデミーの歴史が物語っているように政府が介入してそれを正規なものとし、それに保護を与え、その制度を確立し、放火のおかげで孤児となった子供たち、恋人を戦争で失った婦人たちすべてに対する償いを人民に与える機会を摑むであろう。

じつにこれほど重要な組織にその名を残すであろう者は幸いなるかな！(p.70)

このようにブリア＝サヴァランが言っているところを見ると、彼自身ひょっとしたら、この栄誉にあずかれることを期待していたのでなかろうかと推測される。

1　フランス国立食文化評議会

一九八九年に設立された「国立食文化評議会」のことに触れたい。この評議会ではさまざまな事業が計画されたが、代表的なものに、「味覚啓発計画」と「郷土料理の資産目録作成」がある。食文化の保護と啓蒙に国がこぞって取り組むことになった事業である。十九世紀から哲学と食の問題が隣接してくるようになるが、バカロレアの試験科目にも哲学が課せられているフランスの国民的課題となったということであろう。

フランスにおいても、近年、味覚が学習不足によって平凡化し、繊細な味覚が損なわれてきているという。このことが食事を過度に画一化し、感受性を貧弱化させているとして、教育的な訓練の重要性が叫ばれ、国家レベルでの「味覚啓蒙計画」が打ちだされた。これは小学生から大学生までを対象にした自主独立（自由）と先入観（偏見）に対する一つの訓練であり、生徒・学生たちに、食文化に対する知性と評価する精神を発達させ、会食の楽しみと食事にまつわる感動を発見してもらい、また新しい食習慣を身につけることを目的としている。

十分な予備実験の後、この「味覚啓発計画」は一九九〇〜一九九一年の学校年度から採用された。フランス文部省は、この啓発教育の資格取得を希望する教員の養成に補助金を出している。

2　フランスの味覚教育プログラムの例（次頁）

注

1　ロール・J・クールティーヌ著　黒木義典訳『味の美学』白水社　一九七八

2　増成隆士・川端晶子編著『美味学』建帛社　一九九七年　二一四頁

3　道元著　中村璋八・石川力山・中村信幸　全訳注『典座教訓・赴粥飯法』講談社学術文庫　一九九七

4　エドモンド・フランク、ジャン＝ピエール・ブラン著　あべの辻調理師専門学校訳『よくわかるフランス料理の歴史』同朋舎出版　一九九四

5　アピキウス著　ミュラ＝ヨコタ・宣子訳『アピキウス　古代ローマの料理書』三省堂　一九八七

6　関根秀雄・戸部松実訳『美味礼賛』岩波文庫（下）一九六七年　一一七頁

7　ロラン・バルト著　松島征訳『味覚の生理学を読む』みすず書房　一九八五　一七一–一八頁

8　西川恵著『エリゼ宮の食卓―その饗宴と美食外交―』新潮社　一九九六

表　フランスにおける味覚教育のプログラム

十分な予備実験の後、1時間30分を使って10回の実施が1セッションである。

回数	摘　要
1回目	五感に働きかけること、五感の役割を知ることに費やす。
2回目	子どもたちを四つの基本味(塩からい、甘い、すっぱい、苦い) で遊ばせる。
3回目	嗅覚がテーマである。子どもたちは嗅覚のメカニズムを学び、さらに嗅覚の記憶で遊ぶ。
4回目	視覚の世界に取り組む。視覚は感覚器を妨害する最初のバリアである。確かに私たちは視覚によって食べ物を選別するが、外見には注意が必要である。味の確認はあくまで口の中で行われる。
5回目	触覚がテーマである。触覚と食べ物とのかかわりの深さは民族によって異なる。
6回目	食事の組み立て方について学ぶ。子どもたちは食事を準備し、皆と一緒に味わう。
7回目	味覚に対して挑戦的なもの (添加物による味付けや着色など) すべてについて話し合いを行う。この取り組みは慎重に行う。
8回目	特産物の知識を得ることがテーマである。子どもたちは地元の、あるいは出身国の、食材または料理を一品ずつ持ち寄る。
9回目	これまでに習得したことを思い起こす時間である。そして“ああ！ おいしかった”、“ああ！ まずかった”ということだけでなく、自分なりの感覚を言語化する訓練をする。
10回目	実際に料理を作る専門家を訪問し、料理の作り方 (生産の方法) を学ぶ。

　これらの味覚週間における啓蒙活動は、社会的、教育的背景のもとで実行され、子どもたちの味覚の向上とともに、自分以外の人びとについても学び、食文化と社会の役割についての自覚を高める。

(アントワーヌ・シェフェール　VESTA　味の素食の文化センター No. 36 19～23 1999)

第二章　感覚論

ブリア＝サヴァランは、まず、「感覚とは、人間が外界の事物と関係をつけるための諸器官である」と述べているが、いいかえれば、感覚とは、生体の内外からの諸刺激によって直接的に引き起こされる意識内容を称している。感覚の属性は主として質、量(強度)、持続性(時間)の三側面から考えられる。

1　感覚の種類

「料理は五感で食べる」と言う諺は古くより言い慣わされているが、「目で見る、耳で聴く、皮膚で触る、鼻で嗅ぐ、舌で味わう」という五感は、おいしさの知覚の刺激の窓口として重要な役割を果たしている。

1 視　覚

視覚は、空間を眺望し、人間を取り巻くさまざまな物体の存在および色彩を、光の仲介によって教えてくれる。このことによって、視覚は食べ物のおいしさを評価する第一段階の役割をもっていて、嗜好的価値を左右する重要な因子ともなっている。食べ物の色彩、形などの外観、食器とその盛り付け、テーブルセッティングなどの演出の仕方が視覚に訴え、第一印象となって受け入れられる。

2 聴　覚

聴覚は、空気を媒体として音や声を出すさまざまな物体が引き起こす振動を受けいれる。音と食欲とは密接な関係がある。食材を刻む音、生野菜を食べる音、厨房での肉をソテーする時のジュージューという音、また、テーブルでのシャンパンのコルク栓を抜く音とそのはじけるような気泡など、食欲を掻き立てるさまざまな音がある。

3 嗅　覚

嗅覚は、匂いの成分をもっているさまざまな物質が放つその匂いを嗅ぐ。嗅覚はアロマやフレグランスの領域であり、食べたり飲んだりする行為に先立って、鼻に働きかけ、直接的に侵入してくる。匂いを嗅ぐ最良の方法は、ワインや香草を鼻の近くまでもっていき、小刻みに、素早く、何度も繰り返して吸うことである。犬の嗅覚能力には人間をはるかに凌ぐものがあるといわれているが、犬がくんくんと匂いを嗅ぐのは、まさしく嗅覚の機能を十分に駆使しているからであろう。

4 味　覚

私たちは味覚によって味わいがあって食べられるものなら何でも評価することができる。味覚には狭義と広義の意味がある。狭義の味覚は呈味成分(甘味、酸味、塩味、苦味、うま味、辛味、渋みなど)から得られる味や、広がり、厚み、深みなどと描写されるたぐいの味のことである。ブリア゠サヴァランが最も関心を持っている事柄であり、「第三章　味覚論」の章では彼らしい味覚の定義やさまざまな機能について述べられている。

5 触　覚

触覚は、さまざまな物体の固さや表面を対象としている。ここでは、食べ物との物理的な接触によって知覚される感覚ということになる。食べ物はまず視覚に対して刺激を与える。そのあと、それを具体的に味わう段階に入るが、口の中では、歯ごたえ、固さ、やわらかさ、舌ざわりのなめらかさ、ざらざらした感じ、クリーミング性などといった食材の特性がキャッチされる。このような口ざわり感をテクスチャー（食感）と呼んでいるが、世界的にみても、テクスチャーの科学的研究が盛んになったのは二十世紀後半になってからである。ブリア゠サヴァランは「触覚の問題は次代の課題であり、新しい享楽の源泉を開いてくれるであろう」と述べているが、その時代が約一八〇年後の今日、ようやく訪れたのである。現在は、テクスチャー文化とも呼ばれ、広く関心が持たれている[1]。

6 性感覚

性感覚の問題は、フランスならではの時代的、社会的背景を無視するわけにはいかない。フランソワ一世以降のロマネスクな恋愛、コケットリーやモードなどを産み出した。とくに、コケットリーはフランス語以外では言い表わせないもので、諸国のエリートたちは、それを学ぶためわざわざ花の都パリを訪れたという。

博物学者ビュフォン（一七〇七～一七八八）がこれを取り上げるまではほとんど無視されていた。しかしながら、性感覚は触覚とは少しも共通するところはない。

ブリア＝サヴァランは次のように述べている。

　この感覚は、口や目と同様に完全な器官の一つであり、男女ともに性感を感じ取るために、必要なものをことごとく備えているにもかかわらず、目的を遂行するためには男女が結合して一体とならなければならないということである。個体の保存を目的としている器官にも感覚という名称を与えなければならない。

　そこで、性感覚にも感覚としての席を与えよう。それが何番目の席次になるかは、私たちの子孫の考え方にまかせよう。（pp. 41–42）

2　哲学から見た感覚

哲学的に考えると、感覚は認識論上重要なテーマとされている。ここで、感覚について、哲学的解釈を試みる。感覚とは、運動能力をもつ生体が、体の内外の諸刺激を弁別的に受容するときに生じるもので、これによって生体は自らの適切な姿勢、運動を制御し、かつ、外物との関わり方を方向づけるのである。人間の場合は、刺激の種別とそれぞれに対応した受容器官の明白な区別によって、視覚、聴覚、嗅覚、味覚、触覚という五種の感覚の存在が認められている。

フランスの哲学者コンディヤック（一七一四～一七八〇）は、『人間認識起源論』[2]の中で、いっさいの認識は感覚に由来するが、人間の諸能力は生まれつき備わっているのではなく、感覚の変容にともなって生成すること、そして人間の認識の発展は言語の発展によって成り立っていることを主張している。コンディヤックは感覚や知覚と呼ばれる受容的機能を精神の働きの始まりであると考えていた。知性の初期状態は受動的で、ある段階に達した知性の働きは能動的でなければならないという。また、コンディヤックは『感覚論』[3]を著し、「人間のあらゆる精神の働きが受動的感覚に基礎を置くものであり、注意、比較、記憶、反省、推理といった高次の精神的な働きも結局は《変容された感覚》なのだ」と主張した。コンディヤックは思考実験を行っているが実験のなかで最も有名なものが「彫像の感覚実験」である。彫像にまず嗅覚を与え、嗅覚のみによって彫像がいかなる表象世界を獲得するかを想像し推論する。次に嗅覚を取り去り聴覚を、さらに視覚を与えてみる。このように五感を順次加えたり、組み合せたりするなかで彫像の内面世界がいかに変容していくかを描いたのが同書である。彼はいっさいの認識は感覚に由来すること、人間の諸能力は生得的ではなく感覚の変容に伴って生成すること、人間の認識の発展は言語の発展に依存していることを主張している。食べ物に対する具体的な感覚論は展開していないが、美食時代にふさわしい感覚についての論考である。

また、ブリア＝サヴァランと同時期を生きたフランスの哲学者にメーヌ・ド・ビラン（一七六六～

一八二四）がいる。メーヌ・ド・ビランは感覚の受動性と知覚の能動性を対比させた。ビランに限らず、彼と同時代のフランスの思想家たちの多くは経験論者であり、生命への関心も高まっていく中で、生命に特有な性質を探究する生理学が発達した。

3　生理学から見た感覚

生物機能を研究する学としての生理学は、古代科学におけるフィシオロギア（physiologia＝自然の学）に源を発し、のちアナトミア（anatomia＝解剖学）へと分化進展し、ルネッサンス期に至ってようやく独立した学問として、解剖学から分化し、再び当初の《生理学》の名称が用いられるようになった。近代生理学はハーヴィ（一五七八〜一六五七）による血液循環の研究に始まり、生物の生理学としての独立性を得たのは、十八世紀以後のことであった。生理学の研究は、組織や器官のレベルで急速に進められ、生きているものだけが持つ感覚の能力は、心理学（当時の経験主義者にとっての哲学）における感覚の概念に結びつけられていくことになった。こうして、物体の秩序に還元できない生命は、それゆえに精神の出来事を説明することができるように思われた。精神でも物質でもない生命固有の原理を主張する考え方がだんだんと盛んになり、十八世紀から十九世紀のはじめにかけて新しい人間の科学の理念が大きな勢力を得、フランスでも十九世紀初頭には、生理学という学問が時代の寵児となりつつあった。当時はこのような時代であり、ブリア＝サヴァランが『味覚の生理学』という書名をつけたのもむべなるかなと思われる。『味覚の生理学』が評判になり、ブリア＝サヴァランを敬愛していたバルザック（一七九九〜一八五〇）も出世作となる『結婚の生理学』を著すほどであった。今日（二十一世紀初頭）、感覚についての生理学的研究は急速に進み、「食は脳で食べる」というようなテーマのもとに、生命科学や脳科学をも取り組んだ新しい展開が広がりつつある。

4　諸感覚の機能

ブリア＝サヴァランは想像力を駆使しながら、人類誕生の時期まで遡りながら次のように考察している。

原始人の感覚はきわめて直接的なものであったことが想像される。すなわち、原始人は正確には見ず、ぼんやりと聞き、区別無く嗅ぎ、ゆっくりと賞味することなしに食べるなど、粗野な楽しみ方をしていたと考えられる。

しかしながら、これらの感覚が共通して持っている関心の的は、人間だけに与えられている心（魂）の問題である。この心は、いつも完成を目指して向上していく原動力となっている。この心という場で、感覚について反省、比較、判断がなされる。やがて、すべての感覚による協力体制が出来上がり、感覚する自我、言い換えれば個人の利益や満足感のために役立つようになる。

こうして、触覚は視覚の誤りを正したり、音声は歯切れのよい言葉によってあらゆる感覚を通訳できるようになった。味覚は視覚と嗅覚に助けられ、聴覚は音響を比較して遠近を聞き分けた。そして、性感覚は他のあらゆる感覚の中に侵入した。

幾世紀にもわたる歴史の流れに翻弄されながらも、人類は絶えず新たな完璧さを求め続けた。いつもこの活動的でありたいと願う原因はわれわれの諸感覚の要求の中にある。われわれの諸感覚は常に、より心地よくありたいと願っているが、そこにこそ、止むことのない人類の進歩の原因が潜んでいると言えよう。


諸感覚の作用を見ると次のようである。

聴覚は、旋律・和声・舞踊・音楽を、そしてあらゆる部門の楽器類を生み出した。

嗅覚は香料の探求、栽培、利用法を促進した。

味覚は、食べ物として役立つあらゆる物の生産、選択、調理を盛んにした。

触覚は、あらゆる技術・技芸・工業を産み出した。

性感覚は、男女の逢瀬を準備し、美化することのできるすべてのものを産み出した。とくに、フランソワ一世（在位一五一五～一五四七）以降のロマネスクな恋愛、コケットリーやモードなどがそれである。ことにコケットリーはフランス生粋のもので、フランス語以外では言い表わせない言葉で、いろいろな国のエリートたちが、それを学ぼうとして、毎日、世界の首都パリに集まってくる。

このことについて奇妙に思われるかもしれないが、実際にどのような古代語を用いても現代社会（十八～十九世紀初期）の中の三大原動力であるロマネスクな恋愛、コケットリー、モードについては、明快な表現をすることはできない。私はこのことを主題にして、一編の対話を作ったことがあるが、ここでは割愛する。むしろ、読者の皆様がお好きなように、この問題で対話を組み立ててごらんになったら、楽しかろうと思ったからである。一晩、夜を徹して機知に富んだ博学を披露するのに値するだけの材料がたくさん考えられるからである。

性感覚については、他のあらゆる諸感覚に侵入したと述べたが、それはあらゆる諸学問の上にも測り知れないほどの影響を与えた。注意深く見ると、諸学問のもっともデリケートな、もっとも機敏な部分はすべて、男女の逢瀬にかかわる欲望、希望、感謝の念などに由来していることがわかる。

学問の系譜は、最も抽象的な学問であっても実際、このようなことであるから、結局、学問というものは、われわれが諸感覚のご機嫌をとるために行ってきた不断の努力の直接的な結果にすぎないということになる。(pp.42-43)

最後の性感覚についての記述は、フランス的ロマンとエスプリへの夢をかき立てるものである。

5　諸感覚の能力の向上

諸感覚の向上について、ブリア＝サヴァランは以下のように述べている。

諸感覚はいずれも、私たちのお気に入りであるが、完全なものであるとは到底言えない。注意深く見ると、極めて高尚な感覚である視覚及びその対極にある触覚は、いずれも時代とともに、見事な力を獲得し付加してきた。

眼鏡の発明のおかげで、多くの人々が襲われる目の老衰から免れることができた。また、望遠鏡はこれまで私たちの及ばなかった諸天体を発見し、非常に遠い距離までも見通すことができるようになった。顕微鏡によって物体の内部構造を知ることができ、肉眼で見ることのできなかった微細なものまで見ることができるようになった。

一方、さまざまな機械は、人間の力を数倍にも増加させ、いままで思いも寄らなかった大きな力で、人間の考えられる限りの大きな仕事を成し遂げた。か弱い二本足の動物が宇宙の王者となった。

触覚は筋肉力としては大きな発達を遂げたが、感覚する器官としては、文明からはほとんど何も得ることがなかった。しかし、絶望してはならない。人類は若いのだということを忘れてはならない。まだまだ何世紀もの長い間の経験を経なければ、触覚はその領域を拡大することはできないであろう。

聴覚について考えると、たとえば、和声の発見はついにこの間のことであり、まだ四世紀しか経っていない。これはまったく天体的な学問であり、絵画の色彩におけると同様である。恐らく、古代の人々も楽器に合わせて声を揃えて、歌うことは知っていたであろうが、それら相互の関係を明らかにすることも知らなかった。

人が音調をきめ、和音の進行を整え、その助けによって音声を支えたり、感情の表現を強めたりするようになったのは、十五世紀以後のことであった。そして、聴覚は二つの機能、一つ

は音を受け入れること、もう一つは音の響きを聞き分ける能力をもっていることを明らかにした。（pp.43-45）

ここでは、年若い学問も時代とともに発展していくであろうことが示唆されている。今日言われている「味のピアノ論」[4]への発展の兆しが窺える。フランスのシェフの間では、オーブンのことをピアノと言っているが、並んだ鍋を次々と鍵盤のように操作し、それらが生み出していく味はハーモニーを奏でる。味のシンフォーニを評価するには、ピアノが五感の共生する中で、鳴り響かなければならない。ガストロノミーでは、五感のすべてが、食材を見出し、調理し、評価し、分析し、味わうための器官である。

最近の数世紀は、味覚の分野にも大きな発展がもたらされた。砂糖の発見（サトウキビから採った砂糖は地中海東部で七世紀ごろから用いられていたが、ヨーロッパ人の食生活に決定的な影響を与えるようになったのは、十六世紀以降である）とそのさまざまな応用、アルコール飲料、アイスクリーム、ヴァニラ、茶、コーヒーなどは従来知られていなかった味わいを私たちに伝えてくれた。

そして、おそらく次は触覚の番ではなかろうかと夢を投げかけている。何か幸運が、この方面において新しい喜びの源泉を開いてくれるのであるまいかと……。（pp. 45–46）

食べ物の広義の味わいについて考えてみると、触覚の問題がクローズアップされ、「食べ物のテクスチャー」として発展していくのは、二十世紀に入ってからである。ブリア＝サヴァランの先見の明にいまさらのように感じ入る。

6　味覚の力

性感覚があらゆる学問にしみ込んでいることは、すでに述べたが、この侵入行為が強圧的であることは周知のとおりである。味覚の方はこれに比べると用心深く、慎ましいが、積極的ではないとは言えない。緩慢さが却ってその成功を永続させているのだといえよう。味覚の進歩については、後の項でゆっくり検討することにしよう。大きい鏡、絵画、彫刻、花々などに飾られ、馥郁《ふくいく》とした香気に満ち、美しい婦人たちが居並び、甘味なハーモニーに満たされた大広間における、豪奢な食事会に参加した経験を持つ人ならば、味わいの喜びを一段と高め、それに相応しい雰囲気づくりをするためにあらゆる学問がそこに動員されているのだ、ということを納得していただけるであろう。(pp.46-47)

7　感覚機能の目的

私たちの感覚体系全体を眺めてみよう。造物主が感覚機能に与えた二つの目的がある。すなわち、それは固体の保存と種の保存である。このことは感覚する存在としての人間の宿命であり、人間の行動のすべてはこの二つの目的につながっている。五感のそれぞれは、機能上独立しているが同時に結ばれて調和を保ち、自己調整を図りながらコミュニケーションをとっている。

今日的なサイバーセンスの模式図を示したが、図の上部は、視覚、聴覚、嗅覚、触覚、味覚の五感がいつも扉を全開にして、無意識のうちにおびただしい数の情報を受けとっていることを示している。すなわち、視覚のウエートは非常に大きく、日常的な活動風景をまばたきしながら捉え続けている。味覚が目覚めるのは、食べたり飲んだりする生理上の必要が生じたときである。嗅覚は絶えず周囲の

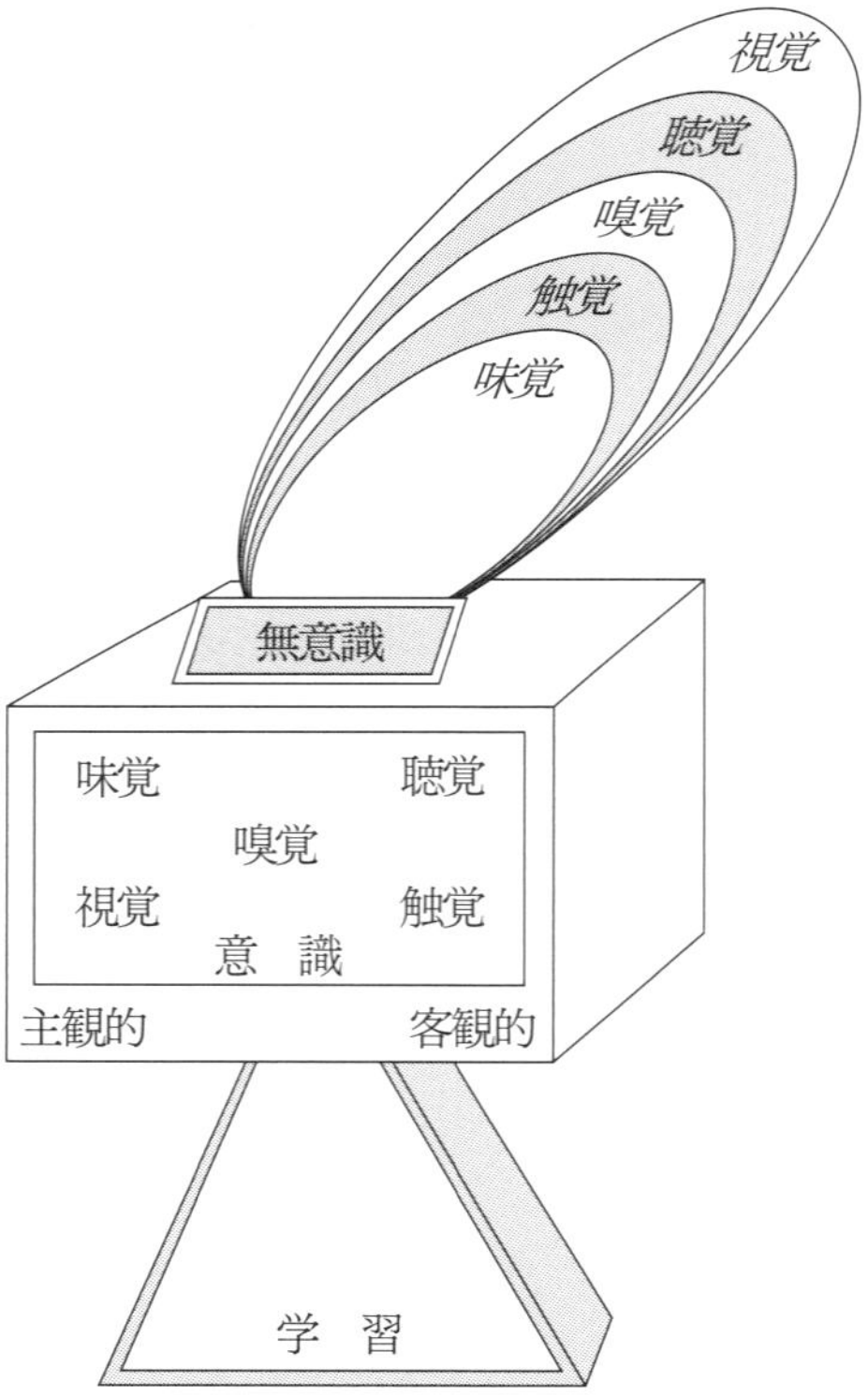

図　サイバーセンスの模式図

（アントワーヌ・シェフェル著『感覚論』
フランス料理文化センター　1997）
（Antoine Schaefers: Les sens du goût, Centre Culturel de Gastronomie Francaise p.51, 1997）

匂いによって侵略され、聴覚は音の洪水に晒されている。これらは無意識下で行われることが多く、意味のないものには何ら関心を払わない。これに対して図の下部は、意識を持った心が五感の知覚の扉を開き、客観的に捉えていくとともに、主観的な好き・嫌いも決定していくことを示している。これらの評価には、各自の教育、環境、学習体験が関与している。味の嗜好は主観的なものであり、食べる個人によって異なっている。

ブリア゠サヴァランは五感の機能について次のように述べている。

目は外界の事物を近くし、人間を取り巻くさまざまなすばらしさに目覚めさせてくれるとともに、人間が巨大な宇宙の一部であることを教えてくれる。

聴覚は音を知覚する。しかし、音を快適な感じとして受け取るばかりでなく、何か危険をもたらしそうな物体の動きを警告してくれることもある。

感性は苦痛を通じて、どのような直接的な損傷であろうとも、知らせようと身構える。

手は人間にとって忠実な僕であり、直立二足歩行による生物学的特徴、すなわち、人間が二本足で立って大地を踏みしめて歩くことを可能にしたばかりでなく、さらに、生命維持に必要な消耗を償うために、本能的に選択された、たとえば、食べ物などを選んで捉えることを習慣づけた。

嗅覚は、生命に必要なものを嗅ぎ分ける。人体に有害な物質はほとんど嫌なにおいをもっているものである。(p.47)

そこで、味覚の登場となる。食べ物が口に運ばれると咀嚼機能が活動を開始する。最近、関心が持たれている咀嚼機能について考えてみよう。

咀嚼するということは、食べ物を体内に送り込むときに必要な行動の一つである。食べるということは、単に歯、あご、筋の働きだけで行われるのではない。口の内外から入力されたさまざまな感覚刺激が脳で処理され、その指令によってあごの筋や舌が動かされ、歯で嚙み、咀嚼して嚥下する働きとなって進められるのである。

舌は食べ物を取り上げ、嚙む位置に運ぶ。すると、食べ物は舌と頰の間や舌と口蓋の間で圧迫されるが、嚙まれた食べ物は歯肉に触れる。こうして食べ物を咀嚼するたびにその食べ物の物理的性質に応じた振動が顎の骨に伝えられ、さらに、咀嚼された食べ物が食塊となって嚥下されるとき、口狭部や食道上部の粘膜を刺激する。このように食べ物が口腔に取り入れられると、嚙む力、舌の動き、唾液の分泌などが反射的に調整される。また、嚥下すべきか、吐き出すべきかの判断も口腔感覚によってなされる。感覚の鋭敏な部分が刺激されることによって、それに応じて食べ物の物理的性質が認知されるのである。

食べものに対する口中での咀嚼活動は非常にダイナミックな出来事である。人間は食べものを歯や舌を使って処理するが、このとき、酵素を含む唾液が口中に流れ込み、結果として固形の食べものの形は小さくなり、固いものは軟らかくなり、粘度は減少し溶解する。このように口中での処理は、異なった出来事が、異なった時間に起こるということである。口中でのさまざまな物理的性質を捉えるためには、いつ、どのように咀嚼されているのかという状況と関連する官能評価との関係を考察しなければならない。二十世紀初頭からこうした分野の研究が進められているが、これに「サイコレオロジー」という名を与えたのは、スコットブレヤー[5]であった。

ブリア＝サヴァランの本論にもどろう。

味覚による味は、舌と口蓋が協力し合って知覚するものであるが、咀嚼が終わると食塊は胃に運ばれ、ここで同化の活動が始まる。

そうこうするうちに、今まで感じたことのない気だるさが訪れ、まわりの物体は色あせ、体はぐったりとなって、瞼は重くなってくる。やがて一切のものが消滅して、さまざまな感覚は極度の安静状態に入る。

やがて、目が醒めてみると、自分の周囲では何一つ変わっていないことに気付くであろう。しかし、彼自身の内部ではひそかに炎が燃え、一つの新しい器官が成長しようとしている。そのとき、人間は、自己の存在を誰かに分かちあいたいという欲求を感じる。

このような積極的でやむに止まれない感情は、男女両性に共通のものである。この感情が男女を引き寄せ、結合させて一つの新しい存在の種が播かれるとき、はじめて二人は安らかに眠ることができるのである。ちょうど今、彼らは種族の存続を確かなものにしつつ、もっとも聖なる義務を完了したという安らぎを得たからである。(pp.47-48)

注

1　川端晶子編著『食品とテクスチャー』光琳　二〇〇三

2　コンディヤック著　古茂田宏訳『人間認識起源論』岩波文庫（上）　一九九四

3　コンディヤック著　加藤周一・三宅徳嘉訳　『感覚論』　創元社　一九四八
4　アントワーヌ・シェフェール著　『感覚論』　フランス料理文化センター　一九九七
5　スコット・ブレア著　二国二郎・伊勢村壽三共訳　『新食品学―レオロジーについて』　朝倉書店　一九五六

第三章　味覚論

近年、味覚について、生理学的、心理学的な見地から、また味覚と健康の問題についてなど、活発な研究・討論がつづけられている。さて、ブリア＝サヴァランはどのような「味覚論」を展開していたのだろうか。

1　味覚の定義

ブリア＝サヴァランは、味覚の定義について次のように述べている。

味覚とは、諸感覚の中で呈味物質を識別するために器官が引き起こす感覚であり、呈味物質と私たちとの間の関係を保つ感覚である

味覚は食欲、空腹、渇きに刺激されて後に述べるような幾多の作用をするのであるが、実にそれらの作用の結果、個体は成長し、発達し、健康を維持し、生命活動による消耗を補う。（p.48）

感覚について論じている哲学者、コンディヤック（一七一四〜一七八〇）[1]、メーヌ・ド・ビラン（一七六六〜一八二四）なども、視覚、聴覚、味覚、嗅覚、触覚の五感について述べているが、この味覚についての論考は非常に少ない。

ブリア＝サヴァランは人間以外の生物の栄養摂取の仕方についても述べている。

　生物はどれも同じような栄養の摂り方をしているのではなく、造物主は多様な方法と確実な効果をもって、さまざまな自己保存の方法を与えた。

　生物の中で再下位にある植物は土の中に根を下ろし、固有の力学的な機能によって、自らの成長と存続に役立ついろいろな物質を選択する。

　また、植物よりもやや上位のものとして、動物的な生命を与えられていながら、動き回ることができない生物がいるが、それらは自分の生存に都合の良い環境に生まれ、固有な器官の働きによって、自分の生活と存続を維持するのに必要な養分を摂取する。自分で食糧を探すのではなく、食糧の方からやってくる。

　宇宙を自由に移動する動物には、また、別な生き方がある。それらの動物の中で、人間がもっとも完全な存在であるということは言うまでもない。固有な本能が食を摂る必要を人間に告げるのである。この要求を満たしてくれそうなものを人間は求め、ついに、捕らえ、食べ、精力をつけながら、生きている間中このようにして、自らの生涯を全うする。

　味覚は次の三つの観点から考察することができる。

　肉体的人間から見れば、それはさまざまな味わいを評価するための器官としての味覚である。

精神的人間から見れば、この器官が呈味物質から受けた印象を中枢部に生じさせる感覚である。物質的観点から見れば、味覚は器官に印象を与えて、そこに情感を生じさせる特性をもっている。

また、味覚には二つの重要な働きがあると思われる。

一つは、私たちの生命活動によって常に消耗していく損失を、快楽をもって補ってくれることである。

もう一つは、自然が与えてくれるさまざまな物質の中から、私たちの食糧として相応しいものを選ぶ助けをしてくれることである。

この選択については、味覚は嗅覚からの強い援助を受ける。「栄養のある物質は、味覚からも嗅覚からも嫌われない」という格言をつくってもよいほどである。(pp.48-50)

2　味覚のしくみ

ブリア＝サヴァランは「味覚のしくみ」について次のように述べている。

味覚の器官がどのようにできているかを明確にすることは容易なことではない。一見易しそうにみえても意外に複雑である。

食べたり飲んだりするしくみの中で舌は大きな役割を演じている。舌はかなり自由な筋肉力を与えられていて、食べ物をこねたり、裏返しにしたり、飲み込んだりするのに役立っている。

舌の表面には多数の乳頭（味蕾《みらい》）が存在し、食べ物に含まれている可溶性の呈味成分を吸収する。しかし、舌のこうした働きだけでは不十分であり、他のいろいろな近接した部分、すなわち頬、口蓋、ことに鼻腔などの協力がなければ食べ物の味を完全に味わうことはできない。この鼻腔の重要さについては生理学者もまだ十分に気付いていないようである。

頬は唾液を供給する。唾液は咀嚼に必要なものであり、食べ物を丸めるのにも役立つ。また、頬が口蓋と同様に味わう能力をいくらか備えている。場合によっては歯茎さえも多少味の感覚に参与するのではないかと思われる。また咽頭部で行われる嗅覚作用がなかったら味の感覚はぼんやりした不完全なものになってしまう。

もともと舌のない人、あるいは舌を切られた人も、まだかなりの味の感覚をもっている。舌のない人についてはいろいろな書物に書かれているが、舌を切られた人については次のような話を聞いたことがある。捕虜の仲間とともに脱走を企てたために、アルジェリア人から舌を切られたという男の話である。

私はそのアムステルダムで出会ったのであるが、彼は仲介の仕事をしながら生計を立てていた。彼には多少の教育があったので筆談で容易に意見を交わすことができた。

まず、彼の舌の前部から舌繫帯のところまで、そっくり切り取られているのを見せてもらった。そこで、食べ物の味がわかるのか、そのような残酷な処置を受けた後でもまだ味覚が残っているのかどうかを、尋ねてみた。

彼が答えるには、一番やっかいなのは呑み込むときである。これにはなかなか骨が折れる。

味覚はかなり残っていて、うまい・まずいの識別は普通の人と変わらない。ただ、ひどく酸っぱいものと苦いものを食べるとあまりの苦痛に耐えられなくなることがあるという。

アフリカの国々では舌を切ることは少しも珍しいことではない。これはとくに、陰謀を企てたリーダーとみなされる人びとに適用される刑罰で、それ専用の道具さえあるという。この道具についてもっと説明を聞きたかったが、彼はそれを思い出すことさえ苦痛のようにさえ見受けられたので、聞くことを諦めた。

味の感覚は主として舌の乳頭によって生じることがわかったが、解剖学的にみると、どの人も舌の乳頭の数が同じであるということではなさそうである。ある人の舌の乳頭は他の人の三倍もの数の乳頭をもっているという有様である。ある饗宴に出席している二人の会食者のうち、一人はおいしそうに食べているのに、もう一人はお義理で食べているよ

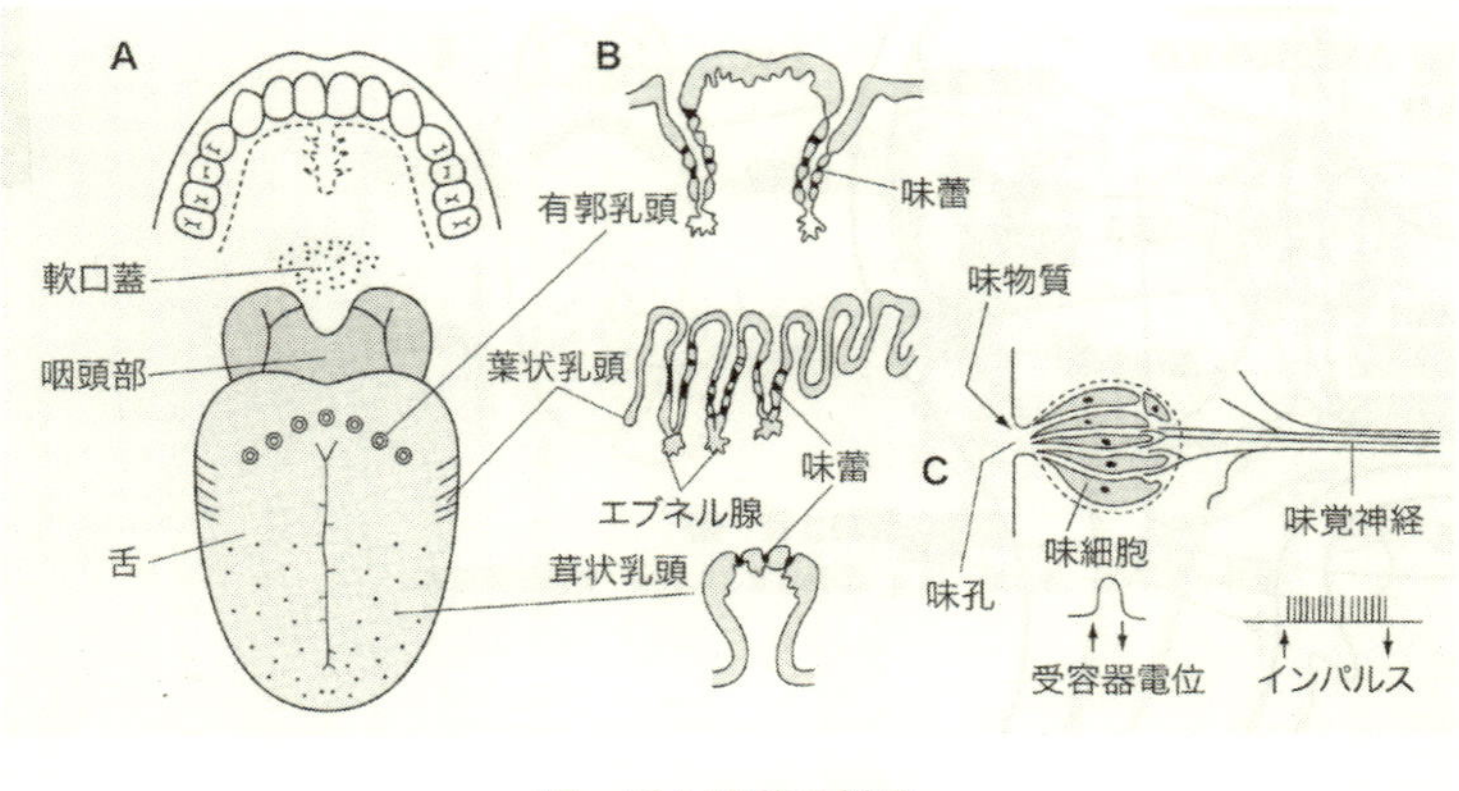

図　舌と味蕾の構造

口腔内味蕾存在部位(A)、舌乳頭の断面および味細胞(B)、味覚神経での電気現象(C)
（山本隆『脳と味覚―おいしく味わう脳のしくみ―』共立出版　1996　p. 49）

うな印象を与えるのは、つまり、後者の舌の機能が悪いということであり、味の王国にも盲目の人もいれば、耳の聴こえない人もいるということである。（pp.50-52）

ここで、二十一世紀初頭の今日、研究が進んでいる味覚のしくみについて考えたい。

ブリア＝サヴァランの文章の中には味蕾《みらい》という専門用語は見られず、乳頭という言葉で説明している。図に舌と味蕾の構造を示したが、舌は、言葉を話すときに複雑に形を変えて発音の手助けをするとともに、歯で嚙み砕いた食べ物を唾液と混ぜ合わせ、食道に送り込むとともに、食べ物の味を感じる気管でもある。

われわれはどのようにして味を受容するのだろうか？

舌の表面にはつぶつぶ状の突起物（乳頭）が無数に散らばっているが、味蕾はこの乳頭（茸状乳頭、葉状乳頭、有郭乳頭）に存在するほか、軟口蓋、咽頭・喉頭部にも認められている。味蕾は食べ物の呈味物質を味孔から取り入れ、その味覚情報を大脳に送っている。口腔内の味蕾の総数は、乳児では約一万個にも及ぶが、成人になると減少し舌に五〇〇〇個くらい、舌以外に約二五〇〇個くらいとなり、さらに高齢者になるにしたがって、減少することが知られている。水や唾液に溶解した食べ物の呈味物質は、イオンや分子の形で味細胞の表面膜に作用して、味細胞を興奮させる。味細胞を興奮させるということは、電気生理学的に味細胞に電位変化を生じさせるということである。つまり、味細胞の働きは外界からの化学刺激を電気的な変化に変換することである。その結果、味細胞に結合している味覚神経にはパルス状の電気信号（インパルス）が数多く発生し、味覚神経を通って大脳に送り込まれる。近年の味覚受容機構の研究から、基本味のそれぞれに独自のトランスダクション（情報変換機構）のあることが示唆されている。

3　味わいの評価

ブリア＝サヴァランは、味わいの評価に数量的な扱いの必要性を強調しているが、彼のこの先見の明が具体化してくるのは、そんなに長い歳月を必要とはせず、明るい日差しが少しずつ差し込んでくるというようなものであった。その具体的な方法としては、官能評価（検査）法を挙げることができるが、それには次の三つの手法が中心となっている。少し歴史的背景について述べる。

1　心理学的方法

心理学の歴史について、「心理学は、長い過去をもっているが、短い歴史しかもっていない」というドイツの心理学者エビングハウス（一八五〇～一九〇九）の有名な言葉があるように、もっとも古い心理学的著述とされている『精神論』をアリストテレス（前三八〇～三二二）が書いたのは、今から二三〇〇年以上も前のことであった。しかしながら、この時代から長い間、心理学は哲学の中の一部として扱われ、心理学として独立したのは十九世紀後半のことであった。ドイツの心理学者・哲学者のフェヒナー（一八〇一～一八八七）は身体と精神の間にある密接な量的関係を測定することを試み、心理学者の立場から、実験的方法をはじめて採用して精神物理学を創始した。また、フェヒナーの法則を示したことは有名であり、それは歴史的意味をもつ研究であった。

精神物理学そのものは、その後の発展を見なかったが測定法は今日でも意義あるものである。その後、心理学は境界領域にある統計学とコンピュータなどの進歩によって、大きな成果を挙げつつある。

2 生理学的方法

近年、味覚と嗅覚に関する電気生理学的方法の進歩は目覚しく、たとえば、動物の舌を味覚物質で刺激したとき、味覚神経を伝わってくる電気信号を直接に導き出して、これを記録することができるようになった。食べ物についての動物の味覚神経から導きだした反応と、人による官能検査の結果を対比することによって多くのことが明らかになってきた。感覚に関する研究については、生理学においても哲学の感覚論においても目立った成果は少ないが、それは味覚は五感の中で最も関心が薄いというよりは、複雑で手のつけようのない領域であるとされていたからである。

3 統計的方法

官能評価法のなかに、統計学的な手法を取り入れようとする試みは一九三〇年代に行われ、推計統計学の始祖として有名なフィッシャー（一八九〇～一九六二）が一九三五年に著わした『実験計画法』のなかで、ミルク入り紅茶の官能評価法として統計的な方法を導入している。日本における官能検査は、一九〇七年、清酒の全国品評会において採点法で行われたのが最初である。一九九五年、統計学者、心理学者、生理学者、品質管理技術者および食品関係研究者などさまざまな分野の専門家が集まって「日本官能評価学会」が発足された。

4　嗅覚が味覚に及ぼす影響

ブリア＝サヴァランは、次のように書き始めて、嗅覚についての重要性を述べている。

いつの間にか嗅覚について語る番がやってきた。嗅覚に本来属している権利を復活してあげよう。味わいの評価について、嗅覚が演じている役割を認めてあげる時期が到来した。私の手元にある書物の中で、嗅覚の功を正しく認めているものは一つもない。

嗅覚の参加がなければ、完全にものを味わうことはできないと、私は確信している。むしろ、味覚と嗅覚は両々相和して一つの感覚を作っているとさえ言える。口がその実験室とすれば、鼻は煙突であると考えたい。もっと正確に言うならば、口は物体を味わうため、鼻は揮発性物質を味わうためにあるのだと考えたい。

この学説は、強力に擁護することができるが、しかし、私はこのことで一派を立てようという野心はない。このような説をあえて述べるのは、読者に考える素材を提供し、この問題についてこれだけ詳しく考察がなされたことを知っていただきたいからである。そこで、これから嗅覚の種類の重要性について、嗅覚が味覚の構成要素であるとは言わないまでも、少なくとも味覚にとって副次的に欠かせないものであるということの証明を続けよう。

風味のあるものは、必ず匂いを持っていて、嗅覚と味覚の二大王国に属していることになる。

人は食べ物を口に入れるとき、多少とも注意して必ず匂いを嗅いでみるものなのである。初めての食べ物の場合は、鼻が前哨の役目を持っていて、〝誰だ！〟と叫ぶのである。
　嗅覚を奪われると味覚は麻痺してしまう。このことは、次の三つの実験によって証明されるもので、誰が実験しても同じ結果が得られるであろう。

【実験一】　鼻の粘膜が激しい鼻風邪により炎症を起こしているときは、味覚は完全に消滅する。何を食べても味がない。舌は自然のままになっている。

【実験二】　鼻をつまんでものを食べると、味の感覚はぼんやりと不完全にしか感じられないので、びっくりする。これと同じ方法で呑み込むとどんなに苦い薬も気付かずに喉を通る。

【実験三】　ものを呑み込むときに、舌を本来の位置に戻さずにそのまま口蓋にくっつけていると、実験二と同様な結果になる。この場合は、空気の流通が遮断されて、嗅覚は少しも刺激されず、したがって味は感じられない。（pp.54-55）

　嗅覚は最も古い感覚（最も古くより研究された）[2]であるといわれているが、視覚や聴覚に比べてわかっていないことが多い。匂いを感知する嗅覚器は鼻腔粘膜上部にある。嗅粘膜は特殊な粘液を分泌するが、匂いの微小分子がこの粘液に溶け、それを嗅細胞の嗅小毛が感知し、嗅神経に伝わり大脳へと運ばれていく。哺乳類の匂い受容体がみつかったのは最近の一九九一年のことであるが、その後、嗅覚の研究は急に活発となった。人間の嗅覚は哺乳類の中では、かなり劣っている方であるといわれているが、フランス料理素材として有名なトリュフの印象的な採取法を思い出さずにはいられない。
（第三部第5章トリュフの項参照）
　主体としての人間の嗅覚の研究とともに、客体としての食べ物の匂いについての研究にも目覚しい発展が見られ、さらに、嗜好性についての問題にも関心が寄せられている。

近年において、味覚、嗅覚の受容メカニズムの研究もすばらしい勢いで発展している。食べ物の評価も味覚、嗅覚、食感をまとめてフレーバーと表現されるようになり、それは食べ物の評価の指標となっている。これらの中でとくに《におい》が食べ物のフレーバーを形成する上で重要な役割を占めている[3]。

5　味の感覚の分析

ブリア＝サヴァランは、味覚には三種の異なった感覚が働いていると述べている。その感覚とは、直接感覚、完全感覚、反省感覚の三つである。

【直接感覚】とは、口腔内の諸感覚が即座に活動を始めるときに生まれる第一印象である。

【完全感覚】とは、食べ物が最初の位置から咽頭部に移動し、その味と香りが融合した状態を全器官で捉えた印象と、第一印象が組み合わされた感覚である。

【反省感覚】とは、諸器官から送られてくる印象に対しての直接的な判断、すなわち、感性がくだす判断である。

この作用のシステムを日常茶飯事の現象に当てはめてみよう。

たとえば、桃を食べるとき、まず最初に快い香りを嗅いでよい気分になる。次に桃を口の中に入れ、新鮮さとすがすがしい酸味を感じながら、口を動かしていく。そしてほんとうに香気が感じられるのは、咀嚼した桃を飲み込もうとするとき、すなわち、口の中のものが鼻腔の真下にくるときである。ここではじめて、一個の桃がもたらすべき感覚が完成する。最後に、飲み込んでしまってから、今感じたことに対して判断を下し、「おいしかった」、または「まずかった」とつぶやくのである。

　ワインを飲むときも同様である。ワインが口中にある間、とても心地よい気分であるが、完全に味わっているわけではない。飲み終えて後にはじめてほんとうの味がわかり、それぞれのワイン特有の香りを発見するのである。《これはおいしい！　まあまあである！　まずい！　すごいぞ、シャンベルタン〔ブルゴニューの上等な赤ワイン〕だ！　これはひどいシュレーヌ〔パリから八キロメートル離れた景色のよい村であるが、ワインの出来には定評がある。〕か！》などと評価するには、愛飲者でも、試飲してからしばらくの時間が必要である。

　ここで、東洋の無味の思想に基づいている表現と思われるものの例をあげよう。『菜根譚』[4]の中に、「醲《じょう》肥《ひ》辛《しん》甘《かん》は真味《しんみ》にあらず、真の味は只是れ淡なり」とあるが、濃い酒や肥えた肉、辛いものや甘いものは、本物の味ではなく、本物の味はただ、淡白な味のものであるという。また、中国哲学・美学専攻のフランソワ・ジュリアンは「無味はわれわれを感覚の果てへと導き、それを超えたものを実感させる」と、『無味礼賛』[5]の中で述べているが、東洋的な無味を礼賛する思想を考察している。ブリア＝サヴァランの美味の世界は、東洋の無味の世界とはコントラストをなしている交響楽的な味の世界であり、東西食文化の違いを改めて実感させられる。

6　味覚の諸印象の順序

ブリア＝サヴァランは、味覚は順次、いろいろな印象を受けると次のように述べている。

味覚は聴覚ほど豊富な内容をもたない。耳は同時にいろいろな音を聞いてそれらを比較することができるが、味覚はその働きが単純である。味覚は同時に二つの味わいに分けて印象させることができないのである。

しかし、味覚は順次に刺激を受ければ、すなわち、同一の賞味過程において連続的に二番目の味、三番目の味を感じ取ることができる。これらの味は後になるほど弱まっていくもので、あと味、香り、風味などの名で呼ばれている。それはちょうど、一つの音が打ち出されるときに、訓練された耳なら、協和音の一系列ないし数系列を聞き分けることができるのと同じことである。それらの系列の数はまだ全部わかっていない。

せかせかといい加減に食べる人々には、この第二段階の印象は識別されない。少数の選ばれた人だけが、この種の印象の恩恵に浴し、評価の対象となるさまざまな食べ物を優劣の順に分類することができる。

これらの移ろいやすいニュアンスは、いましばらくの間、味覚器官の中で感動を与えているのである。(pp.57-58)

五感の反応は、より主観的な判断の中に現われるが、印象として受けた感じと知覚神経による感覚との境界はまだ十分に解明されてはいない。アントワーヌ・シェフェールが提案している食の感覚分析の模式図を示した。おいしい食べ物をつくるスタートは食材の正しい知識である。科学は食材の性質を正しく把握し、科学と芸術を調和させた技術とセンスによっておいしい料理をつくる。これを五感が捉えて感覚神経を刺激し、脳にデータを送るが、脳は指揮者として、外観、テクスチャー、味、アロマ、

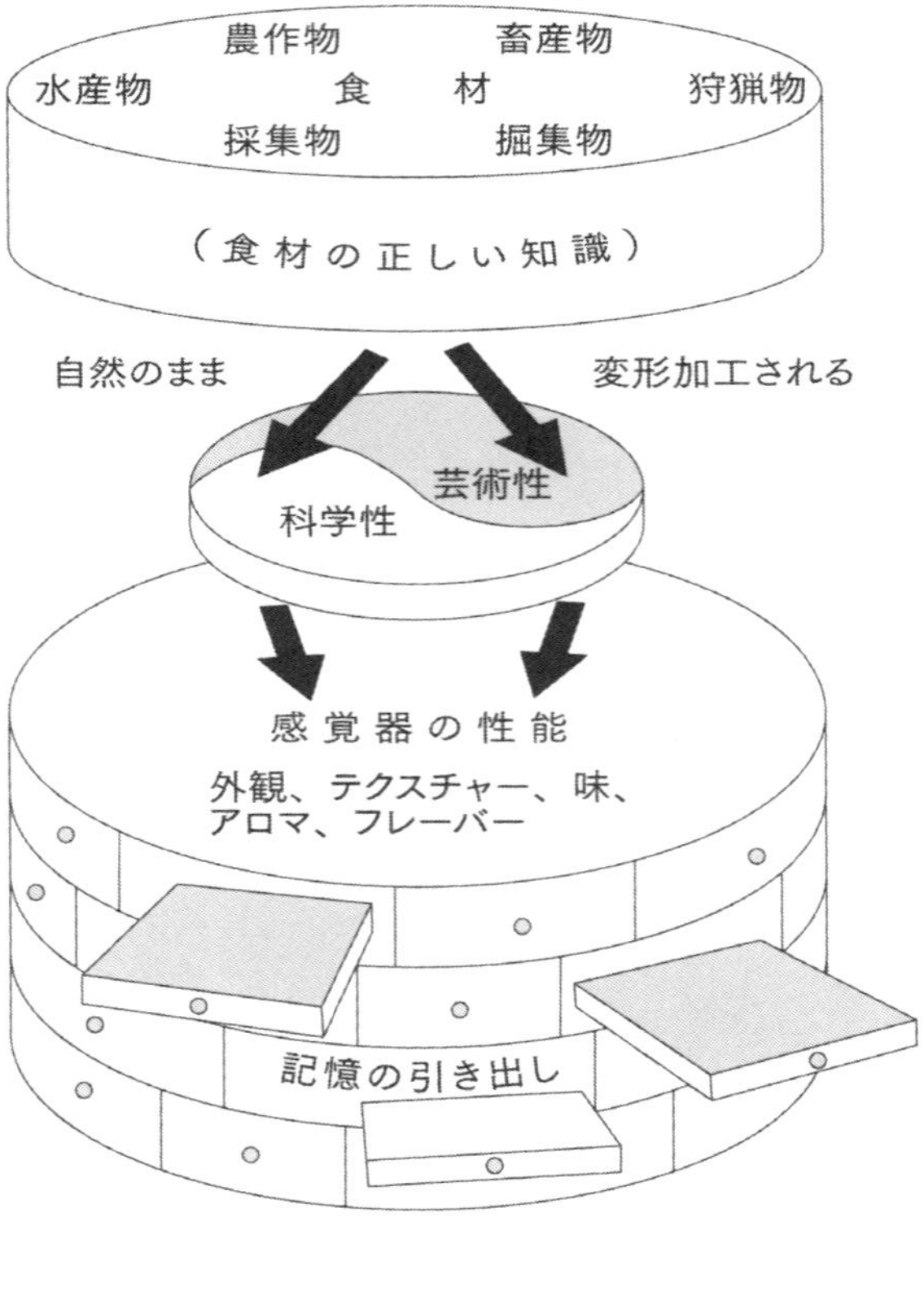

図　食の感覚による分析の過程

（Antoine Schaefers: Les sens du goût. Centre Culturel de Gastronomie Française p.51, 1997）

フレーバーを個々に、または総合的に認識、判断して、客観的にあるいは主観的に評価を記憶の引き出しに記録する。この記憶に磨きがかけられたり、修正されたりして食の体験が深まっていく。

近年、とくに脳・神経科学の進歩は著しく、人間の心の問題にも迫りつつあるが、脳の活動から味やおいしさを測定しようとする試みも始まっている。

今日、『人間は脳で食べている』[6]という言葉も聞かれるが、味の世界にも新しい胎動が感じられる。

7　味覚から生じる楽しみ

ここで、ブリア＝サヴァランは、「味覚が機縁で生じる快楽または苦痛について哲学的な考察を加えてみよう」と、次のように述べている。

まず、気付くことは、「人は快楽よりも苦痛に対して、はるかに強く作られている」という真理を、あまりに広く適用しすぎているということである。

実際、極度に苦く、渋く、いがらっぽい物質を体内に取り込むと、どうしようもなく痛くて苦しい感覚を生じる。青酸カリがあんなに迅速に人を殺すのは、その苦痛があまりに激しいので、生命力はそれに耐えられず、消滅するからである。

これに対して、快適な感覚の方は比較的狭い範囲に限られている。まずいものとおいしいものとの間にはかなり著しい相違があるが、おいしいと一般に認められているものと、特別においしいといわれるものとの間の隔たりは大して大きいものではない。それは次の例で明らかである。

【例一　乾いた硬いブイイ】　〔ブイイとはゆでた牛肉のことであるが、健康的な食べ物で、すみやかに空腹を満たし、消化もよい。〕

【例二　子牛の肉片】　〔子牛の肉は最もポピュラーにおいしく食べられるものの例として考えればよい。〕

【例三　ほどよく焼けた雉肉《きじにく》】　〔ジビエの中で雉はすべてのジビエの上位に置かれているが、ほどよく焼けた雉肉は特別においしい食べ物として評価されている。〕

また、人間に与えられたこの味覚は感覚の中でもっとも多くの楽しみを享受しているが、その理由は次のようである。

一、食べる快楽は、節度をもって楽しめば疲労を伴わない唯一つの快楽である。

二、この快楽は、時期、年齢、身分を問わずに与えられるものである。

三、この快楽は、少なくとも一日に一回は必ずやってくる。たとえそれが一日に二度三度と繰り返されても大した不都合は起こらない。

四、それらは、他の快楽と関わり合うこともできるし、他の快楽がないときにも私たちを慰めてくれる。

五、この快楽は、他の快楽の印象よりも長持ちし、また、私たちの意志に依存する割合が大きい。

六、とにかく食事をしながら、私たちは言葉で言い表すことのできない独特な安堵感をもつ。食べることによって消耗を再生産し、健康で活力に満ちた豊かな人生を送り、健全な子孫を残して民族の繁栄を勝ち取ることができることを、本能的に意識するところからの安堵感である。
(pp.58-59)

8　人間の至上権

ブリア゠サヴァランは人間の至上権について、次のように述べている。

「人間は、歩み、泳ぎ、這い、あるいは飛ぶさまざまな被造物の中で、味覚が最も発達した生物である」と長い間信じてきた。

この信仰はいまや根底から覆されようとしている。ガル〔一七五八〜一八二八。ドイツの医学者〕は、どのような検査を根拠にしているのかはわからないが、人間よりも発達した、より完全な味覚器官をもった動物がいると主張している。

しかし、この学説は何となく耳ざわりであり、異端邪説の感じがする。

人間は万物の霊長であり、人間のために地上は禽獣や草木で覆われているのであるから、これらのうち、味のあるものをことごとく味わうことが出来るほどの器官を備えていなければならない筈であろう。

動物の舌はその知能の程度を超えるものではなく、魚の舌は骨が動いているだけのものであり、鳥の舌は概して膜質の軟骨に過ぎない。四足をもった動物の舌は往々にして鱗《うろこ》があったり、ざらざらしたりして、しなやかな運動などはできない。

人間の舌は、その組織がデリケートであり、多様な膜に周囲が取り囲まれているところからみて、いかに緻密な機能がそこに賦与されているかを十分に窺い知ることができる。（ibid., pp.59-60）

さらに、ブリア＝サヴァランは人間の舌には少なくとも三種類の運動があることを新しく見出したとして次のように述べている。

第一は穂状運動（spication という名を与えているが、ラテン語の spica＝穂に由来するブリア＝サヴァランの造語）で、閉じた唇の間から穂状に舌が出る運動である。第二は回転運動で、両側の頬と口蓋に囲まれた空間を舌が円形に運動することである。第三は清掃（verrition という名を与えているが、ラテン語の verro＝清掃するに由来するブリア＝サヴァランの造語）で、舌が上下にたわむことによる。

広く動物一般を見ると、味覚に限界のあることがわかる。あるものは植物だけを食べて生きているが、あるものは動物しか食べない。またあるものは穀物だけを食べている。

さまざまな味わいを知ることができるのは人間だけである。人間は雑食動物であり、自然に存在するあらゆるものは、何でも食欲の対象としている。その結果として、それに対応した賞味力がうまれている。実際に、人間にはすばらしい味覚器官が発達している。ではその実態を見てみよう。

ある食べることの可能な物質が口の中に入ってくると、液体から気体にいたるまでのすべてが没収されて、何一つ返還されない。

そして口腔での見事な連携作業が始まる。まず唇は食べ物が逆流するのを防ぎ、歯がそれを捉えて噛み砕く。唾液が分泌され、食べ物に浸み込んでいく。舌は食べ物を取り上げ、押し付けたり、捏ね回したりする。吸引運動がそれを滑り込ませようと盛りあがる。途中で嗅覚がちょっと嗅いだかと思うと間もなく、それは早くも、胃の中に送り込まれて次の段階の変形を受けはじめる。これらの全過程を通じて、ただの一かけらも、ただの一滴も、否、一原子といえども、人間の味覚機能にゆだねられれば、逃れることはできない。(pp.60-61)

グルマンディーズが人間だけに与えられた特性であるのも、やはり私たちの味覚器官が完全であることのお蔭である。また、このグルマンディーズには伝染力さえある。私たちはすみやかに、飼っている動物、たとえば、象、犬、猫、ときには鸚鵡《おうむ》にさえも、このグルマンディーズの悦びを伝えたいと思う。なるほど、ある動物はより大きな舌、よく発達した口蓋、より広い喉を持っているが、それらは、この舌が筋肉として働いて大きな物を動かさなければならないからであり、口蓋や喉もより大きな食塊を圧搾したり、飲み込んだりしなければならないからである。どう考えてみても、ただこのことから彼らの味覚がより完全であるという結論は出てこない。

それに、味覚の優劣はどのような味の印象が、脳の中枢に伝えられるかによって評価されなければならないのであって、動物が受け取る印象などは、人間において生じる印象とは比べものにならない。人間の方が明瞭で、正確な印象を受け取るのであるから、それを伝える人間の器官は優秀な特性をもっていると考えざるを得ない。

ローマ時代の美食家たちは、ローマ市内の橋のたもとで捕れた魚の味と、それより下流で釣った魚の味とを区別したということであるが、このように優れた能力に対して、これ以上何を望むことができよう。今日（十九世紀初頭）の美食家の中に、山鶉《やまうずら》が眠っている間、その重みのかかっていた方の股肉が格別においしいということを見出した人もいるであろう。いや、私たちの周囲にも、ビオ（一七七四〜一八六二。フランスの天文学者）やアラゴ（一七八六〜一八五三。フランスの天文学者・物理学者）の弟子たちが、日食月食を予言することができたのと同じように、正確にワインがどの地方で醸されたかを言い当てる通人がいるのではないだろうか。

以上のことから、人間は自然界唯一の美食家であると宣言しなければならない。（pp.61-62）

9　著者の目論み

ここで、ブリア＝サヴァランは独自の考え方を述べている。

私たちはここまで、味覚というものを生理学的観点からのみ見てきた。解剖学上の細かい点を別にすれば、今日（一八二六年）の科学的水準に寄ったつもりである。しかし、これで、私たちの任務が終わったわけではなく、精神的な歴史の中からこそ、人間の元気を回復する有難い感覚の重要性と栄光が見出されるのである。

そこで私たちは、この歴史の全体を構成する理論と実際を順次分析、整理して、容易に教訓を引き出せるように考えた。

次の諸章から、いろいろな感覚論が繰り返されたり、重なり合いながら、どのようにしてその器官が改善され、またその機能が広がっていったかをお目にかけよう。はじめはただの本能にしか過ぎなかった食べるという欲求が、どのようにして影響力のある一つの情熱的な愛となり、それが社会に関係があるすべてのものの上に際立った支配力をもつようになったのかということについても順次、明らかにしていこう。

また、私たちは諸物体の構成に関与するすべての科学がどのようにして、とくに味覚によって評価される物質だけを別に分類することに同意したのか、また、どのようにして、旅行者たちが私たちと同じ目的に向かって進み、自然には出くわすことのないような物質までも、私たちの評価にゆだねられるようになったのかを明らかにしよう。

いよいよ化学が私たちの地下の研究室に入ってきて、助手たちを啓蒙し、あるいは原理を教え、あるいは新しいテクニックを創作して、それまで秘伝奥義となっていた調理のコツを明るみに出した、その経緯を明らかにしよう。

最後に、どのようにして時間と実験との協力のもとに、忽然と一つの新しい学問が出現したのか、そして新しい学問がどのようにして私たちを養い、元気づけ、健康にし、説得したり、慰めたりして、人々の人生を花一杯にするだけでなく、さらに強力な国々の隆盛と繁栄とに貢献したかを明らかにしよう。

このような真面目な研究の真っ只中にあっても、面白い逸話、愛らしい思い出、あるいは、波乱万丈の一生を送った人の面白い話などをペンの走るに任せて書きとどめ、読者の皆さんの緊張した注意を休めることにした。読者の数はどんなに増えても一向にかまわない。私たちは喜んで、それらの人たちと懇談しょう。彼らはたぶん寛大で教養ある人たちであろうから。とくに女性であれば、チャーミングであるに決まっている。（pp.62-63）

注

1 コンディヤックの有名な実験に「彫像の感覚実験」がある。彫像にまず、嗅覚を与え、嗅覚のみによって彫像が如何なる表象世界を獲得するかを創造し推論している。つぎに嗅覚を取り去り、聴覚を、さらに視覚を与えている。
コンディヤック著　加藤周一・三宅徳嘉訳　『感覚論』　創元社　一九四八

2 日本化学会編　『味とにおいの分子認識』　学会センター　一九九九

3 栗原堅三編著　『味と香りの不思議百科』　樹立社　二〇〇三

4 洪自誠著　『菜根譚』　中村璋八・石川力山訳注　講談社　一九九七　三六－三七頁

5 フランソワ・ジュリアンヌ著　興膳宏・小関武史訳　『無味礼賛』　平凡社　一九九七　五頁

6 伏木亨著　『人間は脳で食べている』　ちくま書房　二〇〇五

第四章　食　欲

ブリア＝サヴァランは『味覚の生理学』の中で、「食欲」をどのように捉えているのだろうか。また、最近（二十一世紀初頭）の生理学・生化学を始め、脳関連諸科学の進歩には目を見張るものがあるが、このブレインサイエンスからの視点でも「食欲」を考えてみたい。

1　食欲の定義

ブリア＝サヴァランは食欲の定義について次のように述べている。

生命体は、運動と生活によって絶えず物質的消耗を引き起こしている。生命体の要求にもはや体力が応じきれなくなったとき、そのことを警告してくれる何かがないとすれば、きわめて複雑で精密な機械である人体はやがてストップしてしまう。

その報知器が食欲であるといえよう。

食欲とは食べたいという要求の最初の信号である。食欲の前ぶれとなるのは、胃の中でのいくらかの倦怠感と、わずかな疲労感である。

同時に、その欲求に相応しい、いろいろなものが呼び出される。かつて味覚を楽しませてくれた食べ物類がつぎつぎと思い出され、想像力はそれらを眼の前に見せてくれる。しかし、この夢のような状態も決して悪いものではない。無数の同好の士たちが喜びを叫んでいるのを聞く。「ああ、健全な食欲をもつことは、なんと嬉しいことであろう。やがてすばらしいご馳走にありつけることがわかっているときは、なおさらである！」

そのうち、消化器官が活動を始める。胃袋は敏感になり、胃液は高揚し、腹中のガスはグウグウ音をたてて移動する。口中には唾液が充満し、各消化器官は身構えをする。あたかも兵士たちが出陣命令を待ち受けているかのようである。それからしばらく経つと、痙攣がおきたり、あくびがでたり、苦痛を感じたり、また空腹を感じる。

食事の準備に手間取っているとき、これらのさまざまな状態のニュアンスを、サロンのいたるところで観察することができる。

これはまったく自然の理に適ったことで、いかに洗練された礼儀作法もこれらの兆候を隠しおおせるものではない。そこで、私は次のような格言を考え出したのである。《料理人に必要欠くべからざる特質は時間の正確さである》(pp.71-72)

2　逸話

前記《料理人に必要欠くべからざる特質は時間の正確さである》という格言の証拠としてブリア＝サヴァランは招待された会食の様子を詳細に記しているが、これこそ、味覚の生理学的考察と言えよう。

ある日のこと、私はある高官〔タレーラン（一七五四〜一八三八）が主催する豪華な晩餐会は有名であった〕のお宅の晩餐会に招待された。招待状には五時半となっており、この指定の時刻にはすでに招待客は全員揃っていた。というのは、主人はすこぶる時間にうるさい人で、うっかり遅れて参加しようものなら、お小言を頂戴し兼ねないからである。

私が、その家に着いてみると、どうも様子がおかしい。なにやらしらけているように見える。コソコソ話し合っている者、窓ガラス越しに中庭をうかがっている者、呆然自失の表情を浮かべている者など、なにか非常事態が起こっているのに違いない様子であった。

私は会食者の中で、最も好奇心を満足させてくれそうな人のところに行って、いったい何があったのかと尋ねてみた。その人は、こんなに悲しいことはないというような表情で答えた。「いや、とんでもないことになったのですよ。王宮からのお召しで閣下はこれからお出かけになるのですが、さてお帰りは何時になりますことやら……」、「何だと思ったらそんなことなのですか。せいぜい十五分もお待ちすればすみますよ。何かちょっとお尋ねになることでもできたのでしょう。今日ここで公式の晩餐会があることはご存知のはずですからね。まさか、われわれ一同に断食させるなんてありえないことですよ」と私はさりげなく答えたのであるが、内心では一抹の不安がないわけではなかった。ただ、不安な気持ちを押し隠すためにこんなことを言った。（pp.91-92）

次に、空腹が募っていく情景の経時変化を、ブリア＝サヴァランは次のように描写しているが、約束を破られたいらだちの心理がよく表現されている。

一時間は平穏に過ぎた。それぞれ親しい人同士が固まって座っていた。平凡な話も尽きた後、人々は、一体どういうわけでこの家の大将はテュイルリー王宮へ呼び出される羽目になったのだろう、という憶測にひとしきりうち興じた。

二時間ほどになると、そろそろ焦燥の気分が現われはじめ、不安そうな目配せが交わされた。最初にぶつくさ言い出したのは三、四人の会食者であるがこの人たちは後から来て座るところもなかったので、落ち着いて待っていられなかったのも無理はない。

三時間も経過すると、不平不満は全員に広がり、誰も彼もこぼし始めた。「何時になったら帰ってくるのかな？」と一人が言うと「閣下は何を考えているのかしら？」と別の一人が言い、「帰ろうか、それとも残っていようか？」などという質問を互いに交わしながら、どうにも決断がつきかねていた。

四時間にもなると、いっそう悪化の兆しが見えてきた。両手を挙げて伸びをして、もう少しで隣の人の目玉を突きそうになった人もいた。あっちでもこっちでもあくびの声が歌のように高く、低く……どの顔を見ても恐ろしく真剣な様子である。こうなってしまうと、私が「こんなに長く帰ってこられず、われわれを悲しませている閣下こそ、誰よりも一番不幸な方ではないのかな！」と言ったところで、誰一人として耳を貸すものなかった。

この張り詰めた気持ちは、一瞬、ある一人の人の出現によってそらされた。会食者の一人でここの家に最もよく出入りしている男が、台所まで出かけて行ってがっかりして帰ってきた。そしてもうこの世も終わりだと言わんばかりの顔つきである。大きな声で言えないような、それでいて聞いてもらいたいようでもあり、低いはっきりしない声で叫ぶ。「閣下は何ともお命じにならないで、お出かけになったそうですよ。これではどんなにお帰りが遅くなろうとも、それまでは何も出ないそうです」この報告のもたらした効果は、最後の審判のラッパが鳴り響く音にもひけをとらないほどの恐ろしいものであった。

しかし、死は訪れなかった。夜の十時ころ、中庭で車のきしる音がした。一同は一斉に立ち上がった。悲嘆の時は過ぎ去り、歓喜の時が訪れた。そして五分後には一同食卓についた。

しかし、今さら食欲はすっかり消え去っていた。こんなに遅い晩餐会なんてあるもんかと皆は呆れていた。顎の骨もいうことを聞かなくなり、咀嚼運動も規則的にやれないのである。そのために、幾人もの会食者が当惑している様子であった。

このような場合に取るべき方法は、障害が取り除かれてもすぐに食べ物に飛びつかないで、まず、胃の腑《ふ》をなだめるために一杯の砂糖水またはスープを飲み、それから十二～十五分待つことである。これをやらないと痙攣状態にある胃は、どっと押し寄せてくる食べ物の重みに圧迫されてしまう。(pp.72-74)

3　偉大なる食欲

ブリア＝サヴァランは、次のように人間の食欲を讃美し、食欲こそ美味学創出の基盤であることを明確に述べている。

大昔の書物の中に、たった二、三人の客のために用意された大量の料理のこと、一人の食べる分量の膨大なことが書かれてあるのを見るとき、われわれよりも原始時代に近い人々は、もっと偉大な食欲の持ち主だったのではないかと思わずにはいられない。

この食欲は位の高い人ほど、盛んなものであると考えられていた。五歳の牝牛の背肉一頭分ほどの大量をあてがわれるような人は、重くて持ち上げられないほどの大杯で酒を飲むとされていた。

後世の人々の中にも、そういう昔話がうそでないことを証拠だてるような人物はいくらもいる。ものの本には、到底信じられないような大食の実例がたくさん書かれていた。しかもその中には如何物食《いかもの》いの例もふんだんに見られる。ときには、気分の悪くなるような如何物食いの話もある。

それをわざわざ読者の皆さんにお伝えしようとは思わないが、ここに一風変わった話を述べよう。

かれこれ四〇年も前の話であるが、私がブルニエ司祭のお宅へ予告なしに訪問したときのことである。この大男の神父さんの健啖ぶりはこの地方で定評があった。

まだ、正午になるかならないかだったが、神父さんはすでに食事を始めていた。すでに、スープとブイイが終わったところで、これに続いて羊の股肉のア・ラ・ロワイヤール、見事な去勢鶏、山盛りのサラダが供されていた。

私の姿を見ると、彼は私のために支度を命じたが、私は断った。それでよかったのである。実際神父さんはたった一人で、ご馳走を全部あっという間に平らげてしまった。羊も鶏も骨までしゃぶりつくし、サラダも皿の上にはひとかけらも残っていなかった。

やがて、かなり大きな白チーズが運ばれた。彼はこの四分の一を切り取り、それを肴にしてワイン一杯と水差し一杯の水を飲んでから、ようやく一息ついた。

嬉しいことに、このほぼ四十五分に及ぶ間、神父さんの態度には少しもせかせかしたところは見えなかった。大きな肉の塊を矢継ぎ早にほうり込みながら、同時に大いにしゃべり、笑い続けている。前に出されるものは一つ残らず平らげてしまって、ひばり三羽しか食べていないとでも言いたげな涼しい顔をしている。

同じことがビソン将軍〔ナポレオンは正真正銘のガルガンチュア（大食漢）であると評した〕についても言える。この将軍は毎日の昼食にワインを八本も空けるほどの酒豪でありながら、いささかも顔に出なかった。他の人よりも大ぶりのグラスでぐいぐいと飲んでも、彼は平気の平左であった。どれほど大量のワインを飲んでも、まるで小瓶一本しか飲んでいないときと変らない調子で冗談を飛ばし、命令を下していた。

それにつけても思い出されるのは、私と同郷の勇敢なプロスペル・シビュエ将軍のことである。彼は長い間、マッセナ将軍〔ナポレオンは配下の元帥〕の第一副官の任にあったが、一八一三年のボベール渡河戦で名誉の戦死を遂げた。

十八歳当時のプロスペル青年は旺盛な食欲の持主であった。ある晩のこと、土地で有名な飲み屋ジュナンの料理場に入っていった。そこはブレ〔ブリア＝サヴァランの故郷〕の古老たちのたまり場であり、栗をおつまみにして、しぼりたての白ワインの新酒を飲むところだった。ちょうど見事な七面鳥のほどよく黄金色に焼き上がったものを、焼き串からはずすところだった。たとえ聖人といえどもこの香ばしい香りには誘惑されたであろう。古老たちはもうお腹が一杯と見えて、これに食指を動かす気配はなかった。しかし、若いプロスペル・シビュエ将軍のたくましい食欲はこれに反応し、彼は生つばを飲み込みながら叫んだ。

【シビュエ将軍】　たった今、食事をすませたところだが、これをみたからには見逃すわけにはいかない。おれ一人で、この太った七面鳥を平らげてみせよう。

（ちょうど、そこに居合わせた大百姓のブーヴィエ・デュ・ブーシェがこれに応じた）

【ブーシェ】　きみが全部平らげたら、わしが代金を払おう。しかし、途中で残したら、きみが払いなさい。残った分はわしがいただこう。

ただちに作業が開始された。若者はきれいに片方の手羽肉をもぎ取るや、二口で飲み込んでしまった。次に歯の掃除でもするような調子で、首の肉にかぶりついてから、グラス一杯分のワインを飲み込んで、ちょっと一休みした。

やがて腿肉にとりかかり、同じように平然としてそれを平らげると、二杯目のワインを飲んだ。やがて残ったほうの手羽先も同じ方法で姿を消し、若者がますます調子にのって最後の肉片に取りかかろうとしたとき、哀れな百姓は悲鳴をあげた。

【百姓】　わあ！　もうまいった。シビュエさん。わしが払うもんなら、一切れぐらいは食わせてくださいよ。

後に勇敢な軍人となるプロスペル・シビュエは気立ての良い青年であった。彼は相手の願いを聞き入れたのだった。お蔭で百姓はお余りにありつけたという。お余りと言ってもまだ相当な量があった。その後、百姓は気前よく、飲み物の代金も引っくるめて支払った。

シビュエ将軍はこの若いころの手柄話をするのが得意であった。あのとき、百姓の願いを聞いてやったのは、もっぱら儀礼心からであったという。あんな助け船など出してもらわなくとも、賭けに勝つだけの余裕は十分にあったと断言している。なるほど、四十歳にして衰えを見せない彼の食欲から察して、彼の言葉に疑いを差し挟む余地はなさそうである。(pp.74-77)

4　脳と食欲に関する研究史

人間は生きていくために、食べたいという意欲をもっているが、この穏やかで心地よい食べ物への欲求がとりもなおさず食欲である。食欲の科学的研究は二十世紀に入ってから目覚しい発展が見られる。

食欲が脳で調節されるということがわかったのは、それほど古いことではない。摂食調節の基礎となる食欲および満腹感の発生については、大きく分けて胃や腸などで起こるという抹消説と脳、とくに視床下部で起こるという中枢説がある。実際には両説を総合した説が最も妥当だと考えられていたが、一九五〇年以降の多くの研究結果から中枢説が重視されている[1]。

1　抹消説

アメリカの生理学者W・B・キャノンらは一九一二年に、胃が空のときに起こる強い胃の空腹収縮が空腹痛を生じ、これが食欲の発生に直接関係するという見解、すなわち、胃収縮説を提案した[2]。その後、A・J・カールソンは一九一六年に、この見解をさらに進めて、食欲や満腹感は胃収縮の強弱や有無によって形成され、それが迷走神経を介して脳へ伝えられるという説を立てたが、これが抹消説である。しかし、人間の胃の神経を全部切除したり、胃を全部摘出しても食欲にはほとんど影響しないことから、胃の収縮度合や内容物の多少などの抹消性要因も食欲や満腹感発生の一因ではあるが、本質的要因ではないとされる。

2　中枢説

すでに、一八〇〇年代中ごろから一九〇〇年代初期にかけて、摂食の調節に関与するのは脳の最深部に位置する視床下部であることを示唆するいくつかの報告があった。摂食中枢を刺激すると満腹状態でも餌を食べ、逆に満腹中枢を刺激すると、空腹状態で餌を食べている最中でも食べるのを止めるという、さまざまな動物実験の結果から、二元中枢説の概念が確立されたのは一九五〇年代である。その後、摂食および満腹中枢の化学受容器や温度受容器が食欲や満腹感の発生に直接関与するという想定のもとに、いくつかの中枢説が出されたが、その主なものに「糖定常説」「温度定常説」「脂肪定常説」「リン酸化定常説」などがある。これらの説について簡単に触れよう。

①糖定常説

J・マイエー[3]によって提唱された説で、満腹中枢のブドウ糖受容器が体内の血糖値の変化を監視し、それにより食欲や満腹感が発生するという見解である。糖定常説は多くの研究者によって支持され、摂食調節の理論的支柱に育っていく。この説によって、食欲の調節が脳の神経活動に由来し、抹消神経にかかわりないことが説明できた。

私たちは食事をすると常に血液中のブドウ糖濃度が上昇する。血液は脳にも隈なく行き渡っているので、視床下部の周辺の毛細管中でもブドウ糖濃度が高くなる。ブドウ糖は血管を通って視床下部を覆っている血液中に入る。視床下部の満腹中枢には、ブドウ糖感受性神経があり、血糖値が高くなるとブドウ糖感受性神経が興奮し、満腹感を生じる。また、ブドウ糖は摂食中枢に存在するブドウ糖受容神経の活動を抑制する。このように、摂食および満腹中枢の活動はシーソーのような相反関係にある。

②温度定常説

体温の上昇が満腹感を増すという考え方が、一九三〇年代に見られた[4]。食事で栄養物が同化され始めると、熱が発生してくる。温度定常説によると満腹感を覚え、食べることを止めるのは、この発熱によるものであるという。皮下血管の拡張や皮膚温の上昇は、摂食停止期と高い相関を示している[5]。

J・R・ブローベック[6]は摂食中枢の発見後、三年ほどして、温度定常説を提唱した。生体のエネルギー量は、体温調節機構で制御されている。したがって、摂食行動の始動や停止は、体温の恒常性を維持する機能の一環に過ぎないというのが本説の主旨である。

③脂肪定常説

糖定常説を提唱したJ・マイエーは、エネルギー出納を長期にわたって管理する系として、脂肪をその候補にあげた。この考え方をさらに発展させたのが、G・C・ケネディ[7]である。

満腹中枢の脂肪受容体が体内の脂肪量を感知することにより、食欲や満腹感が発生するという見解である。この自動制御は総脂肪量の多寡に応答し、脂肪の合成と分解のバランスをとることで可能になる。視床下部はこの情報を感知し、過剰な食物摂取を防止している。これが脂肪定常説の理論的根拠である。

④リン酸化定常説

これは、J・D・デビスら[8]が視床下部の神経はATP（エネルギー供給源）利用を定常にする機能を持つと想定して提唱された説である。実際に、食欲は体内のエネルギー量が不足すれば促進され、過剰であれば抑制される。この場合、体内エネルギー量を監視するのは摂食中枢ブドウ糖感受性神経である。

食欲および満腹感発生は、①から④までの各中枢説のいずれかではなく、これら四つの総合説で説明するのが妥当であると考えられている。

また、抹消説と糖定常説は主として摂食の短期調節に関係する食欲や満腹感の発生に役立ち、脂肪定常説とリン酸化定常説は長期調節に関係する食欲や満腹感の発生に役立つとされている。しかし、体内のブドウ糖、遊離脂肪酸、脂肪、摂食および満腹中枢のブドウ糖感受性神経、ブドウ糖受容神経がこれらの物質だけでなく、インシュリンなどの各種ホルモンにも反応する多チャンネル型複合化学受容器の性質を持っていることなどから、摂食の短期および長期の調節に関係する食欲や満腹発生の機構は重複しているものと考えられている。

5 食欲発現に関与する因子

食欲発現に関与する因子にはいろいろあるが、ここでは神経性因子、感覚的、身体的、精神的、環境的因子などについて考える。

①神経性因子

自律神経の大もとは大脳にある自律神経中枢であるが、感情や情緒になんらかの刺激が加わると、自律神経は敏感にそれを感知して胃腸のほうに刺激を与える。このような仕組みで心配ごとや不安、激怒、極度の緊張、驚き、悲しみ、苦痛などがあるとき、食欲の発現は抑制される。逆に、嬉しいとき、安堵、喜び、幸福感などは食欲の発現を促進する。そのほか、ぐつぐつ煮立つ音など五感で感じる食欲があり、楽しく食卓を囲んでいる時に感じる食欲、食事時間になったという時に感じる食欲などがある。食事リズムや食事環境なども神経的な刺激として、食欲を発現させる重要な因子となっている。

②感覚的因子

視覚、嗅覚、聴覚、味覚、触覚の五感のうち、前者の三つの感覚は食べる前に感じるものであり、以前に経験した記憶からおいしさを連想し、食欲を誘発するものである。

③身体的因子

食欲は身体的条件にも左右されやすい。睡眠不足のため食欲を感じなかったり、熱性疾患や消化期間疾患などにある場合、空腹にもかかわらず食欲が起こらないことがある。また、ある栄養素が欠乏すると、生理的にそれを要求することから、食欲の発現を誘発することがある。その例として、繊維性食品を無性に食べたくなったとき、そういった食品が不足していたことに気付くことがある。

④精神的因子

食欲は感情によっても左右されがちであり、喜怒哀楽、不安や恐怖、不服などによる不快感情があるとき、食欲が減退したり、湧いてこなかったりする。

⑤環境的因子

食欲には、食生活に関するすべてが関係している。食文化、生活リズム、生活環境、生活様式から作り出された長年にわたる食習慣、目や耳から入る溢れるほどの食情報など、また、直接的な季節、天候、昼夜、温度、湿度、明暗、室内装飾、食卓の構成、テーブルセッティングなども食欲の発現や昂進に、あるいは低下させる動機や因子となる。

大村裕は著書[9]のなかで、「脳の底部にある視床下部は人でいうとキャラメル一個の大きさで、前後の距離は約六ミリメートルに過ぎない。この小空間に生命維持に欠かせない中枢と呼ばれる部位がぎっしりと組み込まれている。この中間部に食欲に関する満腹中枢および摂食中枢が存在する。食欲の脳内機構の研究で、満腹感あるいは空腹感が形成される過程が明らかになるとともに、生体のホメオスタシス維持だけでなく、関与した多くの化学物質および神経回路が鼻の中隔や海馬に働き、学習記憶能力を促進させていることが明らかになった。脳は食事により、新しい記憶を定着させ、学習効果を上げる作業を行っているのである」と書いているが、生体の妙味が少しずつ明らかになり、脳科学の新しい展開を実感するこの頃である。

注

1　大村裕・坂田利家著『脳と食欲』共立出版　一九九六
2　W.B. Cannon and A.L. Washur: J. Physio., 29, 441-454, 1912
3　J. Maer: Am. N.Y. Acad. sci., 63, 15-43, 1955
4　前掲『脳と食欲』十一－十三頁
5　J.M. Strang and H.B. McClugage: Am, J. Med, Sci., 182, 49, 1931
6　J.R. Brobeck: Ann. N.Y. Acad. Sci., 63, 44, 1955
7　H.M. Bruce and G.C. Kennedy: Proc. Roy. Soc., B 138, 528-544, 1951
8　J.D. Davis and Wirtschafer:Neurosci.,4,173, 1978
9　前掲『脳と食欲』まえがき

第五章　《グルマンディーズ》と《グルマン》

ブリア＝サヴァランは、当時、グルマンディーズ（食道楽）とグルトヌリー（大食）とが混同して使われていることに憤りを感じていた。そこで、それらについてのサヴァランらしい考え方を見てみよう。

一　グルマンディーズ

ブリア＝サヴァランは「グルマンディーズ」について次のように述べている。

数冊の事典をひもといて《グルマンディーズ（gourmandeis）》という項を当たってみたが、満足できる説明は見当たらなかった。どれを見ても本来のグルマンディーズを「グルトヌリー〔大食らい〕」とか「ヴォラシテ〔貪食〕」とかいうものと混同しているのが見られるばかりであった。事典編纂者は他の点では大いに尊敬すべき学者であるのに違いはないが、シュプレーム・ソース〔チキンスープをベースにしたクリームソース〕をかけた山鶉の手羽肉を優雅に頬張ったり、小指をちょいと立ててシャトー・ラフィット〔ボルドー産の赤ワイン〕やクロ・ヴォージョー〔ブルゴーニュ産の赤ワイン〕の銘柄を召し上がる、あの愛すべき学者たちとは少し違っている。事典編纂者たちは、アテネの優美さ、ローマのゴージャスさ、そしてフランスの繊細さの三つを統合した社交的なグルマンディーズを完全に忘れている。そして、気の利いた配列、巧みな技術、精力的な賞味、透徹した判断力を兼ね備えたグルマンディーズであることを忘れている。これは愛すべき長所であり、美徳であるといっても良いくらいであるのに。少なくともわれわれの最高の享楽の源泉であることに違いはない。(pp.152-153)

1　グルマンディーズの定義

ブリア＝サヴァランの主張を聞くことにしよう。

グルマンディーズとは、味覚を楽しませてくれるものを、情熱的に、理性的に、習慣的に愛する心である。

グルマンディーズは暴飲暴食とは相容れないものである。食べ過ぎたり酔いつぶれたりする人はすべて、グルマン〔食通〕の名簿から締め出されることを覚悟しなければならない。

グルマンディーズのなかにフリアンディーズ〔甘党の人〕も含まれる。フリアンディーズとは、軽くて上品な少量のご馳走、ジャムや菓子などを好むことである。

どういう角度からみてもグルマンディーズというものは称賛と奨励に値する。

身体の方からいえば栄養摂取のための諸器官が完璧に健康状態であることの結果であり証拠である。

精神の方からいえば造物主が定めた立派な掟である。われわれは生きていくために食べざるを得ないのであるが、他方、食欲という誘い、美味という支え、快楽という報いを受け、暗黙のうちに身を任せている。

(p.153)

2　グルマンディーズの魅力

国民経済の観点からみれば、グルマンディーズは日々の消費に必要な諸物資の交換によって人々を結びつける絆となっている。

グルマンディーズこそ、一方の極から他方の極へとワイン、ブランディー、砂糖、香料、塩肉、乾物など、あらゆる種類の食料品、卵やメロンまでも旅させている。

またグルマンディーズが普通品、上等品、極上品とそれぞれに適した値段を付ける。

グルマンディーズ

(J.J.T. ド・リュスの壁画)

(Larousse Gastronomique, 1938)

さらに多くの漁夫、猟師、農夫やその他の関係にある人たちに希望や競争心を与えている。彼らの労働や発見によって毎日、調理場が満たされる。

最後にもう一つ、実にグルマンディーズこそが、絶え間ない資本を流通させ経済生活を活気づけている。

さらに、グルマンディーズは国庫に大きな財源を提供している。市民税、関税、諸種の間接税の源泉である。私たちの消費する物すべてが税金と関係があるが、美食家が堅固な支えでない公益財産はないといえよう。

なお数世紀来、フランスを飛び出して異国のグルマンディーズの開発に出かける一群の出稼ぎ人たちが大きな果実を故国に持ち帰り、フランスの人々に財をもたらしていると言えよう。(pp.153-155)

3　グルマンディーズの影響力

一八一五年十一月、条約〔ナポレオンの百日天下の後に調印された「第二パリ条約」〕によってフランスに課せられた条件は、三年の間に七億五千万フランの賠償金を連合国に対して支払うというものであった。

この負担の上に、さらに諸国民別の要求が加えられた。各国の君主は結束して三億フランを超えた利子を要求した。

なおその上、その他の敵の将軍たちから現物による諸種の要求が出された。彼らが車に山と積んで国境から持ち出していったものは十五億フランを超えた。

《ああ、情けないことだ！》と憂国の士たちは、運命の馬車が通るのを見送りながら嘆息していた。《ああ、わが国のお金がごっそりと外国に持ち出されていくのだ。来年は五フランの銀貨の前に跪かねばなるまい。われわれは破産者の惨めな状態に陥ることであろう。何を企てても成功はおぼつかない。金を借りようにも借りるところがあるまい。皆が肺病になり、衰弱し、国民揃って死ななければなるまい》。

ところが、案に反して、事実はそのような取り越し苦労を無用にした。財政通の連中が驚きの目を見張っているうちに支払いはやすやすと行われ、信用は増加し、借款ではフランス国内に入ってくる金のほうが出て行く金よりも多いということが数字の上で証明された。

いったいどのような力が私たちを窮地から救ってくれたのか？　どのような神様がこんな奇跡をやってのけたのか？　答えはグルマンディーズである。

ブルトン族、ゲルマン族、チュートン族、キンメル族、スキチア族がフランスに侵入したとき、彼らはまれな大食と非凡な胃袋とを運んできた。

彼らはお仕着せの食事ではいつまでも満足はしていなかった。彼らはもっと心のこもった美味の楽しみを求めた。そうこうするうちに、花の都は巨大な食堂と化し、彼ら侵入者はレストランでも、仕出し屋でも、居酒屋でも、料亭でも、ついには往来でも歩きながら食べた。

彼らは肉、魚、ジビエ、トリュフ、菓子類、とくに果物をパクパク食べまくった。

飲むことにかけても食欲に引けを取らなかった。いつも一番高価なワインを注文し、これまで味わったことのない美味を期待して飲むが、何時も期待はずれであった。

この時代は味覚の悦びを提供する人々にとって良き時代であった。ヴェリ〔モントルグイユ街の牡蠣売りで、レストランを開業し、国際色豊かな上流の客筋の人気を集めた〕は身代を作り、アシャールは財を築き、ボーヴィリエ〔十五年以上にわたりパリ一番という評判のレストランを経営した〕もそれに負けはしなかった。シュロ夫人もパレ-ロワイアル地区に八平方メートルにも満たない小店しかもっていなかったが、毎日一万二千個のミートパイを売り尽くすという景気であった。

ヨーロッパ中のいたるところから、人々が押しかけてきて、かつて戦争中に覚えたあの甘美な習慣の数々をこの平和時にもう一度楽しんだ。(pp.155-157)

4　グルマンディーズと女性

グルマンディーズは女性に決して不釣合いなものではない。むしろ彼女らのデリケートな諸器官に相応しい。彼女らはある種の快楽を我慢しなければならない上に、ある種の苦痛を自然から無理押しされているのであるから、このグルマンディーズは彼女らのためのその償いである。

一人の可愛い美食家が食卓に向かっているところほど美しいものはない。ナプキンを格好よく広げ、片手をテーブルの上に、もう一方の手を上品に切った小さな肉片や山鶉の手羽肉を口

『洗練されたスーペ』

(Christain Guy: Une Historie Cuisine Française, Les Productions de Paris, p.75, 1962)

これは、たいへん優雅な食卓であり、小さな空間に無数の楽しみが散らばっていて、美の三女神を表した飾り鉢が置かれている。すべてが官能的な悦びに包まれている。

もとに運び、静かにそれを噛もうとしている姿。きらきらと輝く眼、つやつやとした唇、楽しそうなおしゃべり、彼女の一挙手一投足はことごとく優美である。女性たちがあらゆるものに振りまくあの淑《しと》やかなコケットリーも忘れてはいない。これだけ魅力が揃っていればもう耐えられない。たとえば、検察官のカトー氏〔古代ローマの厳格で知られた政治家〕であっても心を動かさずにはいられない。(pp.157-158)

女性たちのグルマンディーズ趣向には、なにか本能的なところがある。実際、グルマンディーズは美容に役立つ。

きわめて正確で厳しい一連の観察によると、滋養のあるおいしい食べ物を摂取し続けると、いつまでも老けずに若く保たれる効果があるという。

美食によって目はいっそう輝きを増し、肌はさらにみずみずしく筋肉はいっそう張りをみせる。美容の大敵といわれるあの小じわも、生理的には筋肉のたるみから生じるということは確実であるから、食道楽の人は他の条件がすべて同じであれば、食道楽に無縁な人より十年は若く見えるということも真実である。

画家や彫刻家はこの真理をよく心得ている。実際に好んで、あるいは義務から止むを得ず粗食に甘んじている人たちを画布や石材に表現するとき、判で押したように、それらの人物を病人のように蒼白に、貧者のように痩せ身に、老人のように皺だらけに描く。(pp.158-159)

5　グルマンディーズと人間関係

グルマンディーズは社交界における大きな絆の一つである。グルマンディーズが存在していればこそ、食卓の楽しい雰囲気が盛り上がり、さまざまな身分の人々もなごやかに一体となり、会話がはずみ、因習的な身分の格差のかども丸くなり、陽気な気分がみなぎる。

グルマンディーズは客をもてなすために最善の努力を払わなければならないという気持ちにならせ、また、客の方でも申し分のないもてなしを受けたと感じたときに抱く感謝の気持ちの原因動機ともなるのである。せっかくの山海の珍味もむしゃむしゃと食べたり、芳醇な美酒銘酒を冒瀆的な不注意でがぶがぶ飲むような無神経な連中は辱めなければならないであろう。

一般的な掟としては、センスのよい行き届いた配慮に対しては、つねに称賛を惜しみなく与えるべきであり、客を喜ばせようという誠意が見えているところでは、つねにデリケートな褒め言葉が要求されるのである。(p.159)

6　グルマンディーズと夫婦関係

もう一つ、グルマンディーズが与えるすばらしい影響は、夫婦ともに美食家である場合の幸福に満ちた結婚生活の上に見られる。

美食家の夫婦は少なくとも一日に一度は合間見える楽しい機会を持つことであろう。実際にベッドを別々にしている夫婦でも食事だけは一つのテーブルでするのが普通である。彼らは常に尽きない話題をもっている。現に、いま食べているものが話題になるばかりでなく、かつて食べたもの、いつか食べたいと思うもの、新案の食べ物などについて話し合う。このような打ち解けたおしゃべりはなんといっても微笑ましいものである。

なるほど、音楽もその愛好者にとってはたまらない魅力であるに違いない。しかし、構えをしなければならないという意味で、音楽は一つの仕事である。

それに人は時に風邪をひいたり、楽譜が見えなくなったり、頭痛が起きたりすることもあるので、自然とお休みになることもある。

その反対に、夫婦を食卓に呼び寄せるのは共通の欲求であり、同じ好みが二人を食卓に引き寄せる。二人は自然に相手に対して思いやりの心を持つようになり、いたわり合うことになる。毎日の食事がどんな風に行われるかということは人生の幸福と大きな関係がある。

こういう考えはフランスではかなり新しい事だが、すでにイギリのモラリスト、フィールディング（一七〇七〜一七五四）は決してそれを見落さなかった。彼は『パメラ』という小説の中で二組の夫婦の違った晩餐の取り方を描いている。

一方は貴族の長男とその夫人であるが、その険悪な関係によって、二人はむっつり黙ったまま食事を取った後、それぞれ自室に引き篭もり、一人暮らしの気楽さについて瞑想にふける。

他方はその家の次男坊〔パメラの夫〕パメラ夫人である。彼は恋女房との結婚のために相続分を取り上げられ、今ではささやかな給料生活者で質素な食卓である。しかし、彼が食卓につくと愛妻パメラの手作りの料理が運ばれ、一日の仕事のこと、明日の計画、そして二人の愛についてマデラ酒の小瓶をともにしながら食事とおしゃべりに花を咲かせる。やがて一つのベッドに二人は温かく迎えられ、しばらくは愛の感激にひたりつつ、甘美な眠りに誘われて現在を忘れ、よりよき明日へと夢を膨らませる。

しかし、グルマンディーズも暴食、大食、泥酔となればおしまいである。グルマンディーズの美名を傷つけ、その長所の数々を失い、モラリストからは苦言を受け、あるいは医者の手にかかって薬の厄介にならなければならない。

この章で特質づけられたグルマンディーズはフランス語でしか表現できない言葉である。グルマンディーズをほかの語に置き換えないで、そのまま使っていただきたい。すでに、コケットリーというフランス語もあらゆる国の人々がそのまま使っているのと同じことである。

私は、グルマンディーズとコケットリーがともに、フランス起源のものであることに誇りをもっている。それは私たちの無上の社交性が、私たちの欲望を変形した結果にすぎない。

(pp.159-161)

二　模範的なグルマンディーズ

ブリア＝サヴァランは一章を設け、本格的なグルマンディーズとしてド・ボローズの伝記を記している。ド・ボローズは「教養ある紳士で、家長さえしっかりしていれば、おいしい食事がまずい食事よりも高くつくわけではない」という考え方で、おいしい会食を提供した人物であった。

1　ド・ボローズの生い立ち

ド・ボローズは一七八〇年頃の生まれである。父は王室のご用掛《がかり》をしていたが、幼少のとき両親を失い、早くから年金四万ルーヴルの所得者となった。年金四万ルーヴルといえば、当時としてはたいへんな財産であった。

父方の叔父に彼はラテン語を学んだが、フランス語でなら何不自由なく、どんなことでも言えるものを何でこんなに苦労をしてまで、同じことを違った言葉で表現しなければならないのかと、不思議に思っていた。しかし、彼のラテン語は上達し、ホラチウス〔前六〜八。古代ローマの詩人、風刺作家〕の作品を読むようになってからは、従来の考え方が一変し、その優美な表現による思想について考察することに大きな喜びを感じた。この機知に富んだ詩人の語った言葉を十分理解するために、ほんとうの努力を傾けた。

ド・ボローズは音楽も学び、ピアノにも向かったが、ピアノの無限の可能性に挑戦しようとはせず、この楽器をただ自分の本当の目的に利用するだけであった。すなわち、彼は歌の伴奏ができるようになるだけで満足だった。

しかし、彼の伴奏者としての評価は先生を凌ぐものであった。彼は出しゃばって大げさに腕を振り上げたり（faire les bras）、色目を使って虚空に目をやったり（faire les yeux）、速い楽器を引き違えたり、音程を取りそこなったり (faire des brioches) することがまったくなかった。彼は伴奏者としての分限を守り、歌う人の方を引き立てたからである。

彼は年齢のおかげで革命の最も恐ろしい時代は無事に切り抜けた。しかし今度は自分自身が徴兵に取られることになったので、ある男にお金を渡して身代わりに勇ましく死んでもらうことにした。そして、その身代わりの男の死亡証明書をしっかりと握って、うまくわれわれの勝利を讃えるのも、われわれの不運を嘆くのにも都合のよい立場に立った。

ド・ボローズは、背はあまり高くなかったが、体のプロポーションはきわめてよい人であった。顔付きが官能的で、ヴァリエテ座のガヴォーダンとか、フランス座のミショーとか、ヴォードヴィリストのデゾージェとも見間違えるような好男子であった。

職業をもつということは彼にとって一大事だった。いろいろ試みたが結局一種の閑職に落ち着いた。彼はある文学者の仲間に入り、自分の地区の慈善団体に加わり、博愛事業に加盟した。自分の財産の管理はきわめて上手にやってのけたが、取り引きや通信、事務の仕事などで多忙な日々を過ごした。(pp. 309–311)

とうとう彼は二十八歳になり、結婚することを心に決めた。未来の花嫁とは食卓以外では顔を合わせる機会はなかったが、三度目には、綺麗で優しく気がきいている婦人であると信じこんで結婚した。

しかし、ド・ボローズ夫妻の幸福は長くは続かなかった。結婚後わずか一年半で、妻はお産によって形見としての娘エルミニーを残して世を去った。エルミニー嬢のことは後で話しま

しょう。（p.311）

2　ド・ボローズの美味学

彼は相変わらず勤勉に働き、携わったそれぞれの仕事の中にそれ相当の悦びを見出していた。しかし、長い間には選ばれた人々の集まりの中にも、やはり野心や贔屓があり、とくには多少の嫉妬もあることに気づいた。彼はこれらの浅ましさをすべて人間そのものの不完全さによるものと諦めていた。自分自身では気づいていなかったが、その顔に現われている運命の囁くところに従って、少しずつ味覚の悦びを持って自分の専門とするようになった。

ド・ボローズは「美味学は結局改善する科学に適用された鑑賞の思索にほかならない」といっている。

また、彼はエピクロス〔ギリシャの哲学者〕とともに次のように言った。「では人間というものは自然からの賜物を見向きもしないというのでしょうか？　彼らは地上に苦い木の実を摘みとるために、やってきたというのでしょうか？　神々が死すべき者たちの足元に美しい花を生い茂らせたのは、一体、誰のためだというのでしょうか？　……自然がわれわれに勧める成り行きに身を任せることこそ、神の御心にかなうことなのだ。われわれの義務は神の掟から来たり、われわれの欲望は神のインスピレーションからくるものである」。（pp.311-312）

3 ド・ボローズの美味学の実践

ド・ボローズの最初の仕事は、現場の料理人に対してであり、その究極の目的は料理人に彼の職能を正しく教えてあげることにあった。

彼は「上手な料理人は、理論によって学者になる事ができたが、つねに実技によって学者となる。彼らの職務の性質は彼らを化学者と物理学者の中間的存在に位置づけている」と教えた。さらに「料理人は生命あるもののメカニズムの維持を託されているので、薬学者よりも偉い。薬学者はときどき役に立つだけであるが、料理人は毎日毎日役に立っている」と。

彼はまた、学者と同じくらいに機知に富んだ一博士に対して、次のように言っている。「料理人は火の作用によって食物を改良する術を極めなければならなかったが、それは古人の知らない技術だった。この技術はいろいろな学問的総合的研究によって裏付けされなければならない。長い間のさまざまな総合的研究なくして、巧妙に香辛料を用いたり、ある食べ物の苦み成分を除いたり、あるご馳走を一層おいしくしたり、最良の成分を発揮させたりできるものではない。ヨーロッパの料理人はとくにこのような驚嘆すべき混合や融合させる技術に優れている」。

講義はその効果を表わし、シェフは自らの役割の重大さを痛感して、つねにその職務に相応しく行動した。

しばらくの間の思索と経験は、やがてド・ボローズに次のように語らせている。「料理の数は習慣上ほぼ決まっているのであるから、おいしい食事がまずい食事より、とくに高価につくものではなく、最上級のワインだけしか飲まないとしても、年に五〇〇フランと高くつくものではない。むしろ、万事は主人の意思、彼が統率する家の整頓、召使の躾いかんにかかっている」。

このような基本的な点で、ド・ボローズの正餐は本格的な趣向をもっていた。人々はその珍《ちん》味《み》佳《か》肴《こう》を称賛し、そこに招かれたことを自慢していた。一度もそこに姿を現したことのない人までが、そこのご馳走を褒めそやしていた。

ド・ボローズはこのような自称美食家たちを決して誘いはしなかった。彼らは大食漢に過ぎず、そのお腹は底なき淵のようであり、至る所に出かけては何から何まですっかり平らげてしまった。このような連中を呼ばなくても、彼の友人の間には三つのカテゴリ（すなわち、金融家、医者、文学者）を愛すべき会食者がたくさんいた。こういう人たちこそ真に哲学的な注意を払って賞味し、その道の研究のために求められるだけの時を惜しみなく与え、「これより先に行くな」と命じる一瞬のあることを決して忘れてはいない。

しばしば、食料品屋が彼のもとに飛びっきり上等な食材を持ち込み、それを案外安い価格で喜んで置いていくことがあった。彼らは、そういう食材がここでこそ真の価値が発揮され、賞味されるであろうことを期待し、自分の店の評判も一段と高めてもらえると確信している。

(pp.312-313)

4　ド・ボローズの会食

ド・ボローズの会食者が九名を超えることは稀であり、料理の数もきわめて少なかった。しかし、主人の熱意と洗練されたセンスはそれらを完全なものにせずにはいられなかった。食卓には季節が提供する最もおいしいものが並び、遠い国の珍味、走りの食材もあった。給仕にも心がこめられ、すべて至れり尽くせりのもてなしであった。

食事中の会話はいつも陽気な雰囲気で、会食の内容のすばらしさはド・ボローズの特別な心遣いだった。

毎週一人の優れた、ただし貧乏な学者（彼がその人を支援していた）がその屋根裏部屋から降りてきて、食卓で論じられるのに相応しい一群の主題を彼に手渡すのであった。主人は食卓の話がようやく尽きかけると上手にそれらの問題を持ち出す。それでまた、ひとしきり話に花が咲き、それだけ政治論などは封殺される。政治の話題は飲み込むことも消化することも妨げる。

一週に二度、彼は婦人たちを招待した。そのとき、彼女らの一人ひとりがそれぞれの会食者の中に、もっぱら自分の相手になるような殿方を一人ずつ見出せるように配慮した。この心配りに、一同の人々に多くの魅力的な楽しみ方を提供した。

この日だけは、慎ましい二人組みのカルタをすることが許された。他の場合は静かに厳粛な《ピケ》とか《ホイスト》とかに決まっていた。これもまた、ド・ボローズ家の会食者たちの教養の程度を示すものであった。しかし、しばしばそれらの夜会は優しい歓談のうちに時が流れ、その合間合間に、彼の伴奏によっていくつかのロマンスが交じり合う。

毎月第一月曜日には決まって神父さんがド・ボローズの家に来て食事をした。そこでは十分な敬意を持って迎えられ、会話もいつもよりはまじめになりがちであったが、無邪気な冗談が締め出されるわけではなかった。神父もこの日の会合に魅力をもっていた。

若いエルミニー嬢が、預けられていたミニュロン夫人宅から外出してくるのもその日であった。しばしば夫人も同伴した。エルミニー嬢は来る度にその優雅さを加えていた。彼女は父を心から愛していた。父がその待ち受けている額に接吻しながら彼女を祝福するとき、世にもこの親子ほど幸福なものはなさそうに見えた。

ド・ボローズは相変わらず、彼が食卓のために投じる費用が精神的に役立つことを願っていた。

彼は納入される食材の品質や適正な値段によって、その誠実さを示す商人でなければ信用しなかった。必要に応じて、助言したり援助したりしていた。

またパレ＝ロワイアルの料理店主ユルバンに意見を提供して、その経営を指導したのもド・ボローズであったと信じられていた。ユルバンの家に行けばわずか二フランで、ほかでは倍も払わなければならないようなご馳走がいただけた。客は値段の安さに正比例して増えるばかりで、ユルバンは最も確実な財産を築いていった。

ド・ボローズの食卓から下げられた料理は、決して使用人たちが勝手に処分することを許されなかった。形の損なわれていないご馳走はすべて主人の指定する用途に当てられていたが、いつも豊かに食べ物を貰っていた使用人たちは喜んで、その趣旨に賛同していた。ド・ボローズは慈善会にも加わり、その管理下の多数の人々の窮乏や心理状態などにも通じていたので、贈り物の配分にもそつがなかった。ときには、まだまだおいしくいただけそうなご馳走、大きなカワカマスのしっぽとか、七面鳥のローストの半分とか、牛のヒレ肉とか、お菓子などが届けられ、みんなは飢えを忘れて大喜びした。

ド・ボローズは第三や第四級の商人の中に仲むつまじい若夫婦を見出し、将来、国のために役立ちそうだと認めると、わざわざ家まで訪ねて、二人を晩餐に招待するのを一つの務めと考えていた。

このような招待の動機がだんだん世間にも知れ渡り、やがて招かれた人たちにとっては出世の糸口となっていった。(pp.313-317)

5　エルミニー・ド・ボローズ嬢

こうしている間に、エルミニー嬢はヴァロワ街の木陰でますます成長した。

彼女の背は高く(一六五センチ)、ニンフ〔ギリシャ神話の森・山・水の精〕のように軽やかで、女神のように優雅であった。

幸福な結婚生活から生まれた一粒種のエルミニー嬢は健康そのものであり、体力も優れていた。彼女は暑さも日焼けをも恐れず、どんなに長い散歩にも疲れを知らなかった。髪は遠くからは褐色にみえるが、近寄ると濃い栗色で、まつ毛は黒く、目は空のような青さだった。

顔は概してギリシャ的であったが、鼻だけはガリア人のようで、この可愛い鼻が彼女の顔を一段と引き立てていた。

また、このお嬢さんの足は小さく形もよかったので、教授はそのことを褒めた。そこで彼女は、一八二五年の正月には父の許しを得て、教授に黒繻子のきれいで可愛い飾り靴を贈り物とした。教授は得意げに、それを選ばれた仲間たちに見せ、社交性というものは究極において、容姿にも人柄にも影響するものだという持論の証の証拠とした。彼の主張するところによると、今日われわれが珍重がっている小さな足というものは、教養と心掛けとの所産で、村人の中ではほとんど見出されるものではなく、ほとんどが常に、その人の祖先から数代に渡って富裕な人であったことを物語るものだ。

エルミニー嬢が、頭を覆うふさふさとした髪の毛を無造作に櫛でかき上げ、簡単な上着をリボンのベルトできりっと締めた姿を見ると実に可愛く、花も真珠もダイヤモンドも、この美人にはまったく用がないように思われた。

彼女が話す言葉は単純明快であり、わが国の著名な作家のすべてに通じている人であることは疑う余地もなかった。しかし、ときには興奮することもあり、彼女の教養に対する鋭い指摘があると、早速にそれに気付いて顔を赤らめ、目を伏せることもあり、いかに謙虚であるかということがわかる。

　エルミニー嬢は同時にピアノもハープも上手で、とくにハープがとても好きであった。それは、天使が携えているハープやオッシァン〔三世紀ころのスコットランドの吟遊詩人であるが、メランコリーに満ちた詩は十八世紀のヨーロッパで広く読まれた〕に歌われている金のハープに対する、一種の憧れがあったからであろう。

　彼女の声も天使のような優雅さと妙なる正確さを備えていた。しかし、彼女は少し恥ずかしがりやであった。でも請われるままに歌うのであるが、彼女は歌い出すとき、いつも聞き手に魅惑的な眼差しを投げかけた。それでも彼女はうっかり節を間違えることもあるが誰もそれに気付かなかった。

　彼女は針仕事も決してゆるがせにはしなかった。それは悦びの源泉であり、いつも彼女を慰めてくれた。彼女は妖精のように働いた。手芸に関しては何か新しいものが現われると、それを父親の主任裁縫師がいち早く彼女に知らせることになっていた。

　エルミニー嬢はまだ誰にも心を打ち明けてはいなかった。いまのところただ父を愛するだけで十分に幸福だった。しかし彼女は舞踏に対しては情熱をいだき、ほんとうに好きでたまらなかった。

　カドリールを踊ると彼女は五センチも高くなったように見え、まるで鳥が飛んでいるように見えた。しかし、彼女の踊り方はつつましく少しもおてんばなところはなかった。彼女はただ、その優雅なフォームを展開しながら、身軽にするすると滑るように踊ることで満足であった。

もしも彼女が全力を出し切って踊ったならば、モンテッシュ夫人〔一八〇五〜一八七七。舞踊家〕に強敵が現われたと思われかねないであろう。（pp.317-319）

6　ド・ボローズの死

《鳥は歩いているときでも、翼をもっているように見える》

ミニュロン夫人の家から連れ帰ったこの可愛い娘のそばで、賢明に管理してきた財産と当然受けるべき尊敬とを享受しながら、ド・ボローズは幸福に過ごしていた。そしてまだまだ長く生きられるものと考えていた。しかし、希望というものはすべて外れ、未来というものはいつも当てにならないものである。

先月中ごろのことであった。ド・ボローズは幾人かの友人と一緒に招かれて、一日を田舎で過ごそうと出かけた。

それは春に先駆けて早めにやってくる生暖かい日のことであった。地平線の遠いところに、いよいよ冬の終焉と思われるような地鳴りのような響きを聞いたが、皆はそれを気にもとめずに出かけた。ところが、やがて空模様が一変し、見る見るうちにすさまじい雲が重なり合って広がり、恐ろしい暴風が雷と雨と霰とを伴って襲いかかった。

みんなは慌てて思い思いの場所に非難した。ド・ボローズは一本のポプラの木の陰に身をかわした。その下枝は垂れ下がり、いまにも格好の避難所のように見えた。

しかし、それはとんでもない非難所だった。木のてっぺんは高く雲の中へと伸びて、電気を伝えるかのごとく、幹を伝わって流れる水はまことによい伝導線だった。たちまち天地も裂けんばかりの音がして、哀れな散歩者はあっという間に死んだ。

カエサル〔前一〇一〜四四。史上最も偉大な将軍の一人〕が最も願わしいといっていた《急激な死》、注釈をつける暇もない突然の死にさらされたド・ボローズは、いとも荘厳な儀式によって葬られた。ペール・ラシェーズ墓地に向かう葬列には徒歩や馬車で多くの人々が列をなして従った。彼を褒め称える言葉がすべての人の口から聞かれ、さらに一人の友人が墓穴の脇に行って弔辞を述べたときには、さすがにすべての会葬者から啜り泣きの声が聞かれた。

エルミニー嬢は思いもかけない突然の不幸にただぼんやりとしていた。取り乱しもせず、泣き叫びもしなった。しかし、父を哀れむ涙はとめどもなく溢れ出、乾こうともしなかった。友人たちは、彼女が泣くだけ泣いて、自らその悲しみが癒されるようになるより仕方ないと考えた。

エルミニー嬢はやがて泣き崩れずに、父の名を口にすることができるようになった。父を語る彼女の言葉には、実に優しい純粋な愛慕哀悼の心が溢れていて、聞く者は一人として感動せずにはいられなかった。

エルミニー嬢から、一緒に私たちの父の墓に参り、ともどもに花輪を捧げようと、頼まれるであろう若者は何と幸福だろう！

……教会堂の横手の祭壇には、日曜日ごとにお昼のミサのとき、老婦人に伴われた美しい若い女性がみられた。その様子は魅力的だったが、厚い喪のヴェールで顔を隠していた。しかし、いつまでも美しい容姿が知られずにいるわけはない。このチャペルには身なりの整った若者の信者がたくさん押し寄せ、その中にはハンサムな青年も少なくなかった。

以上、教養ある紳士と呼ばれていたド・ボローズは博愛主義者であり、会食を好み、多くの人たちとグルマンディーズの喜びを共有することを実践した。(pp.319-321)

三　グルマン

ブリア＝サヴァランのグルマンについての解説を、以下に述べるが、それはサヴァランらしい機知に富んだものである。

グルマン〔食通〕になろうと思ってもなれるものではない。生まれつき鋭敏な感覚や持続的な注意力を持たない人たちがいる。そういう人たちには、滋味豊かなご馳走もただの素通りである。

生理学がすでに教えているように、そういう不幸な人たちの舌には味覚器官である舌に乳頭とか味蕾が十分に備わっていない。鈍い感覚しか感じとれない人たちにとっては、味わいというものは盲目の人にとっての光のようなものである。

また、持続的な注意を持たないという人というのは、ぼんやり者、おしゃべり、忙しがっている人たち、野心家たちであって、いわば二兎を追う者にほかならず、ただお腹を一杯にするのに過ぎない人々である。

ナポレオンもその一人であった。彼の食事は不規則で、そそくさと食べる習慣があった。お腹が空いたとなると一刻も猶予できない。そこで、いつも、どこでも、命令一下ただちに、ヴォラユ〔家禽〕とコートレット〔骨付き背肉〕とコーヒーを出せるように準備が整っていた。(p.162)

1　天賦の味覚

さらに、ブリア＝サヴァランは先天的なグルマンについて、次のように述べている。

味わいを享楽するのに格好な身体の組織に恵まれている一群の人たちがいる。ラヴァテール〔一七四一～一八〇一。スイスの哲学者、詩人、神学者〕学派、ガル〔一七五八～一八二八。ドイツの医者、骨相学者〕学派であった。つまり、私は先天的素質を信じる。

先天的グルマンは、概して中肉中背で顔は丸い人も四角の人もいるが、眼はきらきらと輝き、額は狭く、鼻は低く、唇はぼってりとして丸い顎をしている。女性の場合は丸ぽちゃで美人というよりも可愛い感じでやや小太りである。

もっぱら甘党の女性の場合は、華奢な顔立ち、可憐な様子で上品でもあり、ことに彼女ら特有の皮肉をいうのが特徴である。

最高に愉快な会食者仲間を求めるならば、こういった外見の人を探すべきであろう。こんな人たちであれば、食卓に出るものは何でも受け入れ、悠然と食べ、注意深く味わう。心のこもった歓待を受けている場から早く逃れようとはしない。それに彼らが夜の集まりでも人気者であるのは、ありとあらゆる遊戯に長じているからである。

これとは反対に味を楽しむ能力がもともと備わっていない人たちは顔も鼻も目もみんな細長くできている。背は高かろうが低かろうが、体つきはなんとなく細長い感じを与えている。髪の毛は黒く頭になでつけてあり、体の線にまろやかさがない。長ズボンを考え出したのはきっとこんな連中であろう。

同じ不幸な星のもとに生まれてきた女性は、ぎすぎすした体つきであり、食卓に座るとすぐに退屈する人たちで、生きる楽しみといえば、トランプ遊びと陰口をたたくくらいである。

生理学に基づく私の人相学に異論を唱える人は、まずいないであろう。誰でも辺りを見回せば標本はいくらでも見つかる。

ある盛大な会食の席であった。私の真正面にたいそう綺麗な令嬢がいて、その顔つきはいかにも官能的であった。私は隣席の人に顔を寄せてごく小声で《ああいう顔つきをしているお嬢さんは、たいへんなグルマンであるに違いありませんぞ》と囁いた。「ご冗談でしょう」と彼は答えた。「みたところ十五歳くらいじゃありませんか。まだまだグルマンディーズのわかる年頃ではありませんよ。まあしばらく様子を見ましょう」。

初めのうちは私は形勢不利で、最初の二皿に対するお嬢さんの態度はじつに慎ましやかで意外なものであった。これはたまたま例外にぶっかったのだと思うほどであったが、最後のデザートの時間になって、私は希望を取り戻した。じつに見事なヴォリュームたっぷりのデザートだったが、彼女は出されたものを全部ぺろりと平らげたのみならず、ずっと離れたところにある皿までも手元に取り寄せ、あれもこれもと全部の味をみた。さすがに私の隣席にいる人も、このお嬢さんの小さな胃袋によくもこれだけのものが入るものだと感心した。このようにして、私の仮説は立証され、科学はここにまたもや凱歌をあげた。(pp.162-166)

2　職業とグルマン

天命によるグルマンがある一方で、職業によるグルマンもある。すなわち、財界人、医者、作家、それに信心家である。

【財界人】　財界人はグルマンディーズの英雄である。それは文字通り英雄であり、そこでは戦闘が行われたのである。もしも彼らが豪勢な料理と金庫とで対抗しなかったら、貴族階級の肩書きと紋章の重みに押しつぶされていたに違いない。もてなし役の資本家の悪口が言いたくて、貴族たちは宴会の終わるのが待ちきれなかったことが事実であったとしても、やはり宴会には姿を現わした。このことが貴族階級の敗北の証である。

しかも、莫大な財産を難なく溜め込んだ連中が例外なしにグルマンにならない筈はない。

【医者】　医者をグルマンにする要因は資本家の場合とは性質を異にしているがいささかも引けをとるものではない。医者は誘惑されてグルマンになる。

健康はどんな宝よりも大切なものであり、医者はその守り神であるだけに、どこに行ってもちやほやされる。医者こそは《寵児》ということがぴったりする。

医者はいつも鶴首《かくしゅ》をもって待たれ、行けば下へも置かぬ歓迎ぶりである。病床の美女に招かれ、若いお嬢さんにちやほやされる。もっとも大切なものを彼らに差し出すのはその夫であり、父である。右を向けば希望に輝き、左を向けば感謝の眼差しに迎えられる。どっちを向いてもご馳走攻めに合い、それ半年も続けば習い性となって正真正銘のグルマンになってしまう。

こうして、医者たちを掌中に収めたからには、私は彼らがその病人たちに臨むときの、あの極端な厳しさを咎めずにはいられない。

人は不幸にして彼らの手中に陥ると、さっそく「あれはいけない、これもいかん」という言葉を百篇も聴かされる。このことはそれまで親しんできた楽しみごとと手を切らなければならない。

これら禁止事項のほとんどを無用のものであると断固として主張しよう。

なぜ無用のものであるかというと、病人が自分にとって害になるようなものを欲しがるはずがないからである。

苦痛の感覚がもともと死に対する予兆であるのに引き換え、快適な感覚は健康の印であることを忘れてはならない。わずかなワイン、一匙のコーヒー、数滴のリキュールを見れば、どんな瀕死の病人にも微笑みが浮かぶ。(pp.167-168)

【作家】　美味学の国では、作家が住む界隈は医者が住む界隈のごく近くに存在する。
ルイ十四世の時代の作家は飲んだくれであり、また時流に迎合する者でもあり、そのことは当時の記録にも記されている。ところが、現在の作家はグルマンである。このことは進歩といってもよいであろう。

いまだかつて社会における作家の地位が今日ほど快適であったためしがない。昔のように後指をさされながら上流社会に寄食することはもはやない。文学の領土ははるかに肥沃になった。いまや万人平等の世の中となり、作家がパトロンの目の色を伺う必要などない。しかも嬉しいことに、グルマンディーズの恵みが作家の上に降り注いでいる。

作家が社交界に受け入れられるのは、その才能に対して一定の敬意が払われているからである。

作家と名のつく連中はいつも多少遅れ気味に現われるのであるが、それでも熱烈に歓迎されるのはそれだけ期待されていたからであった。作家もそうした接待に慣れ、次第にグルマンとなり、ゆるがない地位を確保することになった。（pp.170-171）

【信心家】　グルマンディーズの忠実な実行者として信心家を加えよう。

ここで、信心家というのは、ルイ十四世（一六三八～一七一五）、劇作家モリエール（一六二二～一六七三）と同様に考えている。すなわち、外見上の宗教的儀礼を実行することが信心であると思い込んでいる人々のことである。

では信心家とはどのようにしてグルマンになるのでしょう。

その他の娯楽のたぐいは信心家がけっしてしてはならない事柄であるが、それらの娯楽をおぞましく思っているすきに、グルマンディーズが登場、神学者面をして乗り込んでくる。

またときにはコモス〔食卓の神様〕からの贈り物が求めなくともやってくる。古い友達、悔い改めた者のささげ物、親類からの挨拶などどうしてそれらの供え物を退けることができよう。修道院はもっともおいしい物の倉庫であった。（pp.173-174）

3　グルマンの長寿説

最近、読んだ書物の中から、耳よりな情報を読者にお伝えできることはこの上ない幸せである。すなわち、美食は健康を害するものにあらずと、他の条件を同じにすれば、グルマンは他の人よりも長命であることを最近アカデミーにおいて発表されたヴィレルメ博士（一七八二〜一八六三）の学術論文が、この事実を数字的に証明している。（pp.174-175）

グルマンの集い

（Chriatain Guy: Histoire de Cuisine Frnçaise, Les Productions de Paris, 1962）

第六章　《美食家テスター》と《食卓の快楽》

一　美食家テスター

ブリア＝サヴァランのいう「美食家テスター」とは？

学問的方法によるよりもむしろご馳走のイメージのきらびやかさの方が主役である。最高のご馳走をいただいても、どんよりした目や生気のない顔付きしかできない人は、とてもグルマンという名にはそぐわない。

そのような人たちには、その価値を十分に評価できないような宝物〔ご馳走〕を供する理由などまったくない。そこで、このような人たちを見分ける方法を考え出した。

美食家テスターとは、それを賞味したとき、興奮せずにはいられないような飛びっきりおいしい料理のことである。その料理をたべても一向に食欲をそそられず、美味に酔うことも見せないようならば、その人は珍味佳肴の席に招待するに値しない人であるとして排除してもよいと言う。

この美食家テスターは評議会で十分に検討した結果、私たちの名士録にラテン語でつぎのように記入された。

《風味の卓越したすばらしい料理の一品が食卓に供されたとき、会食者の表情を観察することを怠ってはならない。その顔つきに恍惚の情を表わさない人は、すべてこれを不適格者として記録しなければならない。》

美食家テスターの性能は相対的なものであり、さまざまな社会階層のそれぞれの能力や習慣に応じて、定められるべきである。あらゆる条件を正しく評価した上で計画されたものであるならば、かならずや称賛と驚きを呼ぶことであろう。それは一種のダイナモメーター（動力計）とも言うべきものであり、社会の上層部に上がるのに比例してその強度を増すという仕組みになっている。たとえば、コクナール街のささやかな金利生活者用に作られたテスターは中級官吏のところではまったく役に立たない。まして、財界人や大臣邸での食通エリートの宴席に持ち出しては、目も当てられない。（pp.177-179）

1　美食家テスターのメニュー例

私たちが、美食家テスターとするのに相応しいと考えた献立表をご覧にいれよう。先に述べた考え方と方法に基づいてメニューは三段階に分けられ、徐々にレヴェルが上がるように工夫されている。

食通の言葉「おお閣下！　何と閣下の調理人はお見事な名人でございましょう！　とても他では、これほどのご馳走はお目にかかることはできないでしょう！」(pp.179-180)

美食家テスターのメニュー例
(1800年頃)

[第一級]
推定所得5,000フラン（中級クラス）
仔牛のフィレ肉（身をピケする）の煮込み
リヨンの栗詰め七面鳥
脂ののった飼い鳩のベーコン巻き
シュークルートとソーセージ
　ストラスブールの燻製ベーコンのせ
淡雪風のデザート

[第二級]
推定所得15,000フラン（金持ちクラス）
牛フィレ肉の煮込み
鹿肉・刻みコルニション入りソース
ひらめの水煮
羊の股肉・プロヴァンス風味
トリュフ詰め七面鳥
初物えんどう

[第三級]
推定所得30,000フラン（大富豪クラス）
ペリゴール産トリュフ詰め家禽
ストラスブール産フォワグラの大型パテ・バスチョン型
ライン川の大鯉・シャンボール風
トリュフ詰めうずら・骨の髄入りブラウンソース
川鱒の詰め物・ざりがにのクリームソース
雉肉の蒸し焼き・サントアリアンス風
アスパラガス・オスマゾームソース
オルトラン（小鳥）・プロヴァンス風
ピラミッド型メレンゲ

(Physiology de goût, pp.179-180)

【一般的な注意】

美食家テスターがその効果を確実に発揮するためには、相当ヴォリュームがあることが要求される。人間に対する深い認識に基づいた経験の教えるところでは、どのような山海の珍味であっても、その量がわずかであれば効果は十分に現われない。なぜなら、会食者がご馳走から受ける感動は次のような懸念でかき消されてしまうからだ。すなわち、このご馳走にはちょっぴりしかありつけないのではないか、席の巡り合わせによって、礼儀上遠慮しなければならないのではないかといった類の懸念は、けちで見栄坊な主人のもとでは、実際、よくあることである。

私はいろいろな場所で美食家テスターの効果を試みたが、その一つの例をあげよう。ある信心家のグルマンのもとでご馳走になったときのことである。すばらしい第一コースが終わって、次にトリュッフ詰めバルブジューの童貞鶏、それにストラスブール産のフォワグラのジブラタール〔アントルメ〕が供された。

このご馳走が出ると、さすがに会食者一同にはっきりした影響が認められた。それは英国の詩人クーパー（一七三一～一八〇〇。〔英国の詩人〕）が指摘している無言の笑いとでも言うような、言葉では言い表わせない状況だった。

会食者一同の会話はぴたりと止まり、みんなの注意はご馳走を切り分ける手元に集中した。ご馳走の入った小皿が一つ一つ渡されると、すべての人の顔に萌えるような食欲と恍惚として美味に酔う悦び、そして安らぎに満ちた幸福感が漲ってくるのをみた。（pp.180-182）

2　味覚センサー

十九世紀後半、心理学者、哲学者であったフェヒナーは、実験方法を伴う精神物理学（一八八六年）を提唱し、精神と身体、心と物との関係を実験や実証によって明らかにしようとした。精神物理学そのものはその後発展をみなかったが、それらの測定法は計量心理学として応用されるようになった。この分野における刺激量と感覚量との関係を説明するものに、次の三つの法則がある。それは、①ヴェーバーの法則、②フェヒナーの法則、③スチーブンスの法則である。二十世紀に入って、人間の感覚を計量器とし、数理統計学を駆使した官能評価法が台頭した。やがて、バイオとIT（情報技術）の時代といわれる二十一世紀の幕開けとともに、人の味覚を再現した「味覚センサー」が誕生した。

私たちの舌には、味蕾という味を受け取る蕾がある。味蕾は味細胞の集まりである。どのような細胞も、生体膜からなる膜でその表面が覆われているが、水に溶けた化学物質は舌の味細胞にくっつく。そして、その情報が電気的変化となり、神経を伝わり、脳で知覚される。

味細胞を覆う生体膜は、蛋白質が詰まった脂質膜という構造であるが、これを模倣して味覚センサーが開発された。現在、この人工味細胞膜を用いた味認識装置は、コーヒー、お茶、ビール、日本酒、米、牛乳、ミネラルウォーター、だし、スープ、味噌、醤油、果物、野菜などに適用されている[1]。

二　食卓の快楽

1　食卓の快楽の起源

ブリア＝サヴァランは食卓の快楽について、次のように述べている。

今日（十八〜十九世紀）、私たちが言っているところの会食とは、人類の第二の時代、すなわち、果実をもって食とすることをやめた時代に始まった。獣肉を調理したり分配したりする必要があることから、家族は一箇所に集まり、家長が子どもたちに狩猟の獲物を分配し、また、子どもたちは老いた親たちのために同様の奉仕をした。

このように、最初はただ近親者のみの集まりであったが、それが次第に広まっていき、隣人や友人たちの集まりとなっていった。

その後、だんだん人間の輪が広がったとき、疲れた旅人が家族的な食事の席に座り、遠い地方の出来事を物語ったりした。小さな食事の輪の中に歓待という温かい心が通い、一椀の食べ物を分かち合った人たち同士の間に仁義が生まれ、このことは、異なった民族の間でも神聖視されるようになった。どのような残忍な民族であっても、パンと塩を分かち合うことを承知した以上、お互いに生命を尊重することを義務としないものはいない。

食事の度に人々は集い、食事の間に言葉が生まれ、お互いに睦み合い、語り合うという自然の流れが始まった。（pp.183-184）

2　食べる悦びと食卓の悦び

食べる悦びと食卓の悦びとは別のものであって区別しなければならない。

食べる悦びとは、食べる欲求が充足されたときに生じる現実的・直接的な感覚である。

食卓の悦びは考慮された感覚である。すなわち、食卓の悦びは食事に伴うさまざまな事情、場所柄、物、人物などから生じるものである。

食べる悦びは人間も動物も同じである。飢えとそれを満たすのに必要なものがあれば事足りる。

しかし、食卓の悦びは人間固有のものである。食事の下拵え、場所の選択、会食者の人選など、食事に先立ついろいろな心遣いがなされて初めて生まれる。

食べる悦びには食欲を必要とする。

これらの二つの状態は宴会において観察される。

宴会の最初の段階では、みんながつがつ食べることに没頭して、口もきかなければ人の話に耳を傾けようともしない。どのように社会的地位の高い人でも他のすべてを忘れてしまい、大工場の労務者と区別がつかなくなってしまう。しかし、いよいよ食欲が満たされてくると理性的判断が生じ、会話がはずんで別の世界が開け、それまでは、飲みかつ食べることに専念していた人たちが、程度の差こそあれ、それぞれの資質に応じて愉快な食卓の友となる。


(pp.184-185)

3　食卓の悦びの効果

食卓の悦びには恍惚とか興奮といった快感はない。そのような激しさは欠けている代わりに持続性において優れている。とくに、食卓の悦びの独特の特典はありとあらゆる他の快楽に向けて、私たちの心身の調子を整えてくれる。それが適わない場合には、他の快楽の埋め合せをしてくれることである。

実際に、申し分のないご馳走をいただいた後は、心身ともに一種独特の幸福感に浸るのが常である。

肉体的には、頭脳がすっきりしてくるとともに、顔の表情が華やぎ、色艶がよくなり、目がきらきらと輝き、ほんのりとした温もりが全身に広がる。

精神的には頭が冴え、想像力が活発となり、気のきいた言葉が口をついて飛び交う。ラ・ファール（一六四四～一七一二。〔詩人〕）やサン・トレール（一七七八～一八五四。〔歴史家〕）が機知溢れる作家として後世にその名を残しているのは、何よりも彼らが愉快な食卓の友であったからである。

それに加えて、しばしば目撃することであるが、一つの食卓を囲んで、社交の極致がかもし出されることである。すなわち、恋愛、友情、ビジネス、投機、権勢、嘆願、庇護、野心、策略など……。こうして食卓の仲間たちは人生百般の事情に通じ、甘酸辛苦さまざまの果実を味わうことができる。（p.185）

4　食卓の悦びのための趣向

人々はあらゆる趣向を凝らして食卓の悦びを長引かせ、より強いものにしようと工夫した。詩人たちは人間は首が短かすぎるために、食べ物の味を長く味わい続けることができないのだと嘆いた。ある人は胃袋の収容能力が余りに小さいことを悲しむ。そしてついには、一食を抜いて、次の食事を思う存分満喫しようとする人さえ現われた。

こうして、人々は味わいの快楽を拡大しようと最大の努力を払った。さらにさまざまな付加価値をつけて楽しさの範囲を広げようとした。

人々は鉢や杯を花で飾った。会食者の頭に花の冠を載せたり、青空の下で、花園の中で、花咲く森の中でというように、あらゆる自然の美景を前にして食事をした。

食卓の悦びに応えるために、妙なる調べを加わった。

いろいろな衣装をつけた舞踏家や手品師、パントマイムの俳優などが、味わいの喜びを妨げることなしに、人々を楽しませた。(pp.185-186)

5　十八世紀と十九世紀

こうしてフランス的に洗練された風習は、ローマ風に食べたものを吐き出すという習慣の存

した。

続を認めなかった。フランス人が作り出したものはもっとすばらしく、上品な方法で目的を達たえず、次から次へと食欲をそそる、極めて魅力的な料理が発明された。それらは軽い料理で、味覚を喜ばせてはくれるが、胃に負担をかけるほどのものではない。セネカ〔前四頃〜後六五。ローマの修辞家〕であれば、「雲のようなご馳走」とでも言ったかもしれない。

先ほど述べたさまざまな添え物は食卓の悦びにとって必要不可欠な要素であると考える必要はない。すなわち、相当程度のご馳走、おいしいワイン、愉快な会食者、たっぷりとした時間さえ揃っていれば、食卓の悦びは十分に堪能できる。

だから私は質素な食事の席であろうとも気持ちよく出向くことにしている。たとえば、ホラティウス〔古代ローマの詩人〕がその隣人を、あるいは雨宿りのために舞い込んできた客人をもてなすために供したであろう程度の食事、すなわち、おいしい若鶏、脂ののった仔山羊の肉、デザートにぶどう、いちじく、くるみでもあれば、それだけで十分なご馳走である。それにマンリウス〔ホラティウスの生まれた紀元前六五年にローマの執政官〕時代にとれたぶどうで作ったワインとあの優しい詩人ホラティウスの言葉とがあれば、もはやこれにまさる食卓の悦びはない。

つれづれに苦しんでいるとき、近所の友が雨の中を
訪ねてくれると、わたしはまことに嬉しかった。
彼は、街で買った魚類ではなしに、栗にあり合わせた
雛鳥や仔羊を携えてくる。

するとと私も、つるしてあったぶどうの房やくるみやたくさんのいちじくで、改めて食膳をかざるのだった。

これに反して、どんなご馳走が珍味ぞろいであっても、ワインの味がまずく、会食者の組み合わせがよくなく、人々の表情が晴れやかでなかったり、食事がせかせかとなされるようでは、食卓の悦びなど味わえるはずがない。(pp.186-188)

6

食卓の悦びの条件
――ガステレア2のお告げ――

(現在、このキリスト紀元一八二五年において、食卓の悦びを最高度に味わわせるもろもろの条件をかね揃えている食事とは、はたしてどのような食事であるべきか?)

これに対して私は次のように答えよう。読者諸君、心を沈めてよく聞いてください。それは雅やかな女神の中でも美しいガステレア〔味覚の女神〕から啓示されたことである。この真理は数世紀を経てもかわらないであろう。

会食者は十二名を超えてはならない。つねにみんなが会話に参加するために。

会食者の人選は職業に変化をもたせ、趣味は共通点があるように配慮する。紹介などという格式ばったことをせずにすむように、多少は旧知の仲を選ぶ。

食堂の照明は十分で、食器はきわめて清潔でなければならない。室温は列氏十三度から十六度〔摂氏十六度から二十度〕くらいが快適。

男子は機知豊かで、出しゃばらず、女性は愛嬌があって、なまめかし過ぎないのがよい。

絶品の料理を選らばなければならないが、品数は多すぎないのがよい。ワインはそれぞれの度数の中で最高級のものを選ぶ。

食べ物の順序について、料理は実質的なものから軽いものへ、飲み物はあっさりしたものから芳香のあるものへと供する。

晩餐は一日の最後を締めくくるものであるから、ゆっくりといただくのがよい。会食者たちは、同じ目的をめざす旅人のような心持ちでありたい。

コーヒーは入れたてのあつあつがよい、リキュール類はとくに主人自らが選択すべきもの。客を迎えるサロンは相当広いことが大切。ゲーム事の好きな人々が一勝負やれるように、また一方、食後の歓談のために必要な場所も確保しておかなければならない。

会食者は社交のおもしろさに引き止められ、晩餐会の後にはさらに楽しいことがあるに違いないという期待をいだかせるようでなければならない。

茶を濃く出しすぎないように、トーストパンのバターは上手に塗るようにパンチは丹念につくる。

午後十一時よりも前に帰る客が続出するようであってはならないが、十二時にはみんながベッドについているくらいがよい。

以上の条件が揃った食事こそ、会食者も最高に幸せにする。（pp.188-189）

7 最も長い食事の話
――読者に贈るボンボン3――

デュ・バック通りの奥の方の一軒に私の親戚が住んでいた。その家族は七八歳の医者デュボワ博士、六十六歳の大尉、その妹で六十四歳のジャネットという三人の構成であった。私はときどき遊びに行ったが、ある日、ジュボワ博士は私の肩をたたいて、「おい、君はずいぶん前にフォンデュの自慢話をしたが、君の顔を見るたびに、口の中のつばがたまってきて仕方ない。もうそろそろ何とか始末をつけてもらいたいな。そのうち、大尉と一緒にお手並み拝見とでかけるぞ。いいかね」。これは一八〇一年ごろのことであった。「いいですとも」と私は答えた。「すばらしいものをご馳走しますよ。なにしろ私がつくるのですからね。申し出は私にとって身に余る光栄です。じゃ、善は急げですね。明日十時、よろしいでしょうか。軍隊式に時間厳守でお願いします」。

定刻に会食者が現われた。剃りたてのひげは青々とし、髪はきれいに撫で付けられていた。老いたりといえども二人は矍鑠《かくしゃく》としていた。

彼らは食卓の用意ができているのを見て、嬉しそうに微笑んだ。真っ白なテーブルクロースの上に三人分の食器が整い、それぞれの席の前には二ダースの牡蠣《かき》が金色に光ったレモンとともに置かれていた。

テーブルの両端にはソーテルヌのワインが一本ずつ置かれ、瓶だけはきれいに拭われていたが、栓は汚れたままで、このワインがつくられてからかなりの年月を経ていることが伺えた。悲しいかな、こういう牡蠣の朝食はいまではほとんど見られなくなった。

「これはなかなか生きのよい牡蠣だ」といって一気に食べ終わると、腎臓のくし焼き、トリュフ入りフォワグラが出、そして最後がいよいよフォンデュである。

あらかじめ諸材料が鍋の中に揃えられているものが、アルコールランプとともに食卓に運ばれた。私はその場で調理をしたが従兄たちは私のすることを一つも見逃さなかった。

このやり方に興味を持った従兄たちは、教えるよう迫ったが、いずれそのうちということで、その日は教えなかった。

フォンデュの次には季節の果物とジャム、本場のモカのコーヒー、そして最後にリキュール二種、これは口の中をさっぱりさせるための強いものと、それをやわらげるためのとろりとしたものである。(pp.190-191)

食事が終わってから、私は客に運動をしようと提案し、家の中を一巡した。とてもエレガントとは言えない住まいであるが、広くて住みよい家であった。とくに、客はその天井画や金箔張りが十五世紀時代のものだったので、いっそうご機嫌であった。

また、シナール(一七五六〜一八一三)作の私の美しい従妹のレカミエ夫人(一七七七〜一八四九) **4** の胸像の粘土の原型やオーキュスターンの描いた彼女の小型の肖像などを見せた。客はすっかり大喜びで、デュボワ博士にいたってはその厚ぼったい唇で肖像に接吻をし、大尉の方も胸像に対して失礼なことをしたので、私は彼をなぐった。この原型のすべての称賛者が同じようなことをするとしたら、そのふっくらした胸の辺りはローマの聖ピエトロの足の指のようなありさまになってしまうであろう。それは巡礼者があまりに接吻するので短くなっているのではないかといわれている。

それから、私は古代の優れた彫刻家のいくつかの塑像や、価値がなくもない絵画、私の猟銃、楽器、それにフランスや外国の美しい版本もお目にかけた。

こうやってあちこち見学の途次、台所を訪ねることも忘れなかった。私は経済鍋、ローストⅢ、焼き串回転機などを披露したが、彼らはそれらをすべてもの珍しげに詳しく調べ、自分たちが摂政時代と同じような道具ばかりを使っていることに、すっかり驚いた様子であった。

サロンに戻ると、丁度二時であった。「さあたいへんだ！　妹のジャネットがわれわれを待っているに違いない。すぐ帰らなくちゃ……。腹は減っていないが、ポタージュだけはいただかなくては。これは昔からの習慣なので……」ということだったので、こちらで昼飯をとってもらうことにした。

あまり客に待たせることなしに、一部はあり合わせで、一部は近所の料理店から分けてもらって簡単ながらおいしそうな昼食を準備することができた。

二人の客がどっかと腰をすえ、ナプキンを膝に広げて、いまや遅しとご馳走の出を待っている姿を見て、言葉では言い表わせない満足感を覚える。

二人は私が予期しない二つの驚きを告げた。それは私がポタージュとともにパルメザンチーズを出させ、その後で辛口のマデイラ酒を勧めたからである。それは二つとも、フランスの花形外交官のタレーラン公爵（一七五四〜一八三八）がつい先ごろ持ち帰った珍しいお土産だった。彼はしばしば機知に富んだ意味深い言葉を語り、その全盛時代も引退後も常に世間から注目された人であった。（pp.191-193）

午餐は和気あいあいのうちに終わり、その後カルタ遊びなどの案もだされたが、大尉の無為に過ごすのが良いという考え方で、われわれは黙って炉を囲んで座った。

会話にいっそう趣きを加えるものとして、茶のサービスを申し出た。

長い経験から学んだことであるが、一つのもてなしをすると、またもう一つやりたくなるもので、やり出したらきりのないものである。そこで、私は最後にパンチにしようと申し出て、ほとんど命令的に、レモン、砂糖、ラム酒を持ってこさせた。

博士は「いや、もうこれ以上はいけないよ」と、大尉も「そんなに飲んだら酔いつぶれてしまうよ」と言ったが、私はパンチを作り始め、一方では、きわめて薄手の軽くバターを塗ったトーストが作られた。

二人は、これ以上食べないよと頑張るのであったが、やがて食指が動き、まもなく最後の一片まで食べてしまった。私は内心この簡単なご馳走の魅力をよく知っていた。

そうこうするうちに時間が経って、時計は八時を過ぎてしまっていた。この愛すべき二老人に対するもてなしの義務を忠実に守るために、車のところまで送り、車の走り出すのを見て、さようならをした。

読者はたぶんお尋ねになりたいだろう。そんなに長い間、退屈を感じる時間はなかったのか、と。

否と私は答えるだろう。「わが会食者は、フォンデュの調製、家の中の巡回、午餐に出された珍しい食べ物、お茶、とくにパンチによって(これは、それまでに味わったことのないものだった)、始終、関心と興味が掻き立てられていた」。

博士はパリ中の系図や逸話に精通していたし、大尉の方も軍人としてあるいはパルマの朝廷への使臣として、イタリアで過ごした人であり、私もあちこち旅の経験があるので、われわれは淡々として語り、また楽しく耳を傾けることができた。

翌日、私は博士から手紙を受け

台所のブリア=サヴァラン

アレクサンドル・デュマ著　辻静雄・林田逢右・坂東三郎訳　『デュマの大料理事典』　岩波書店　2002　p. 266

取った。「昨日は少々酩酊したが、別に障りはなかった。それどころか、ぐっすり眠って起きて見ると実に爽快で、またご馳走になりたいくらいである」と書かれていた。(pp.193-195)

このように、フランス人は「ガリア人」と呼ばれていた昔から、孤独を嫌って集合を好み、おしゃべりや議論することの好きな国民であった。こうした種族的な傾向がサロンを作り出し、食卓が会話の場ともなって、おいしい料理とともに食卓の悦びを倍増させていったのである。

注

1　都甲潔・坂口光一編著　『感性の科学』　朝倉書店　二〇〇六

2　ガステレアは味覚の女神

3　これはブリア＝サヴァランが自らホストとして手腕を自画自賛する話。
①　遠縁の二人の老人にどんな料理を提供したのか。
②　食後のどのようにして楽しい雰囲気を醸し出したのか。
③　両人がご機嫌であった室内装飾とはどんなものか。

4　レカミエ婦人は、サロンの主催者であり、晩年の最も有名な友人シャトーブリアンである。彼女は牛ヒレ肉のビフテックにシャトーブリアンと命名したことでも有名である。

第七章　《消化》と《休息》

一　消　化

ブリア＝サヴァランは嚥下《えんげ》や消化についての原理と法則を述べている。

古くから「人は食べるから生きるのではなく、消化するから生きるのである」と言われている。すなわち、生きるためには消化しなければならない。この法則に貧しき者も富める者も、羊飼いも王様も従わなければならない。

しかし、消化とは何であるかを心得て消化している人は少ないことであろう。

ここで、消化の全体像を知るためには、それに先だつ事柄や、その諸結果との関係を明らかにしなければならない。（pp.199-200）

1　嚥下

まず、嚥下についてブリア＝サヴァランは次のように述べている。

食欲すなわち、飢えや渇きとは、体内から出される元気を回復したいというサインである。そのサインを無視するようであれば苦痛を伴う。

食べ物が口腔から食道上部にいたるまでを嚥下と呼んでいる。

この僅かな道程の間にさまざまなことが行われる。

歯が硬い食べ物を砕き、口腔内の諸種の腺からの分泌液によってそれらを湿らせる。舌がそれをこね回し混ぜ合わせる。それから、それを口蓋に押し付けて液汁を出させ、その味を賞味する。この間に食べ物は舌の真ん中に集められ、つぎに舌の付け根の方に送られ、咽頭がそれを受け取って食道に向って押し込む。さらに食道の収縮・弛緩によって食べ物は胃に送られる。

一口目がこうして片づくと、二口目も同じように続き、その間に飲み込まれる飲み物も同じ道を通る。

食塊が無事に胃に到達するまでに、二つの危険を逃れなければならない。

第一の危険は鼻から奥に押し込まれることであるが、幸いにも軟口蓋が垂れ下がっていて鼻への出口を防ぐ。

第二の危険は気管の方に入ることである。万一、気管に異物が落ち込むと激しい咳が起こり、異物が出るまで止まらない。

しかし、見事なメカニズムによって声門は食べている間中収縮し、入り口を守る会《え》厭軟骨《えんなんこつ》によって覆われている。こうして食塊は容易に胃に到達できる。胃に届けば、胃に届けば、意思の限界を超えてほんとうの消化作用が始まる。（pp.200-201）

2　口腔機能

ここで、近年（二十世紀後半から二十一世紀にかけて）の研究による咀嚼と嚥下機能について述べよう。

口腔は、前方に口唇、後方に鼻咽頭が位置し、中間に舌、歯肉、歯列をもっている。舌は食べ物を取り上げ、噛む位置に運び、食べ物は舌と頬の間や舌と口蓋の間で圧迫される。噛まれた食べ物は歯肉に触れる。咀嚼するたびにその食べ物の物理的性質に応じて振動があごの骨に伝えられ、また、咀嚼された食べ物は食塊となって嚥下されるとき、口狭部や食道上部の粘膜を刺激する。このように食べ物が口腔に取り入れられると、噛む力、舌の動き、唾液の分泌などが反射的に調整される。

口腔内には大唾液腺（耳下腺、顎下腺、舌下腺）と小唾液腺（口唇腺、口蓋腺、頬腺、舌腺）が開口しているが、小唾液腺からは、たえず唾液を分泌して口腔粘膜の神経末端に化学的な刺激や機械的な刺激、温度による刺激、嗅覚による刺激、または精神的な刺激が加えられたときのみ分泌活動を行っている。食事を摂ると分泌速度が高まり、とくにα-アミラーゼを含む耳下腺の分泌が高まる。唾液の生理的役割は食べ物の成分を溶かして味蕾を刺激し、味蕾を呼び起こして食欲を促したり、澱粉の消化、口腔内を潤して咀嚼や嚥下を助けることである。

また、食塊を嚥下すべきか、吐き出すべきかの判断も口腔感覚によってなされる。感覚の鋭敏な部分が刺激されれば、それに応じて食べ物の物理的性質が認知される。感覚閾値《いきち》は口腔部位によって異なる。

口腔前方部の感覚は鋭敏で、食べ物を取り入れるべきか拒否すべきか、また、咀嚼すべきか否かの選択、判断が行われるための生体防御的な働きをもつ。口腔中央部の感覚部は比較的鈍いが、強い力で食べ物を砕いたり、磨砕するためには都合がよい。

口腔部・咽頭部などの口腔の奥の粘膜は再び感覚が敏感となる。これは、食塊となった食べ物をその状態で嚥下すべきか、吐き出すべきかを決定する関門としての働きを果たしているためと考えられる。

食べ物の物理的性質は一般に上舌と歯で捉えたり、噛むことによって認知される。人間の歯は弾力性のある伸縮に富んだ歯根膜によって歯槽骨につなぎ止められている。歯の表面のエナメル層には感覚受容器はないので、食べ物を歯で噛んだ場合、その感覚はすべて歯根膜中に存在する感覚受容器が刺激されて生じる。義歯を用いている場合には歯根膜が存在しないため、天然歯に比べて数倍も食べ物の物理的な性質の認知能は劣る。物理的性質と関係の深いおいしさの受容感覚は触覚であるが、ブリア＝サヴァランの時代には、まだ、美味学の対象に触覚の問題は登場しておらず、触覚は次代のテーマであると述べられている。そして、サイコレオロジー[1]の台頭は二十世紀初頭である。

嚥下において、脳幹部の脳神経によって支配されている個々の摂食のための運動は、大脳皮質の知覚、運動野の辺縁系および延髄の神経調節機構によって、相互に関連した一連の運動として統合されている。このような食べ物の認識に基づく摂食行動や、食べ物によって誘発されるステレオタイプの嚥下運動は三段階に分けて考えることができる。すなわち、正常な嚥下は口腔相、咽頭相、食道相の三つの相であり、たがいに依存し、高度な協力によって、成り立っている。口腔相は食塊が口腔から咽頭に移送される段階であり、咽頭相は食塊が口腔咽頭から閉鎖された咽頭周囲を経由して、弛緩した輪状咽頭筋を通り上部食道に至る、高度に調節移送運動の段階である。そして食道相は食塊が食道から胃噴門に至る段階である。

3　胃の機能

ブリア＝サヴァランは胃の機能について次のように詳細に述べている。

消化作用は機械的な働きであり、消化器は篩《ふる》い分け装置を備えた粉挽き器のようなものである。消化器の機能は食べたものの中から身体修復に役立ちそうなものを選び出すこと、もうこれ以上は同化しそうにない残り滓を排出することである。

長い間活発な議論の種となってきたことは、胃の中で消化はどのようになされるのか、消化のプロセスは熱変化なのか、熟成か、発酵か、化学的分解か、生物的分解かといったような問題であった。

これらの働きはどれも少しずつ混ざり合い、いろいろな原因が重なりあって生じた結果なので、単一の原因を求めようとしたところに無理があった。

実際、食べ物は口腔や食道を通過するときに、いろいろな分泌物の洗礼を受けるのである。胃に到達すると、そこにたっぷり蓄えられている胃液がしみ込んで、列氏三十度〔摂氏三十七・五度〕前後の温度に数時間さらされるのである。食べ物が胃に入ることによって蠕動《ぜんどう》運動が誘発され、この運動によって混和された混合物は相互に作用を及ぼし合い、ここに発酵作用が生じないわけにはいかない。(pp.201-202)

これらの一連の作用の結果として、消化粥[2]が作られ、少しずつ十二指腸へ送られる。通常、胃内容物の十二指腸への輸送は食後十分ぐらいから始まり、三〜六時間かかって完了する。この胃内に滞留する時間は食べ物に含まれる成分によって大きな影響を受ける。

胃内停滞時間は、食べ物の質によって異なり、炭水化物の多い食べ物は二〜三時間、脂肪の多い食べ物で四〜五時間、たんぱく質性食べ物は中位である。小腸停滞時間も食べ物の質によって三〜六時間かかると考えられている。

4　消化の影響

ブリア＝サヴァランは消化の影響について興味深い考察を繰り広げている。

あらゆる身体機能の中で、各個人の精神状態に最も大きな影響を及ぼすものは消化活動である。こう断定しても驚く人は誰もいないであろう。あまりに明白なことであるから……。

心理学の基本的な原則によれば、精神に残る事物の印象は、この精神に従属する身体的器官の仲介がなければ生じないという。身体諸器官の働きがあればこそ、精神は外界の事物と関係をもつことができる。これらの維持管理状態が悪かったり、故障を起したりしている場合には、諸感覚に好ましくない影響を及ぼす。これらの感覚こそ、理知的な働きの仲介をしたり、その誘因ともなる。

そこで、消化が常にどのように行われているのか、とりわけ消化の最終過程がどのようであるかによって、陰気になったり陽気になったり、無口になったりおしゃべりになったり、気難しくなったり憂鬱になったりする。それは無意識的にそうなっているだけであって、それを拒むことはできない。

この観点から文明人を三つのタイプに分けることができよう。すなわち、便通の規則正しい人、便秘がちな人、ゆるみがちな人の三つのタイプである。

経験的に明らかなように、これらの各タイプに属する人々は互いに似通った素質、共通の傾向を備えているのみならず、人生途中で降りかかってくる使命の遂行の仕方にもどこか類似したところが見られる。

このことをよりよく理解していただくために、広大な文学の世界に例を求めてみよう。文人というものは自分たちの胃の働き具合に応じて好みのジャンルを選んでいるようである。この見方では、喜劇詩人は便通の規則正しい人、悲劇詩人は便秘がちな人、挽歌や牧歌を書く人はゆるみがちな人ということになる。最も涙もろい詩人と最も滑稽な詩人との違いは、消化作用の程度がいくらか違うだけということが分かっている。

サヴォワ公プリンツ・オイゲン〔一六六三～一七三六。〔オーストラリアの政治家〕〕がフランスに対して猛威をふるっていたころ、ルイ十四世紀の宮廷人の一人が次のようなことを言った。「おお！　どうにかして彼を一週間下痢にしてやることができたらなあ！　そうなれば彼もヨーロッパ一の弱虫大将になるだろうに！」

また、あるイギリスの将軍は「わが軍の兵を急いで戦場に出すとしよう。彼らの胃袋にまだ牛肉が残っているうちに！」

消化は若い人たちの場合、しばしば軽い身震いを伴い、老人の場合はかなり強い眠気を伴うのである。

この前者の場合は、自然が表面の熱を奪いとって、体内で利用しようとするからであり、後者の場合は、自然の力が老齢のために衰えて、消化作用と感覚の高揚とを同時に満足させることができなくなっているからである。

消化が開始されているときに、知的精神的活動を行うのは、危険であり、性的快楽にふけることはなおさら危険である。首都の墓地に向かう流れの中には、ご馳走をたらふく食べたあとで目を閉じ、耳をふさぐすべを知らなかったために命を落とした人々が、毎年数百人は含まれているのだそうである。(pp.209-207)

二　休　息

ブリア＝サヴァランは「休息」の大切さを痛感していた。

1　休息について

人間は無限の活動力を享楽するようにはできていない。われわれの生存には限りがあり、知覚作用も一定時間の後には停止するようになっている。この活動力の持続時間は、感覚の種類や性質によって伸びることもあるが、持続後には必ず休息を願うものである。(pp.208-211)

2　休息の時間

地球上で行われている昼夜の交替は両々相俟って自然に休息の時と活動の時とを規定する。人間は実際に、ある時間生命の充実を享受してしまうと、もはやその状態を維持することができなくなる。感覚の感受性が衰え、とうとう反応を示すことなく、休息の時がやってくる。あらゆる高度の文明の資源と幸福に取り囲まれている社会人にとって、この休息したいという要求は規則的に訪れる。

自然は慈母のごとく、この休息にあらゆる生命の保存的行為に対すると同じように、大きな快楽をもたせる。
休息するとき、人々は全身に何とも言えない幸福感を感じる。筋肉は弛緩し、頭脳はすっとする。官能は静まり返り感覚は鈍る。当事者は何も欲せず、何も思わなくなる。うすいヴェールが目の上に広がり、やがて眠りに入る。(pp.272-273)

3　休息の今日的話題

古くより、人間は労働や運動の連続の過程で、息抜きをはさみ、仕事が終れば十分な睡眠をとり、連日の働きの後には仕事を休んで、疲れを癒す工夫をしてきた。これは休息の自然な姿である。休息を早めに取れば疲労は少なく回復は早く、遅くなれば疲労は大きく回復は遅れる。労働負担の大きさや、その持続する長さなどが等差級数的に増えれば、疲労の回復に必要な時間は等比級数的に増加する。

動的な筋肉の緊張が繰り返されるエネルギー消費の大きい労働や運動でも、同じ姿勢を持続しつつ行われるエネルギー消費が比較的小さい静的な筋肉の緊張の繰り返される労働の場合でも、休息の必要性は変わらない。前者に比べて後者の疲労は「神経が疲れた」と表現されるようなぐったりした疲労感が残り、休息の内容や取り方には異なった工夫が必要である。

実際の現場では、機械化が進みエネルギー消費が少なくなったことから、休憩時間が短くなり、密度高く単調に繰り返される労働が増えている。事務系の労働でも、事務機器の使用により以前の多様な仕事の仕方が単調な密度の高い繰り返しの作業になり、しかも内容は責任が大きなものとなっている。いずれも実働率は大きくなる傾向が見られる。しかも、筋肉の動的な緊張に取って代わって静的な緊張の持続は大きくなっている。

これらの結果、神経系の疲労が増し、労働者は以前よりも蓄積した不快な疲労感を訴えるようになった。これらを管理する人々の疲労も増加し始めた。この場合には、勤務時間内や時間後の休息と休日の配置の仕方、軽い運動や気分の転換を含む休憩、休養の内容の工夫がいっそう必要となってくる。

また、労働基準法の中では「休息権」が認められているのも今日ならではのことであり、約一八〇年前におけるブリア＝サヴァランの休息の考え方には興味深いものがある。この「休息権」とは、労働者が唯一の生活手段である契約労働の拘束から解放されて疲労を癒し、娯楽、教養、能力の開発、その他社会的活動などのために自由に利用できる余暇の時間であり、日本国憲法には「健康で文化的な最低限の生活」の保障の観点から、とくに労働者の休息権が基本的な人権の一つに加えられている。

注

1　スコット・ブレア著　二国二郎・伊勢壽三共訳　『新食品学―レオロジーについて』　朝倉書店　一九五六

2　le chyle（乳糜《にゅうび》）は胃でつくられる」と書かれているが、乳糜とは腸壁から吸収される小粒の脂肪のために乳白色となったリンパ液であり、le chyme（消化粥）のまちがいではなかろうか？

第八章　《睡眠》と《夢》

本章では、睡眠、夢についてのブリア＝サヴァラン的解説を考えてみよう。

一　睡眠

ずいぶん精力旺盛で、少しも眠らないといってもよいくらいの人もいるが、睡眠の必要性は飢えや渇きと同様にたいへん重要なものである。軍隊の歩哨は目の中にタバコの粉をすり込んでも、往々にして居眠りをする。熱烈な王党支持派であったピシュグリュ（一七六一〜一八〇四）はボナパルトの警官に追われながら、一晩の眠りに三万フランを払った。こうしている間に彼は裏切られ、ナポレオンに対して謀反を企てた理由で捕らえられたのである。

1　睡眠の定義

睡眠とは、人が諸器官の活動停止のために外物と遮断され、ただ無意識に機械的な生活をするだけの麻痺状態をいう。

睡眠は二つの状態に導くのであるが、一つは意識の消失であり、もう一つはわれわれを活発な生命へと連れ戻す。

これらの現象を観察してみよう。

睡眠が始まると、感覚の諸器官は少しずつ活動を停止する。第一に味覚、つぎに視覚、嗅覚であり、聴覚はまだ眠らず、触覚に至ってはいつまでも感覚がある。触覚こそ最後まで頑張っていて、痛みによって体の危険をわれわれに告げてくれるのである。

睡眠には、多かれ少なかれ官能的な快楽が先行するのが常である。肉体は速やかな回復を信じ、喜びに満ちて眠りにつくのである。精神もまた、新たな精気を蘇らせて貰えるという希望のうちに全幅の信頼感をもって眠りに入る。

こんなにも確実な感覚を十分に認めなかったのは誤りであり、一流の学者までが、眠りを死と比較していた。死に対してはすべての生物が全力で抵抗する。死はきわめて独特な兆候をもっていて、動物をすら恐怖に落としいれる。それほど生と死とは根本的に違ったものである。

すべての快楽と同様に眠りもまた、一つの癖になるものである。一生の四分の三を眠って暮らした人もいる。しかしそうなると、すべての癖と同様に、怠惰、無精、衰弱、愚かさ、死というような忌まわしい結果しか生み出さない。

昔、サレルナの医学校では、老若男女を問わず七時間しか睡眠をさせなかった。これは少し厳格すぎ、子供はもう少し眠らせる必要があり、婦人にももう少し、寛大であってもよいだろう。しかし、一〇時間以上を床の中で過ごすことは、明らかに過度であろう。

ぼんやりした眠りの最初の瞬間には、意思の働きはまだ続いているが、目をあけようと思えばできる。目はまだ全くその力を失っていない。半醒状態を経ていよいよ絶対的な眠りに落ち込む。

魂はこうした間、何をしているのであろうか。魂は生きているのである。それは凪の間のパイロットのように、真夜中の鏡のように、何人も触れていないリュートのようなものである。それは新たな刺激を待っている。

しかし、何人かの心理学者は、魂は決して働きを止めないという。その筆頭のルデン伯爵[1]はどんな人でも最初の眠気を振り払うときは、一所懸命にしていた仕事が妨げられる時と同じような感覚であるという。

こうした観察にも根拠がないわけではない。この絶対的虚脱状態は長くは続かず、五、六時間を越えることはほとんどないといえよう。少しずつ損失は修復され、ぼんやりしていた生存の意識が甦ってくる。そして眠っている人は夢の世界へと移っていく。(pp.212-214)

2　睡眠の今日的話題

ここで、二十一世紀初頭の睡眠についての話題を述べよう。

1　睡眠の構造

睡眠とは、持続的な意識消失と全般的な身体機能の低下状態であり、覚醒と対をなして周期的に生じる脳の生理的な活動様態であると考えられている。成人の場合には一日のうち約三分の一弱を睡眠が占めている。

一九三〇年ころから、脳波を中心にしたポリグラフ記録による睡眠の研究によって、睡眠は一様ではなく深さの違いのあること、質の異なったものが存在することが明らかになっている。睡眠構造は睡眠段階と睡眠周期の二つの要素からなっている。

2　睡りを測る

睡眠は人間や動物の内部的な必要から発生する、意識水準の一時的低下現象であり、必ず覚醒可能なことと定義づけられている。睡眠研究では、脳波、眼球運動、骨格筋の筋電位を記録し、それぞれの活動パターンを総合して眠りの深さや状態を判定する。

そのうちでも、脳波は、意識水準とよく対応して変化するので、睡眠ポリグラフ法によって測定される。**図**（次頁）に国際標準判定法による睡眠段階判定基準と脳波パターン**2**を示した。

はっきり目覚めた状態では、最上段のように一三ヘルツ以上の速い波が現われ、これがベータ（β）波であり、目を閉じて安静にすると、二列目のような八〜一三ヘルツの正弦波によく似た律動波が現われる。これがアルファ（α）波である。深い安静状態に移ると、α波の出現パターンが断続的になり、やがてまどろみ状態になると、眠っているように見えるが、声をかけてみると「眠っていた」と答えることはまれで、「うとうとしていたが、眠ってはいなかった」という答えが大半を占めるという。

さらに覚醒水準が低下すると、四列目のようにゆっくりとした波が増え、やがて一四ヘルツ前後の糸巻き状の特徴的な波が現われはじめる。これが睡眠紡錘波である。眠りとしては中程度であり、起こして聞くと、「眠っていた」という報告が多い。さらに眠りが深まると、脳波の周波数は四ヘルツ以下になる。これがデルタ（δ）波である。感覚・

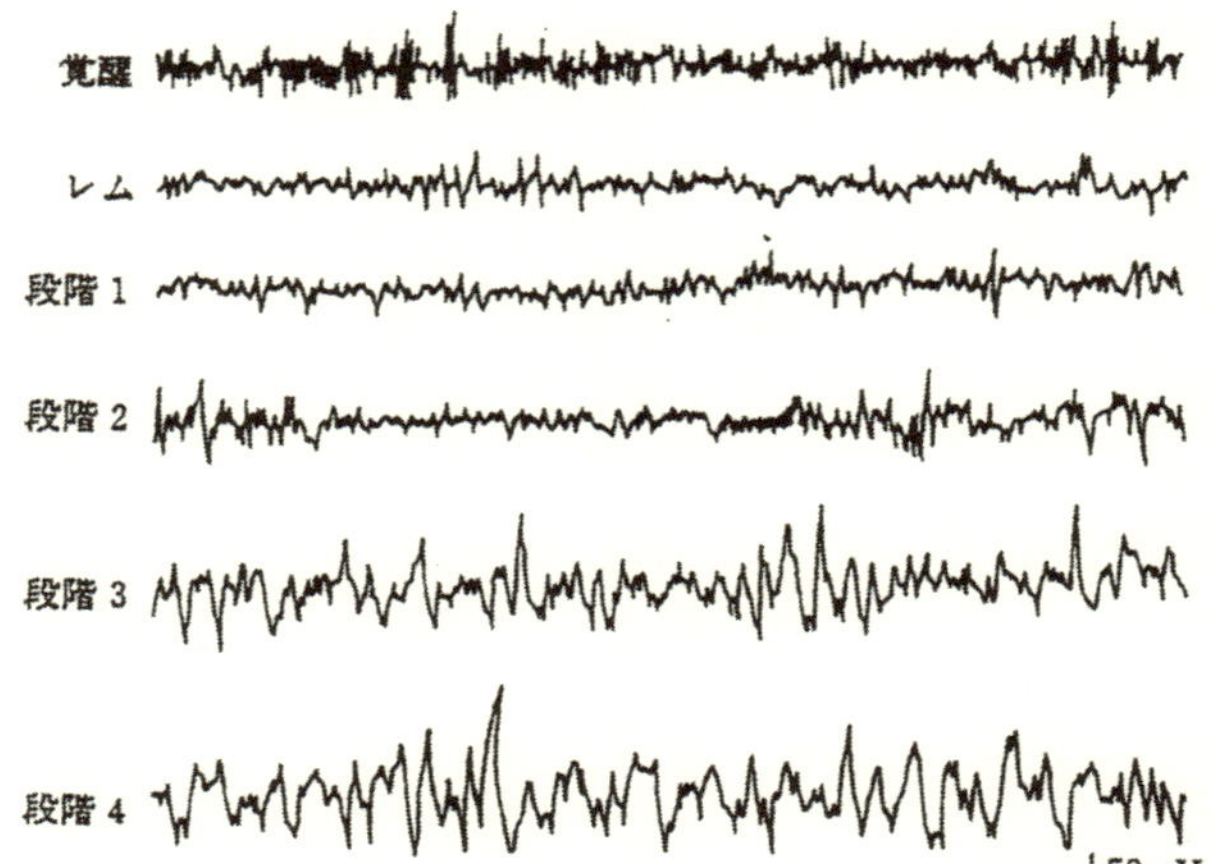

図　睡眠段階判定基準と脳波パターン

堀忠雄著『快適睡眠のすすめ』岩波書店　2000　p. 11

知覚の感度がいちじるしく低くなり、少々の音では目が覚めない。行動的にもっとも深い睡眠である。脳波の特徴は、覚醒水準が高いほど周波数の高い波が多くなるので、脳波を見ていれば、タヌキ寝入りしている人の脳波は α 波が連続しているので、すぐに見破られる。

一九五三年にレム睡眠が発見されると脳波万能時代は終わり、脳波に加えて眼球運動と骨格筋の電位を測定しないと、睡眠状態を正しく判定できないことがわかり、今日の睡眠ポリグラフ法が標準測定法として普及することになった。

3　ノンレム睡眠とレム睡眠

私たちの終夜睡眠はノンレム睡眠とレム睡眠の二種類の睡眠パターンが組み合わされて、出現する仕組みになっている。ノンレム睡眠は脳を休ませ、生体防御の役割をもった睡眠パターンであり、一方、レム睡眠は体を休ませ、脳の発達を助ける睡眠パターンともいえる。

ノンレム睡眠には科学的に四つの段階に分けられ、それらは脳波の出現パータンの違いによって判別され、第一段階が入眠状態で、第四段階が最も深い状態であり、第三、四段階は徐波睡眠（深睡眠）と呼ばれている。これは年代ごとの眠り方の違いにあらわれている。一〇歳代から二〇歳代では寝つきも速く、徐波睡眠の持続時間も長いし、一夜を通じて中途覚醒が少ない。ところが五〇歳代になると、入眠期にしばしば覚醒して、なかなか寝付けない。眠りに入っても徐波睡の持続は不安定である。七〇歳代になると、徐波睡眠はごくわずかになり、中途覚醒するとしばらくは眠ることはできず、睡眠の中断が起こる。

レム睡眠は、入眠後九〇分ごとに出現するという性質があり、ノンレム睡眠とそれに続くレム睡眠までを一つの睡眠構成単位として「睡眠周期」と呼ぶ。一夜の睡眠ではこの睡眠周期が四、五回繰り返されるが、各周期を構成する睡眠状態は一様ではない。深い眠りを示す徐波睡眠は前半の二、三時間に集中してあらわれる。一方、レム睡眠は周期ごとに持続が延長し、朝方には三〇〜四〇分持続する。睡眠パターンは歳をとるに従って変化する[3]。

二 夢

眠りは夢の世界に通じる道である。毎晩眠りにつくたびに、私たちの無意識の中で、複雑な一連の変化が起きるが、眠りにつくとすぐに、一番深い眠りが訪れる。続いて浅い眠りが続くが、睡眠周期は四、五回繰り返され、そのレム睡眠の間に夢を見るのである。夢は生理学上、脳が睡眠中に自己活性化し、それに伴い見るものとされている。

夢には人間のありとあらゆる感情や経験が反映されているが、心の奥底に潜む欲望や希望、恐怖、幻想などを写し出す鏡である。夢の特徴としては次のようなものが挙げられる。①奇妙な思いもかけないことが多い。②喜怒哀楽や様々な感情を抱く。③夢の中で起こっていることに疑いをもたない。④時間や空間というような物理法則を超えたストーリーの展開がある。⑤内容は基本的に忘れてしまう。⑥夢を見始めるのはおよそ三歳くらいといわれるが、この頃から言語や思考を獲得し始めていく。このように、人類は創世記の時代から夢に魅せられる気持ちは変わっていない。

ブリア＝サヴァランは、当時の夢についての知識を披露し、今後の研究の課題を投げかけている。

1　夢の生理

夢とは、外界の事物の助けなしに、精神の中に生じる一方的な印象のことである。

この夢を見るという現象は極めて普通のことであると同時に、極めて異常なことであるとも言えるもので、まだ十分に理解されていない。

その責任は学者たちにある。われわれに報告してくれる観察例はまだ不十分である。学者からの援助は必要不可欠であり、いずれ時が経るに従って改善されるであろう。その暁には人間の本性の表裏がさらによく知られることであろう。

学問の現段階（一八二五年頃）においては、次のようなことが定説のようである。「鋭敏で強力な神経流体（le fluide nerveux）があって、これが諸感覚の受け取った印象を脳に伝えて、様々な想念が生じるのである」ということである。

睡眠の状態はこの流体が消耗し、活動を停止したときに生じる。

消化と同化の働きは睡眠中も休むことなく続けられ、消耗の修復をしていると考えるべきであろう。各個体がすでに行動に必要なすべてのものを備えていながら、外界の事物による刺激をまだ受け付けないような時間が存在するということになる。

このとき、神経流体は神経管を通って脳に運ばれる。目覚めているときと同じ経路をたどるのであるから、脳の同じ場所、同じ部分にしみ込む。そこで、同じ効果を生じなければならないはずであるが、覚醒時にくらべてその効果はずっと弱い。

どうしてこのような差異が生じるのであろうか。その理由は、覚醒時には、外界の事物から受ける印象は鮮明、急速かつ不可避的なものであり、神経組織全体が活動に参加しているのである。これに対して睡眠中に同じ印象を受ける場合、神経組織の一部だけであって、感覚はどうしても不鮮明なもの、不確実なものにならざるを得ない。すなわち、覚醒中は神経組織全体に共鳴運動が生じるのに対し、睡眠中は脳に隣接する部分においてのみ反響が生じるということになる。(pp.217-218)

2　夢の性質

眠っている間、私たちは時として、奇想天外な夢を見ることがある。じっくり考察してみると、いずれも思い出、または思い出の組み合わせに過ぎない。「夢とはさまざまな感覚の記憶にすぎない」と言いたいくらいである。

夢の不思議さは、さまざまな観念の組み合わせが奇抜であるということに尽きる。年代順とか、礼儀作法とか、時間の法則とかを無視した組み合わせがなされる。要するに、誰もこれまではまったく未知のものを夢見ることはありえない。

覚醒中は視覚、聴覚、触覚、記憶の力は互いに監視し合い、訂正し合っているが、睡眠中は各感覚がばらばらになっているのであるから、夢が奇抜であっても少しも驚く必要などない。

(pp.219)

【ガル博士の学説】

遂に　私はガル博士(一七五八～一八二八。〔ドイツの医学者〕)の学説に近づいてきた。彼は脳の諸器官の多様性を研究し、それを支持している。

私はこれ以上でしゃばってはいけないと思うのであるが、学問に対する情熱から、注意深く行った二つの観察を書きとめておこう。読者の中には信用してくださる方もおられるであろう。

(pp.219-220)

【第一の観察】

一七九〇年ごろ、私の生まれた故郷のベレのジュヴラン村にたいへん狡猾な商人ランドーという人がいた。かなりの財産家でもあった。

しかし、ある日突然脳卒中に見舞われ、一命は取り止めたが知的機能はほとんどすべてなくなり、とくに記憶の喪失は甚だしいものであった。しかしどうやら生きていることができ、食欲も出てきたので、財産の管理は自分の手に握ったままであった。

こういう状態になると、これまで彼と取引のあった連中は、今こそ復讐のときがきたとばかりに、さまざまな取り引きや売買、交換などを申しでた。

ところが、雇い人のだれ彼の区別もつかず、老獪なおやじであったその男は、商売の値段や十二キロ四方もある牧場やぶどう畑、森林の地価まで、はっきり覚えているのであった。

これらのさまざまな点で彼の判断は無傷であった。(pp.220-221)

【第二の観察】

ベレにシロルという人がいたが、彼は長い間、ルイ十五世および十六世の哨兵隊として勤めていた。

彼の知性は一生を通じて勤めたその仕事の範囲を出なかったが、賭博のほうはすばらしい成果を挙げた。オンブル、ピケ、ホイストというような従来の遊びが上手であったばかりでなく、何か新しい賭け事が始まると、二、三回もやれば、たちまちにそのあらゆるコツを覚えてしまう。ところがこのシロル氏が脳卒中にやられ、ほとんど完全な無感覚状態に陥ってしまった。しかし、消化力と賭博力の二つだけは助かった。

彼は毎日、二十余年来通いつめた賭博場に出かけ、片隅の椅子に腰を下ろしたままじっと身動きもせず、周囲に何が起ころうとまったく無関心でうつらうつらと居眠りをするのが常であった。

しかし、いざ勝負に誘われると、彼はいつも引き受けた。かれの性能の大部分を麻痺させてしまった病気が、いざ賭博となるとかれはただ一点の損失もなく成功した。

【結論】

以上、二つの観察は何を物語っているのか。いずれの場合にも、脳卒中は脳を冒しながらも、商売なり賭博なりのために、極めて長く使用された脳のその部分を冒さなかったのである。それは不断の訓練のために機能が増強され、あるいは同じ印象が長い間繰り返された結果、そこ

に一層深い軌跡が刻まれたからであろう。(pp.221-223)

【年齢の影響】

年齢は夢の性質にはっきりと影響を与える。
子どもは遊び、花、緑、その他の愉快な夢を見る。成長すると、快楽、恋愛、戦い、結婚などの夢を見るが、つづいて、出世、旅行、王侯や上司の愛顧というような夢を見る。さらに歳をとると、商売や困窮、財宝、あるいは昔の楽しかったこととか、早死にした友人のことなどの夢を見るものである。(p.223)

近年（一九六七年）の例であるが、年齢と睡眠時間および二種類の睡眠の出現では、レム睡眠の出現率は子どもほど大きく、大人になるに従ってノンレム睡眠の比率が多くなっている。夢の内容について、レム睡眠時には夢想型が多く、ノンレム睡眠時には思考型が多いと言われている。夢想型の夢では夢の内容が明瞭で、ときには非現実的な、あるいは覚醒時には思い出せないような古い記憶が再生される。一方、思考型の夢は夢の内容が明瞭ではなく、本人もそれが夢ではなく、考えていたことだと感じることが多く、寝る前に考えていたことや、あるいは最近悩んでいたことなど、新しい記憶が再生されると考えられる。夢想型の夢は朝、思考型の夢は寝入りばなに見ることが多い。

3　夢の現象

睡眠や夢は、ときには何か普通でない現象を伴う。そのような諸現象を考察することは、人間学(anthroponomie)[4]の進歩に役立つであろう。ここに私が夜の沈黙のうちに体験したいくつかの考察の中の三つを書き止めよう。

【第一の現象】

ある夜、次のような夢を見た。私は重力の法則から解放される秘密を発見したらしく、身体を上昇させるのも下降させるのも自由になり、それが思い通りに容易にできるのだった。

この状態は実に、気持ちがよいものである。おそらく多くの人たちは、これに似たような夢をみたであろう。ただこの夢が特別だったのは、こういう状態に私を導いてくれた方法を鮮明に理解していたことであり、その方法があまりにも簡単なのに、なぜこんなことがもっと早く発見されなかったかと夢の中で不思議がっていたことである。

目が醒めてみると、この方法に関する部分が雲散霧消して、記憶に残ったのは結論だけであった。このとき以来、私より優秀な頭脳の持ち主が、早晩同様な発見をしてくれるであろうと確信しないではいられない。(p.224)

【第二の現象】

つい数ヶ月前のことであるが、眠っている間に異様な快感を覚えたことがある。それは私の存在を構成している全細胞の、芳醇な旋律とでも言うべきものであった。魅惑にあふれた蟻走感(皮膚の表面に蟻が這っているように感じられる異常感覚)のようなものだった。このむずがゆい感じは全身の皮膚の表面から骨の髄まで及ぶものであった。

《炎は髪を舐め、こめかみと戯れり》(ウェルギリウス。前七〇～一九。詩人)

この状態はすくなくとも三〇秒間は持続したように思った。私はそれをはっきりと肉体的に感じた。やがて目が醒めたときには驚きの気持ちで一杯だったが、いくらかの恐ろしさも混じっていたようであった。

まだ、記憶に鮮明に残っているこの感覚や恍惚状態に陥った人、神経質な人たちに関する数例の観察から私の得た結論は次のようなものであった。快楽の限界はまだ知られていないし、定まってもいない。また、私たちの身体が感じ取れる快感がどれほど深いものであるのか、まだ誰にもわかっていないともいえる。数世紀のうちに未来の生理学者がそのような絶妙な快楽の生態を明らかにし、アヘンによって睡眠に誘い込まれるように意のままにこの快楽がもたらされるようなことを期待したい。時として、私たちを襲うはげしい苦痛の代償として、私たちの子孫がそんな快楽を享受することができるようになればよいと思っている。(pp.224-225)

【第三の現象】

革命後、一八〇〇年のことであった。特別に変わったこともなくベッドに入ったのであるが、朝の一時頃、ふと目が醒めた。いつもならやっと一寝入りしたばかりの時間であったが、私の脳は異常なほどの興奮状態になり、頭の働きは潑剌としていて、考えることは深遠であった。私の知性の限界が広がったように思えた。私は床の上に半身を起こすと、私の目の前にぼっとした薄明かりのようなものを感じたが、物を見分けるためには役立たなかった。

これは半時間くらいのでき事であったが、やがて私は外界のでき事のために、その状態から引き戻され、下界に戻っていった。

たちまち光の感じは消え失せ、私は天から落ちたように感じた。知性の限界は狭まり、私は宵の口に戻っていた。その時の記憶が私に残っていて、それは次のように言うことができる。最初の現象は時間を対象としていて、過去、現在、未来が同じ性質で同じ点に存在している。過去を回想することと、未来を予知することは同時で容易であるように思えた。

次に私の注意はさまざまな感覚に移った。外部の感覚と内部の感覚を詮索しなければならないと考えついたとき、次の三つの内部感覚に焦点が移った。

【同情】　他人の感情、とくに苦悩・不幸などをその身になってともに感じることである。

【偏愛】　ある一つのものに対する選り好みの情であり、さらにそのものにつながる、あるいはそれを思い起こさせるすべてのものに対する選り好みの情である。

【共感】　他人の体験する感情や心情的心的状態あるいは他人の主張などを、自分もまったく同じように感じることである。（pp.225-226）

三　休息・睡眠および夢に及ぼす食生活の影響

ブリア＝サヴァランは「人間は休んでいようが、眠っていようが、夢を見ていようが、いつも栄養の法則の支配下にあり、美味学の領域から一歩もでないのである。理論も実際もともに、食べ物の量および質が労働、休息、睡眠および夢に強く影響することを証明する」と述べている。

1　身体・精神活動に及ぼす食生活の影響

栄養のよくない人は長時間の労働に耐えられない。

また、精神的労働では想念は生まれてもぼんやりしていて、思索や判断を拒み、脳は無駄な努力のうちに疲れ果ててしまう。

私はいつも考えているが、オートゥイユの夜会[5]、ランブイエ邸[6]、ソワッソン邸[7]の夜会などは、ルイ十四世時代の作家たちに非常によい影響を与えた。

私は苦しい貧乏生活をしたことで有名なある作家たちの作品を検討してみたが、そこには力というものが全く感じられない。

ところが、栄養のバランスを考え、慎重にまた、賢明に消耗した力を補足している作家は、人間わざとも思われないほどの大量の仕事を立派にやり遂げている。（pp.228-229）

2　睡眠と夢に及ぼす食生活の影響

睡眠と夢に及ぼす食生活の影響も決して小さいものではない。

飢えている人は自らの苦しみのために眠ることができない。

食事のときに、多く食べ過ぎた人はたちまちに絶対的な眠りに落ちて、夢を見ることはなく、また長い間の消化の疲労を覚える。

一般にコーヒーは眠りを妨げるといわれているが、常用していると、この効果はなくなる。ところがある食べ物は静かに眠りを誘う。たとえば、牛乳、または牛乳を多く用いている食べ物、ジビエ、家禽類、レタス、オレンジの花などは就寝直前に食べると眠りに入りやすい。

経験から考えると、食べ物は夢を規定すると言えよう。

一般に軽い刺激性の食べ物はすべて夢を見させる。一方、黒い肉類、はと、あひる、獲物の肉、とくに兎肉も夢を見させる。

それから、アスパラガス、セロリ、トリュッフ、ヴァニラの香りのついた砂糖菓子なども夢の原因となる。

これらの食べ物が原因で生じる夢は概して、軽くて愉快なものが多く、睡眠時間の中にまでも延長してくれる。

ある人々にとっては睡眠はもう一つの人生であり、一種の長い小説のようなものである。夢には続きがあり、前夜見た夢を次の夜に完結するということもある。(pp.229-231)

3　結　論

以上述べたような原理に従って、自らの肉体生活をよく考え、休息、睡眠、夢を按配するのが賢明な生活の仕方である。

思慮深い人はくたくたにならないように仕事をする。仕事に適当な変化をつけ、短い休息の時間を利用して能力に活を入れる。

いよいよ夜になって休息の時間がくれば、風通しのよい寝室に引き取り、同じ空気を繰り返し吸わなくてもよいように、カーテンをめぐらさず、また、雨戸を閉め切って真っ暗にしないようになどの配慮をするのがよい。

食事は腹八分目にしても、美味佳肴は遠慮せず、上等のワインを飲み、デザートには、政治の話よりも風流な話をし、諷刺よりは恋歌を口ずさむのがよい。コーヒーも一杯飲み、しばらくして、勧められるままに芳醇なリキュールも一口いただく。ただ口中を薫らせるために。こうして、彼は愛すべき会食者、優れた食いしん坊であること誇示する。

こういう状態で、彼は自分にも他人にも満足してベッドに入り、静かに目を閉じる。しばし、うつらうつらした後、数時間ぐっすり眠る。

まもなく自然が、彼らの貢物を取り上げ、消耗を補填する。すると、愉快な夢が訪れて、彼らを神秘な世界と導く。すなわち、愛する人々と会い、好きだった仕事を再び見出し、楽しかった場所に導かれる。

最後に、だんだんと眠りが薄れていくのを感じ、眠りによって時の失われていくのを惜しむことなく、現実社会に立ち返る。なぜなら、その眠っている間さえ、疲労のない活動と純粋な快楽とを十分に味わったからである。(pp.231-232)

夢の意味は、一九〇〇年にフロイトの『夢判断』8という著書により、心の深層を表わすものとして再発見された。フロイトによれば、夢は日常の意識が低下した時に心の深層から現われる無意識的な願望の充足であって、意識が受け入れようとしなかった過去の抑圧された願望内容を暗示するものである。フロイトは、夢の特徴として、二つ以上の心像が合体したと見られる圧縮や、心理的なものが戯曲化、他の心象として視覚化された戯曲、あるものが他の形をとって現われる置き換え、さらに内容の婉曲な表現である象徴化などが行われていることを主張した。

注

1　ドイツの文人、外交官で一八一一年にフランスに帰化し、フランスの社会主義者サン＝シモンと親交があった。

2　井上昌次郎著『脳と睡眠』共立出版　一九九八

3　堀忠雄著『快適睡眠のすすめ』岩波新書　二〇〇六

4　人間法則学とも訳されるがブリア＝サヴァランの造語

5　ブーローニュの森に近い美しい村で十七世紀には、詩人ボワロー、劇作家モリエールをはじめ、多くの文人や芸術家が集まった。一七七五年以後は有名なエルヴェシウス夫人のサロンがここで開かれた。

6　才女であったランブイエ侯爵夫人が上流階級の紳士淑女や文人を招いたところであり、この時代の礼儀作法、趣味等に対して、指導的役割を果たしていた。

7　ルイ十四世の愛人、オリンピア・マンチーニ、後のソワッソン伯夫人の邸宅。

8　フロイト著　高橋義孝訳『夢判断』新潮社　二〇〇六

第九章　《肥満》と《肥満の予防と治療》

二十一世紀初頭の今日、「肥満」とは、正常な状態に比べて体重が多い状況、あるいは体脂肪が過剰に蓄積した状態を言う。肥満は概念的には明確なアイディアであり、おおむね標準体重より二十％以上体重が超過した辺りからを肥満と呼ぶ。ブリア＝サヴァランの時代の肥満の問題はどのようなものであったのか、興味深いものがあるだろう。

一　肥満について

もし、私〔ブリア＝サヴァラン〕が医者の免許状をもっていたら、まず、「肥満について」の堂々たる研究論文を発表したことであろう。次に、医学のこの分野にどっかと腰をすえ、最も元気のよい人々を患者として持つとともに、毎日、美しい女性たちに取り囲まれているという、二重の幸福を満喫したことであろう。ほんとうに太過ぎもせず、細過ぎもせず、ほどよいプロポーションを保つということこそ、女性にとって一生の研究課題なのである。

私の果たされなかったことを、誰か別のお医者さんがなさることであろう。その人が学者であり、口が堅く、しかも美男であれば、すばらしい成功をおさめることは間違いなしであろう。

《いつかわが死んだ灰の中から世継ぎの子が現われ出ますように！》[1]

しかし、それまでの間、私は道だけでもつけておこう。実際、人間の食の問題を研究する書物の中で、肥満に関する記述がないようではお話にならない。

肥満とは、私の解釈では、病気でもない人の身体各部がしだいに体積を増加させて、本来の形態と調和を失うような脂肪の蓄積した状態のことである。

ある種の肥満は腹部に局限されるが、この種の肥満は女性には見られない。女性は一般に男性よりも柔らかい筋肉を持っているので、肥満に見舞われるとどこもかしこも太ってくる。私はこの種の肥満をガストロフォリー（肥満症）と呼び、この症状を呈している人をガストロフォール（肥満者）と呼んでいる。じつは、私自身もこの部類に入る。腹がかなり突き出ているのはいたし方ないとしても、膝から下はまだ細目で、アラビア馬さながらの筋が見えている。

それにしても、私はこの自分の腹をいつも不倶戴天の敵と見なしていた。私は首尾よくこの敵を制圧し、押し出しのよさを保つことができた。しかし、勝つためには戦いが必要であった。実は三〇年間の戦いによって、私はこの試みに効を奏した。（pp.232-233）

1　肥満者との対話

ブリア＝サヴァランは、彼の食卓の友で、肥満になりそうな人、すでに肥満になっている人との五〇〇を超える対話の中からその一部を紹介している。

【肥満者】　おお！　なんというおいしいパンでしょう。どこでお求めですか？

【私〔ブリア＝サヴァラン〕】　リシュリュー街のリメさんの店ですよ。オルレアン公とかいった身分の高い方のご用達のパン屋ですよ。はじめは近所だからというので買っていたのですが、いまでは世界一のパン製造人だと折り紙をつけてあげたのです。

【肥満者】　覚えておきましょう。わたしもいろんなパンを食べてきたがこんなフリュート〔細長いパン〕があれば、ほかのパンはいりませんね。

【肥満者】　いったいなんてことでしょう。ポタージュのおつゆだけ吸って、おいしいカロライナ米を残されるのですか？

【私】　これは私独特の食餌療法なのです。

【肥満者】　そんな食餌療法はまっぴらですな。お米は私の大好物ですよ。澱粉や麵類など、そういったものは何でも好きです。これくらい栄養になるものはありませんよ。値段が安くて消化のよいものはほかにありませんよ。

【肥満者〔いちだんとよく太った人〕】　すみませんが、あなたの前のジャガイモを取っていただけませんか。この調子で減っていくと、私のいただく分がなくなりそうです。

【私】　さあ、どうぞ、どうぞ。
【肥満者】　でもあなたも召しあがるでしょう。たっぷり二人分はありますよ。あとは野となれ山となれでさあ……。
【私】　私は結構です。ジャガイモは非常食ぐらいに考えていますのでね。それはそれとして、これほどまずい食べ物はまずないと思いますよ。
【肥満者】　何と美味学上の邪道でしょう。ジャガイモほどおいしいものはありませんよ。私ならどんな風に調理されていてもいただきますよ。リヨン風であろうと、スフレにしてあろうと、私はここで大いに私の権利を主張しますよ。
【肥満婦人】　すみませんがあのテーブルの端のほうにあるソワッソン産のいんげん豆を取ってくださいませんか。
【私】　（次のような歌を口ずさみながら、頼まれたとおりにする）
《ソワッソン[2]の人たちは幸福者　いんげん豆は土地のもの……》
【肥満婦人】　ふざけてはいけませんよ。これはソワッソン地方の名産品ですよ。その上パリの人たちは高いお金を払って買うのですからね。もう一つお願いですが、あの小粒の空まめ、ほらイギリス豆とか言うでしょう。それをとっていただけませんか。まだ青いうちに食べてごらんなさい。
【私】　呪うべきはいんげん！　呪うべきはそら豆！

【肥満婦人】（毅然とした態度で）どんなに呪いの言葉を並べても平気よ。たった一人で宗教会議を開いて破門なさればいいのですよ。

【私】（もう一人の太った婦人に向かって）相変わらずお綺麗で元気そうでいらっしゃいます。この前お目にかかったときよりも少し太られたように思いますが……。

【肥満婦人】それはたぶん新しい食餌療法のせいでしょう。

【私】と申しますと？

【肥満婦人】しばらく前から朝食にこってりしたスープをいただいております。二人分は入りそうなカップにいっぱい！　それがまたとてもおいしいのですよ。スプーンがまっすぐに立つほど濃いのです。

【私】（またもう一人の太った婦人に向かって）何を狙っていらっしゃるのか、当ててみましょうか？　あのシャルロットでしょう。私も一つお相伴しましょう。

【肥満婦人】あら、ちがいますわよ。私はここに大好きなものが二つございます。二つとも男性名詞のお菓子です。その一つは金色に輝いているお米のお菓子、もう一つは大きなビスキュイ・サヴォワ〔スポンジ・ケーキ〕です。お察しのとおり甘いものにはまるで目がないのですよ。

【私】（またもう一人の婦人に向かって）あちらでは、盛んに政治論をやっていますから、こちらはマダムのために、フランジパーヌ〔アーモンドクリーム〕入りのパイでも一つやっつけましょうか。

【肥満婦人】大賛成ですわ。私にはパイが何よりです。うちの借家人はお菓子屋さんですが、娘と私とで毎月家賃をそっくり食べてしまうのです。それでも足りないくらいです。

【私】（脇にいるお嬢さんをじろりと見て）まったくそのお蔭でしょうね。お嬢さんはほんとうにおきれいでいらっしゃいます。どこもかしこもご発育がおよろしくて……。

【肥満婦人】でもときどきお友達から太りすぎだと言われるのですよ。

【私】それは半分嫉みでしょう。

【肥満婦人】おおかたそんなことでございましょう。そのうち彼女を結婚させたいと思っております。子どもが産まれれば、ちょうどよくなると思います。（pp.233-236）

2　肥満の原因

以上のような会話を交わしながら、肥満に関するブリア゠サヴァランの学説はしだいに明確なものになっていく。

この学説の原理は人類以外の動物においてもその根拠を見出した。すなわち、脂肪太りの主となる原因は澱粉質性食品の取りすぎであり、そのような食事をしていれば、必ず同じ結果が生じるということを確認することができた。

実際に肉食動物は決して肥満することがない。草食動物もそんなに肥満はしない。少なくとも老齢のために動けなくなるまでは……。ところが、これにジャガイモ、穀類、種々の粉類を与えると、たちまち例外なく太りだす。肥満症は野蛮人の間や下層階級、すなわち食べるがために働き、生きるがためにのみ食べる人々の間には決して見られない。

以上の諸観察に基づいて、それが正確であるかどうかは読者が自分で試してみればわかることであるが、肥満の主要な原因を挙げることは容易である。


【第一の原因】


各人が持っている生まれながらの体質である。ほとんどすべての人は何かの素質を持って生まれてくるので、その印は顔つきの上に現われている。肥満者のうち、九〇％の人は、丸顔、丸い目、そして団子鼻である。

言わば、先天的に肥満になるように運命付けられている人々が存在していることは事実であり、そういう人たちは消化力が旺盛であり、同じ条件のもとでは他の人たちよりも多量に脂肪を同化してしまう。

私〔ブリア＝サヴァラン〕はこの科学的真理を深く信じているが、それは往々にして私の物の見方に芳しくない影響を与えることがある。

社交界で、顔が桜色で、丸ぽちゃで、ぽってりした手をし、足が太目で短く、ぴちぴちしたお嬢さんに出会うと、誰もがうっとりとして可愛いなと思うが、私も経験があるので、つい一〇年後の様子を思い浮かべてしまう。今はこんなにぴちぴちと愛くるしい彼女が、肥満のためにどんな惨状を呈することになろうかと想像し、まだ現われてもいない病気のことを思ってため息をつく。（pp.233-236）

【第二の原因】

人びとが日常の主食としている小麦粉、澱粉質である。澱粉質を糧としている動物は否応なしに太る。人間もこの一般法則を免れない。

澱粉は砂糖と一緒に用いられるといっそう迅速確実に効果を発揮する。砂糖と脂肪もともに水素を含んでおり、ともに燃焼性である。澱粉は砂糖と一緒になれば、ますます味覚を喜ばせることになり、それだけ肥満作用も強い。それに甘いデザートは、たいてい自然の食欲が十分に満たされた後に食べるのであるから……。そのときはあの別の贅沢な食欲だけしか残っていないからこそ、もっとも洗練された技術を尽くし、趣向を凝らして誘惑しようとする。

澱粉はビールその他の飲料に含まれている場合にも肥満作用を発揮する。日頃ビールを飲む人びとの中には見事な太鼓腹の持ち主が大勢見受けられる。実際にワインが飛び切り高かった年に、節約のためにビールを飲んだ家庭では、その見返りに肥満症を与えられて大弱りしたことがある。（pp.237-238）

別腹のメカニズム

「甘いものは別腹」という言葉があるが、二十一世紀初頭の味覚生理学では、次のように説明している。①特異性満腹という現象があり、食事のあとで、甘いものが欲しくなるというのは、その食事の中で甘いものが不足しているからである。②甘いものを食べると、脳の中には快感を引き起こす麻薬様物質が出てその結果、ドーパミンが分泌されて、さあ食べようという高揚した気持ちになる。③デザートを見ただけでドーパミンが分泌されるが、同時に脳の視床下部にある摂食中枢が興奮し、摂食促進物質であるオレキシンが脳内に分泌される。そこで、胃の緊張が和らげられ、胃の蠕動運動が活発になり、充満した胃にゆとりが生じる。このゆとりが別腹である[3]。

【第三の原因】

睡眠の取りすぎと運動不足とが相俟って肥満の原因となる。

疲労は睡眠中に大いに回復する。しかし、筋肉の運動が中止するので、眠れば眠るほど運動の時間が減少する。

また寝坊な人は疲労を伴うことをしたがらない傾向にある。(p.238)

【第四の原因】

肥満の最後の原因に暴飲暴食がある。

人類の特権の一つは飢えていなくても食べ、渇きがなくても飲むことだと言われている。実際、ほかの動物にはこのようなことは見られない。それは食卓の快楽を満喫し、その楽しい時間を長く伸ばそうとする欲望が人間には備わっているからである。

野蛮人でも機会あるごとにたらふく食べ、前後不覚に酔いつぶれる。

新旧大陸の住民として文明の絶頂に達したと信じている私たちも、確かに食べすぎの傾向にある。

わたしは、極端なけちん坊や無能なために、片隅にひっそりと暮らしている少数の人たちのために言っているのではない。前者は金を貯めることに喜びを感じて、腹が減るのを忘れているのであり、後者は食べたいのに食べられないで嘆いているのである。

そのような少数者を相手にしているのではなく、私たちの周囲によく見かけるような人びと、互いに主人役として、また招待役として客を接待したり、招きに応じたりする人びと、さほど必要に迫られていないのに珍味に引かれて食べ、異国の酒と聞いては飲まずにはいられないような人びとのことを言っている。こういう私たちの仲間は、確かに食べすぎ、飲みすぎている。(pp.238-239)

【逸話】

パリ人のほとんど半分くらいがよく知っている一つの例をあげよう。

ラン氏といえば、パリで最もきらびやかな邸宅の一つの主人であった。とくに彼の食卓は珍味佳肴で有名だった。グルマンディーズであった彼の胃袋が悪役を引き受けたのだった。彼の歓待ぶりは申し分なく、いかにも食通にふさわしい勇気を奮って客のお相伴をした。

コーヒーが終わるまでは万事滞りなく進んだが、やがて胃がご馳走をうけつけなくなり、痛み出した。そして哀れな美食家はとうとうソファーに身を投げ出し、翌朝まで死ぬような苦しみを続け、その味わった束の間の快楽のあがないをしなければならなかった。

ここで特質すべきことは、それでも彼は懲りず、生きている間中、このような奇妙な繰り返しを続けていたということである。前夜の苦痛は決して翌日の食事に影響を与えなかった。

胃の働きの活発な人は、何から何まで食べたものをよく消化し、体の修復に必要でないものは体内に脂肪として蓄積する。

胃の働きの活発でない人はいつも消化不良であり、食べ物は体内を素通りするだけである。

かなり以前から、暴飲暴食について目を光らせている人たちがいた。哲学者は節制の徳を強調し、君主たちは奢侈に対する取締り令を出し、宗教者は美食を戒めている。しかし、悲しいことに人はそのために食べ物を一口だって減らそうとはしない。そして食べ過ぎの技術は日に日に栄えるのである。

私は別の道を選ぶことによって、おそらくもっと成功するだろうと思う。私は肥満という身体上の障害を暴露しようと思う。自己保全のほうが、おそらくモラルよりも有効であろう。お説教よりも説得的だろう。法律よりも強力であろう。私は美しい方がたが進んで、真実の暴露に目をむけることを信じている。(pp.239-240)

3　肥満の悪影響

肥満の悪影響について、ブリア＝サヴァランの時代にどのような悪影響を考えていたかは興味深い。

肥満は精力を弱め、美を損ねるので男女いずれにも有難くない影響を及ぼす。

なぜ、精力を弱めるのか、その理由は体重を増加させる一方、それを動かすほうの力は増加しないからである。また、肥満すると呼吸が困難になるので、筋肉を長時間使うような仕事はすべて不可能になる。

なぜ、美を損ねるのか、本来はよく調和の取れている身体のプロポーションを破壊するからである。身体のすべての部分が同じように太るということはない。

肥満はまた、自然が影を生じさせるために作った窪みを充満させることによって美を損ねる。

かつては、人目を引くほどに魅力的であった顔立ちが、太ったためにほとんど趣のない顔になってしまった人に出会うのは、少しも珍しいことではない。

前の政府の首班〔リシュリュー公爵。一七六六～一八二二〕もこの法則を免れることができなかった。最後の遠征中に彼は大いに肥満し、顔面が蒼白になり、その目からは覇気が消えてしまった。

肥満するとダンス、散歩や乗馬が嫌いになり、多少とも敏捷さとか、器用さを必要とする事柄は、仕事にせよ遊びにせよできなくなってしまう。

それから、脳卒中、水腫症、脚部の潰瘍など、いろいろな病気にかかりやすくなる。（pp. 240–241）

4

肥満症の例

肥満の英雄として私の記憶にあるのは、マリウス〔前一五六頃～八六。古代ローマの軍人・政治家〕とジャン・ソビエスキ〔一六二四～一七一二。ポーランド王〕ぐらいのものである。

マリウスは背が低くて横幅が背丈と同じほど太っていた。多分この大きな図体が彼を殺すことを頼まれたキンブリア人をおびえさせたのであろう。

ジャン・ソビエスキの場合は逆に、肥満のために危うく命を落とすところだった。トルコの騎兵隊に囲まれて逃げなければならなかったとき、たちまち息切れがして走れなくなった。数人の副官が馬上で気絶寸前の王を抱えるようにして逃げ、他の家来が命を投げ出して追手を食い止めたので、やっと助かった。

アンリ大王の子に相応しかったヴァンドーム公（一五九四〜一六六五）もまた、際立った肥満体であった。彼は見捨てられて、ある旅館で死んだが、最後までかなり気丈夫で、部下の者が彼が敷いていたクッションまでもぎとったことに気付いていたという。

化け物のような肥満体の実例は文献にたくさん見られるが、ここでは、私が見た実例について簡単に書き留めよう。

私の学友でブルゴーニュ地方のラ・シャルール市長をしていたラモール氏は、身長一六八センチしかないのに体重は二五〇キロもあった。

私はよく身分制国会においてリュイーヌ公爵（一七四八〜一八〇七）の隣に座ったが、この方も後にはたいへん肥満し、脂肪太りのために美しい顔立ちは見る影もなくなり、晩年はほとんどうつらうつらと居眠りばかりしていた。

しかし、最も異常な肥満体の例としては、ニューヨークで見た一人の男の人であろう。現在パリに住んでいるフランス人の中にも、ブロードウェイの通りでこの人を見かけた方が相当おられることと思う。彼がそこで腰掛けている肘掛椅子の大きいこと、それはまるで教会を一つ支えられるほどの大きな脚を持った椅子であった。

このエドワードという男は、少なくとも身長一九〇センチ、胴まわりは全身脂肪太りで少なくとも二六〇センチくらいだった。指はお妃の首飾りがその指輪にちょうどよいといわれたあのローマ皇帝の指みたいであり、腕や股《もも》も膨らんで普通の人の胴くらいであり、足といったら象みたいに、すねの肉が垂れ下がっていた。脂肪の重みで下まぶたはまるであくびでもしたように、締まりがなかった。しかし、何よりも醜悪にみえたのは、丸々とした三重あごが胸の上に三〇センチも垂れ下がって、彼の顔がまるでらせん形円柱の柱頭のように見えたことである。

こんな体たらくでエドワードは、通りに面した部屋の窓際に座り、いつも大きな壜を傍らに置いたまま、時々エール〔ビール性飲料〕の入ったグラスを傾けながら、その一生を送った。

このような途方のない人物が通行人の足を止めないはずはない。しかし、エドワードは「野良猫のような目付きでじろじろ見るんじゃないよ！あっちへ行け、怠け者め！　さっさと帰れ、ろくでなしめ！」と気味悪い声でこのように叫び、見物人を追い散らした。

しかし、私は「やあ、エドワード君」と呼びかけ、彼と言葉を交わした。彼は「自分は少しも退屈なんかしていないし、不幸でもない。死神のお迎えがなければ、こうやっていつまでも世界の週末を待っているつもりである」と断言している。

もう一つの結論は、すべての人が

肥満王ルイ十八世

（北山晴一『美食の社会史』朝日新聞社　1991）

まだ肥満症にならないうちはその予防に、もう肥満症になってしまったら、その治療に万人すべからく心すべきであろう。（pp.241-243）

二　肥満の予防と治療

1　総　説

ブリア＝サヴァランは、肥満の予防と治療についての考え方を述べている。要点のみを抜き出しながら引用してみよう。

肥満症の予防と治療には次の三つの規則がある。

第一に、食事を控えめにすることである。食欲があるのに食卓を離れることはよほどの勇気が必要である。一皿一皿と、次々と食指が動くものである。医者が何と言おうともお腹が空いていれば食べる。

第二に、睡眠をとり過ぎないことである。みんな宵っ張りには賛成するが朝寝のほうはなかなか諦めない。

第三に、適度の運動をすることである。試みに太った一人の美人に乗馬を勧めてみると彼女は喜んで賛成するが、三つの条件を出してくる。まず、元気がよくておとなしく、きれいな馬であること、二番目にパリッとした最新流行の乗馬服が欲しい、三番目にお供の馬丁が礼儀正しく美男であること、というものである。このような三拍子揃うことはほとんどないので、乗馬は駄目であると答える。

また、徒歩の運動にもさまざまな抗議がでる。たとえば、疲れ、汗をかき、胸が痛くなる、埃で靴下は台無しになる、小石で靴に穴が開くなどとごねながら、一向に長続きしない。

失敗のない方法は物理と化学の理論に基づいた食事療法である。(p.245)

2

食事療法

肥満症に対する医療効果の中で第一位となるのは食事療法である。昼も夜も目覚めているときも眠っているときも間断なく効果を発揮し、その効果は食事を取るたびに更新され、やがて体中の組織を支配下に置くようになる。対肥満症療法は肥満症の最も共通で強力な原因のヒントから得たものである。脂肪の蓄積の原因は、人間であっても動物であっても穀類・澱粉類の取り過ぎにほかならない。ことに、動物においてはその結果が、私たちの面前に示されていて、肥育させた獣鳥の取り引きが行われているくらいであるから、この事実をもとに確信をもって次のように結論することができよう。「穀類・澱粉類を多少とも節制すれば、必ず肥満を防止することができる」と。

「とんでもない話だ！　この教授はなんという無情な方であろう！　こうもあっさりと私たちの大好物を禁止するなんて！　あの真っ白なリメ屋のパン、あの……屋のガレットをはじめ、粉とバター、粉と砂糖、いや、粉と砂糖と卵で作られたあんなにおいしいものが全部いけないとは！　ジャガイモもマカロニも禁止するなんて！　あんなに人のよさそうな食通の先生がこんなことをおっしゃるとは思いもよらなかった」……。

【序論】　ポタージュがお好きなら、緑野菜、キャベツ、根菜などを入れて野菜スープにして召し上がれ。その代わり、パン、麵、ピュレを入れないこと。

【第一コース】　たとえば、チキンライス、クルート・デ・パテ・ショー〔温かい肉類のパイ〕など若干の例を除いて、何でも召し上がれ。

【第二コース】　二番目のコースになったら覚悟が必要である。粉製のものはどんな形をしていても食べてはならない。焼肉、サラダ、野菜類など、食べるものはいろいろある。それから少し甘いものも許してあげよう。できれば、チョコレート入りクリームとか、パンチやオレンジ類の入ったゼリーなど。

【デザート】　これがまた厄介である。でもここまでを無難にきりぬけていれば、あなたの思慮分別は評価される。

いろいろな果物やジャムは食べてもよいし、私の原則に従うとしてもあなたの食べてよいものはたくさんあるよ。

食事が終わったら、ぜひコーヒーを飲むこと、リキュールもよろしい。

【朝食】　朝の食事は必ず黒パンとし、コーヒーよりもチョコレートを召し上がれ。しかし、いくらか強いミルク・コーヒーならよい。卵はいけないが、あとは何でもかまわない。そして朝食は早いほどよい。食べる時間が遅いと十分に消化しないうちに昼食になる。それでも、人は時刻が来れば食べる。この食欲がないのに食べるのが肥満症によくない。(pp.245-248)

3
酸の危険

食事療法の要点は以上のようであるが、痩せたいという熱心さのあまり、憂うべき俗説が信じられているのでご注意を！ それは酸の常用である。

これは、酸類とくにワインの腐敗したものが、肥満症の予防になると信じられている。このせいで毎年、少なからぬ数のうら若い女性が命を落としている。

たしかに酸類を継続して服用すれば痩せるであろうが、同時に若さ、健康、生命力を蝕んでいく。レモネードは中でも口あたりのよいものであるが、それでも長くこれに耐えられる胃はほとんどないといってもよい。

一七七六年、私はディジョンに住んでいた。大学では法律を学び、当時次席検事であったギトン・ド・モルヴォー氏のもとで化学を学び、アカデミーの終身秘書であり、ブッサノ公の父であったマレー氏のもとで家庭医学を学んだ。

私はそこで、私の記憶に残っているかぎりの最も美しい女性を友人として愛していた。

当時の私は恋をすればいくらでもできる年頃だったが、友情以上のものではなかった。

しかし、最初の出会いから、私たちの関係は極めて打ち解けた自然なものだった。そして取りとめもないおしゃべり、子ども同士のおしゃべりをするような無邪気なものであった。

このルイーズ[4]というお嬢さんはとても可愛い人であり、とりわけ見事に調和の取れた古典的な肥満体は目を楽しませ、画家や彫刻家の創作意欲を掻き立てるものであった。

私は彼女の友人に過ぎなかったが、彼女がちらつかせる色っぽさが目に入らないどころではなかった。ひょっとしたらこの色香のせいで、彼女に対するあの清らかな感情がいっそう強められていたかもしれない。

とにかく、ある晩のこと、私はルイーズさんをいつもよりしげしげと眺めてから次のように話しかけた。

【私〔ブリア＝サヴァラン〕】 ルイーズさん、ご病気なのではありませんか。この頃少しお痩せになったように見えますが……。

【ルイーズ】 いいえ（どことなく寂しそうな微笑みを浮かべながら彼女は答えた。）あたし、とても元気ですの。少しくらい痩せたとしてもかえって結構だと思いますわ。それで貧相になるわけでもないし……。

【私】 （私は猛烈に反対した）あなたはそれ以上、痩せる必要も太る必要もありません！いまのままの、絵に描きたいほどチャーミングなあなたでいてください……。

このほか、二〇歳のボーイ・フレンドがよく口にするようなお世辞を並べたてた。

このような会話があってから、私は興味と不安の交じった気持ちでこのお嬢さんを観察するようになったが、やがて彼女の顔色は悪くなり、頬はくぼみ、容姿は衰えていった。ああ！

美は何と壊れやすいこと、はかないこと！

とうとう私は彼女を舞踏会でつかまえ、踊りの合間に次のような打ち明け話を聞きだした。彼女は友達から、「二年もすれば、聖クリストフォロス〔旅行者の守護神で、現在はドライバーの守り神〕のようなデブになるわよ」とからかわれるのにうんざりし、別の友人からは知恵をつけられて、痩せるための努力を始めた。ここ一ヶ月間、毎日コップ一杯の酢を飲んでいる。このことはまだ、誰にも話してないとこっそり付け加えた。

私はこの告白を聞いてびっくりした。危険が間近かに迫っていることを感じて、さっそくその翌日、ルイーズの母親に知らせたところ、母親の驚きは私以上だった。というのも娘を熱愛していたからである。

ただちに家族一同寄り集まり、医者にも見せ、薬も飲ませたが、もう手遅れであった。命の泉はもうほとんど涸れつきていた。危険に気付いた頃には、もう助かる望みは残っていなかった。

このようにして、可愛いルイーズは軽率な人の忠告を真に受けたばかりに、目も当てられないほどの状態となり、焦悴しきったあげく永遠の眠りについたのだった。享年わずか十八歳であった。

私が死んでいく人を見たのはこれが初めてだった。彼女は外が見たいというので、抱き起こしたそのとき、可愛そうに私の腕の中で息を引き取った。彼女が死んでから八時間ばかり後に、母親と私は彼女の亡骸の前に立って驚いた。亡き人の相好にはかつて見たことのない、何とも言えない晴れ晴れとした夢見るような面影が現われていた。私ははっとしたが、お母さんはそれをせめてもの慰めとされた。これは決して珍しいことではなく、ラヴァテール（一七四一〜一八〇一）の『人相学』の中にも同様な例が挙げられている。（pp.249-252）

二十一世紀初頭の今日日本において、肥満症の問題は国民的習慣病として関心がもたれているが、ブリア＝サヴァランのうら若き初恋の人が、一七七〇代に肥満症によって十八歳で命を落としていたことは、フランスの食文化研究の上で興味深い史実である。そして、サヴァラン自身の著書では彼女が初恋の人であったことを語らず、サヴァラン没後一〇〇年にして、「初恋の人の死」として語られ、そのためにサヴァランは独身で一生を過ごしたということは、凛とした中世フランスの騎士道物語を髣髴させる。

4　肥満防止ベルト

肥満の予防法として、腹部をほどよく締め支える一種のベルトを昼夜を通じて付けることがよい。

腹腔の一方の壁をなしている脊柱は、堅固で曲がらないので、肥満のために腹部が垂直線の外にそれて出ると、その余分の重みは腹を包む皮の上にのしかかる。肥満防止ベルトは、腹の重みで腹が突き出すのを防ぐとともに、腹の重みが減じた時に腹が小さくなろうとするのに必要な力をかすことになる。このベルトは一刻も外してはいけない。そうでないと昼間の使用の効果が夜の間に崩れてしまうからである。

このベルトは腹八分目の標準にもなるもので、注意してつくらなければならない。

もちろん、一生ベルトをしていなければならないというわけではない。(pp.252-253)

肥満防止ベルトは今日(二十一世紀初頭)のボディ・ウェアそのものである。

5　日本での肥満症の予防と治療

「肥満症治療ガイドライン２００６」[5]から、現在日本における肥満症の治療の実際について述べる。とくに、メタボリックシンドローム(内臓脂肪症候群)が注目されている。

1　食事療法

食事療法は体重を減らし、脂肪組織量を軽減させる肥満症治療の基本療法である。肥満症の大半は脂肪細胞の質的異常によるので、内臓脂肪量を減らし肥満に起因する疾患群の病態を改善することが主目的となる。脂肪細胞の質的異常に起因する肥満症と脂肪組織の量的異常に起因する肥満症があるが、目標の減量が得られない場合には、治療食の再検討とともに、他の治療法も再考する必要がある。

2　運動療法

メタボリックシンドロームが注目されているが、内臓脂肪蓄積肥満には、男性型肥満ともいわれている上半身型肥満（リンゴ形肥満）と女性型肥満といわれる下半身型肥満（洋ナシ形肥満）があり、上半身型肥満の方が生活習慣病合併が高いことが明らかになっている。散歩、ジョギング、ウォーキングなど、全身の筋肉を用いる有酸素運動[6]が推奨されている。

3　薬物療法

肥満症治療は原則として食事治療法や運動療法などを通して生活習慣を改善し、減量、なかでも内臓脂肪の減少を達成することにある。しかし、肥満症のなかでもとくに病態が重篤であると診断された症例では、薬物治療が進められる。

4　行動療法

患者の治療的主体を高め、治療動機水準を強化し、減量とその長期維持を可能にする上で必須な治療法である。食事療法や運動療法を含めたあらゆる減量プログラムにとって、行動療法は欠かせない治療法である。たとえば、セルフモニタリング（食行動などの自己記録）、治療技法の実際として、咀嚼法の習慣化など、一定したライフスタイルの確立などがある。

5　外科療法

肥満四度（ＢＭＩ＝四〇）の患者に対しては、外科治療だけが効果的な減量と長期減量維持を可能にする。

注

1 ウェルギリウス（紀元前七〇〜一九年のラテン詩人）の『アエネアス』の中にある詩句のパロディ。カルタゴの女王ディドーは英雄アエネアスに恋していたが、薪の火に身を投じ自死した時の言葉。

2 ソワッソンはパリの北東約八〇キロにある小都市。

3 山本隆　『「おいしい」となぜ食べすぎるのか』　PHP研究所　二〇〇三　一六九－一七〇頁

4 ブリア＝サヴァランはルイーズについて、「当時の私は恋をすればいくらでもできる年頃だったが、友情以上のものではなかった」とことさらに断っているが、第四部で述べる「フェルナン・パイアン」が語る「ブリア＝サヴァラン」の没後一〇〇年記念講演会記録（Fernand Payen [Conseiller a la Cour de Cassation, Gastronome, et Gastrologue] Praris J. Peyronnet & C. Editeurs 1925, p.10）の中で、"Elle en mourut et Brikkat-Savarain resta celibatsire." と初恋の人の死として紹介されている。

5 肥満症治療ガイド作成委員会　「肥満症治療ガイドライン」　日本　二〇〇六

6 有酸素運動：リズミカルな呼吸を繰り返し、酸素をたくさん取り込むような運動をいう。

第十章　《痩せ》と《断食》と《死》

一　痩せ

ブリア＝サヴァランの時代も二十一世紀の今日と同じく、とくに女性はスリムな体格を好んだ。「太りすぎではないと思う。しかし、痩せたい」と若い女性は痩せ願望をもっていたという。「拒食症」に対しても警告が出されている。ブリア＝サヴァランの時代はどうだったのか。

痩せとはその人の筋肉が脂肪によって膨らみをもたず、骨格の形状と角ばった格好をそのまま示している状態をいう。

痩せには二種類あり、一つは先天的素質によるタイプで、健康体で生体機能に何一つ欠陥の見当たらないもので、もう一つは身体の器官が虚弱であるか、あるいは何か欠陥のあるタイプである。

1　痩せの効用

痩せているということは、男性にとってそれほど不都合なことではなく、太っている人よりもずっと身軽である。

しかし女性にとって痩せているということは大きな不幸である。

女性にとって美しさは命よりも大切であり、女性美はまず丸っこい体つき、そしてしなやかな曲線にある。どんなにお化粧に精を出しても、どんなに豪奢な服装に身を飾っても、骨の出っ張ったところは露出してしまう。痩せっぽちの女性はどんな美人であってもピンを一つ外すごとにその魅力のうちの何かを失っていくと言われている。

病弱の女性の場合は救いようがなく、これはもう医者の領分である。（pp.255-256）

2　痩せ型の容姿

自然はその創造物に応じて、さまざまな鋳型をもっている。肥満体用もあれば、痩身体用のものもある。痩せ型であるべく運命付けられている人びとは長めの体型をもっている。手足は小さく、下半身は細長く、尾てい骨のあたりの肉づきも悪く、肋骨はありありと見え、鼻はとがり、目は細く、あごの先はとがり、髪の色は褐色といった具合である。

これが一般的な痩せ型の容姿である。

時たま、痩せ型の大食いというタイプの人に出くわすこともある。このタイプの人はいずれも消化不良に悩んでいる人が多い。（pp.256-257）

3　太るための食事法

痩せている女性はみんな太りたいと望んでいる。絶大な力を持つ女性たちに敬意を表す意味で、あの服飾品店に並べられている絹や木綿製のパットに代わるべき、本物の乳房はどうすれば作られるのかを教えよう。

ほどよく太る秘訣は、それに相応しい食事法にある。

ほっそりとした方で、少し太りたいと願っている男女向きの一日の食事法を示そう。

【一般的な規則】

新しい焼きたてのパンをたくさん食べること。皮だけでなく、中身も食べるように努めること。

朝八時前に、やむをえなければベッドのなかで、パンまたは麵類入りポタージュを食べ、おいしいショコラを一杯飲むのもよい。

十一時に昼食をとりなさい。新鮮な卵の目玉焼きまたは炒り卵、ミートパイ、骨付き肉の料理、その他好きなものを食べればよい。コーヒーは飲んでもよい。

夕食の時間はテーブルにつく前に、昼食べたものがすっかり胃を通過してしまうようにすべきである。

昼食後には少し運動することである。男性の場合は仕事が第一であるから、思うに任せないこともあろうが、女性たちは、ブローニュの森、チュイルリー公園、行きつけの仕立て屋さんや婦人用用品店、ニューモードの店に行かれるのもよい。また友達の家に出かけて、見聞したことをおしゃべりするのもよい。この種のおしゃべりは医学的にもきわめて大きな効果があると私は信じている。

夕食にはポタージュ、肉、魚などを好みのままに。ただし、米を添えた料理、マカロニ類、甘いお菓子、甘いクリーム類を忘れてはならない。

デザートには、スポンジケーキ、ババ[1]他の澱粉、卵、砂糖を混ぜて作ったものを食べるのがよい。

この食事法は一見退屈そうであるが、どれだけでも変化をつけることができる。動物性のものは何でも食べてよい。ただ、粉類の食品に関しては、種類、調理の仕方、味付けを変え、あらゆる手段を用いて味に変化をつけるべきである。いったん飽きがくるとどんなに味に工夫をこらしても、もう手遅れである。

飲み物はビールが一番であり、その次はボルドー産のワイン、もしくは南仏のワインがよい。気分を爽やかにするサラダを除いては酸類は避けるのがよく、酸味の強い果物には砂糖味をつけるのがよい。あまり冷たい水浴は避け、時々田舎のきれいな空気を吸うように努めることが大切である。旬のぶどうをたくさん食べること、舞踏会で踊りすぎて疲れるようなことがあってはならない。

普通の日は十一時ごろ床につくこと、特別の日でも午前一時までに寝ることである。このような食事を規則正しくかつ熱心に実行すれば、自然が迂闊にも与え給うた痩せ身もやがて、ほどよく太ってくるであろう。健康とともに美も加わってくる。この両者を足場にして色欲も強まってくるだろう。私の耳には感謝の声が高らかに響いてくる。羊、仔牛、牛、家禽、鯉、ざりがに、牡蠣など、なんでも太る。私はそこから次のような普遍的原理を見出した。すなわち、「食べ物の選択が正しく適当であれば、誰でも太ることができる」ということである。(pp.257-259)

二　断　食

断食とは、道徳的または宗教的目的により故意に食べ物を断つことである。われわれの性向と言おうか、いやむしろ日常茶飯事的な欲求とこの断食とは相反するものであるが、太古の昔から行われてきた。

1　断食の起源

断食についてのブリア＝サヴァランの考え方をひもといてみよう。

断食の起源について学者たちは次のように説明している。

個人の悲しみごとに際して、たとえば、父なり母なり、また可愛い子が死んだ場合に一家はこぞって喪に服する。泣き悲しみ、遺骸を清め、香を焚くなど、その身分相応の弔いをする。こうしたとき、人は物を食べる気にならず、知らず知らずのうちに断食をする。

世がこぞっての悲しみに際しても同じことで、異常な日照りとか長雨だとか、または残酷な戦争だとか、伝染病の流行だとか、人間の力や工夫もすべて役に立たないような災害に悩むとき、人は涙に暮れ、すべては神の怒りだと考えたりもする。そこで、人々は神々の前にへりくだり、神々の前に禁欲の行をする。やがて不幸が終わってしまうと、それを涙と断食のおかげであったりと思ったりもする。それ以来、同じような巡り合わせに遭遇すると、いつも同じ方法に訴える。

このように、公私の不幸に見舞われた人間は悲嘆にくれ、食をとることを忘れたので、やがては故意にこういう禁欲をすることを宗教的な行為とした。

彼らは自分の霊魂が悲しんでいるとき肉体を虐げられれば、神々の慈悲を得ることができるものと信じていた。この考えが民族全体に行きわたり、彼らに喪、誓い、祈り、犠牲、苦行、断食を思いつかせた。

最後に、キリスト教のすべての教派が、それぞれの程度を異にしながらもこれを採用するに至った。（pp.260-261）

2　断食はどのようにしてなされたか

ブリア゠サヴァランは断食の習慣について次のように述べている。

この断食の習慣は近頃めっきり廃れてしまったといわざるをえない。無信仰者を教化するのに役立つのか、あるいは改宗させるのに役立つのかわからないが、十八世紀中頃に断食がどのように行われたかについて話そう。

【普通の日】

精進でない普通の日は、朝九時前に、パンとチーズと果物と、ときにはパテや冷肉で朝食をとる。

正午と一時の間に、われわれはお決まりポタージュとポトフで昼食をとった。各人の身分やそのときの事情でそれに多少のなにかが加わった。

四時頃に間食をしたが、これはごく軽い食事で、とくに子どもや昔のしきたりを自慢したがる人たちのためであった。

しかし、夜食風間食というのがあり、これは五時に始まっていつまでも続く。この食事は、極めて陽気なもので婦人たちはこれが大好きだった。ときには婦人たちだけで男抜きで催したりもした。私の秘密の手帳の中には「この場合には悪口やむだ話が多い」と書かれている。

八時頃にわれわれは、アントレや焼肉、アントルメ、サラダ、デザートで夜食をした。それからおしゃべりをしたり、カルタをしたりしてから寝ることになっていた。

パリには常に、それよりも高級な夜食があった。それは芝居が終わってから始まるものであり、場合によって異なるが、きれいな婦人、流行の女優、みだらな貴婦人、大貴族、大金持、自由思想家、通人たちといったところの集まりであった。

そこで、その日の出来事が語られ、新作の歌が歌われ、政治、文学、演劇が論じられ、そして愛の営みがなされた。(pp.261-262)

【精進の日】

精進の日には肉断ちをし、朝食は全然取らない。まさにそのせいで、普段よりもずっと食欲がでる。

昼食の時間が来ると食べられるだけ食べるが、魚と野菜はとても消化がよく、五時前にはもうたまらなくお腹が減る。時計を見ながら、まだかまだかと待ちわびる。お祈りを唱える一方でいらいらする。

八時頃になってようやく夜食にありつけるが、これはコラシオンと呼ばれる軽い夜食で、大したご馳走ではない。

このコラシオンでは、卵もバターもその他、動物性のものは一切口にすることはできなかった。旺盛な食欲に比べるとすこぶる貧相なご馳走であったが、神への愛のために我慢してそのまま床についた。それは四旬節の四〇日の期間中、毎日それを繰り返した。

もっとも、夜食を取るような連中は断食の行などはやらないし、一度もやったことなどないと断言した人もいた。

このような過去の時代の料理の傑作としてコラシオンがあった。それは純然たる使徒的でありながら、なお、贅沢な夜食風のコラシオンだった。

美味学の発達のお蔭で、ついにこの問題に解決がもたらされた。すなわち、魚のワイン煮が大目にみられ、根菜類のピュレ、油で揚げた菓子類が供されるようになった。

四旬節の断食をきちんと守り通した者には、われわれの預かり知らない快楽がもたらされた。すなわち、復活祭の日に肉を食べて断食の行を終えるという悦びである。

よく考えてみると、われわれの快楽のもとになるのは、困難であり、欠乏であり、享楽への欲求の三つではなかろうか。これらはみな、断食を破るという行為の中に見られる。私の二人の大伯父はいずれも賢明で善良な人だったが、復活祭の日にいよいよハムが切られ、パテが開かれるのを目の当たりにして、悦びのあまり気が遠くなりそうであったが、今でもまざまざと目に浮かぶ。それと引き替え、今日のわれわれの堕落ぶりはどうでしょう！　もうそんな強烈な悦びの感激を味わうことなど出来なくなっている。(pp.262-263)

【すたれゆく断食】

やがてこの習慣にゆるみが生じてきた。それはほとんど気がつかないほど、ゆっくりとやってきた。年少者はある一定の年齢に達するまでは断食をしなくてもよい。また、妊娠中の女性、もしくはそう思い込んでいる女性も断食から免れる。こういう女性には肉料理も供されたが、これは断食をしている人にとっては激しい誘惑であった。

ついに、一人前の連中までが、断食をするといらいらするとか、頭痛が起きるとか、眠れなくなるとか言い出す始末であった。春先には人を襲ういろんな出来事、たとえば春の吹き出物、めまい、鼻血、その他自然の一陽来復を告げるさまざまの賑々しい兆候を、みんな断食のせいにする。ある人は自分が病気だと思って断食を止めたり、またある人は今まで病気だったからと言い張ったり、ある人は病気になるといけないからと言って、それぞれ断食をしなくなった。このような次第で、肉絶ちとか精進とかは日に日に珍しくなった。

それだけではない。ある年の冬は寒さが厳しいために、大根もかぶも欠乏し、協会がじきじきにお触れを出して、厳格な規則を緩めた。そうなると、一家のあるじは精進料理のためにかえって出費がかさんでは困ると言い出し、ある人は神様がわれわれの健康を損なうことを欲せられる筈はないとぼやき、もっと信心の薄い連中は飢饉で身を苛《むしば》んだからといって、天国に行けるわけでもあるまいと文句を言い出した。

しかし、断食には義務は俄然として残っており、人々はたいていの場合、聖職者に対して、断食をしなくてもよいという許可を求めたが、拒否されることはまずなかった。ただし、断食の免除と引き替えに、いくばくかのお布施をするという条件がついた。

やがて、大革命の日が到来し、人々の心に占める心配事や興味の性質も一変し、聖職者にすがりつく機会も暇もないという状態になった。聖職者の中でも、ある人は非国民として起訴されたり、離教者として罵りあったりもした。

幸いにこのようなことは今ではもうなくなったが、このほかにもう一つ、同じように影響の大きい原因が生じた。それはわれわれの食事時間が全く変わったということである。われわれはもはや昔の人々と同じ時刻に食べないし、食事の回数も減った。もし断食をやるとすれば、新しい別のやり方が要求されるであろう。

これらのことはまったくそのとおりであり、この二十五年来、私は規則正しく賢明で、相当信仰深い人々とばかり付き合っているにもかかわらず、私の家以外で、肉断ちの食事に十回とはお目にかかっていないということだ。

このような現状を見て遺憾千万の思いをされる人もあろうが、しかし、これは聖パウロも予言しておられ、彼の庇護のもとに安心してご馳走をいただくことにしている。

それに、革命後の新体制になってから暴飲暴食が跋扈するようになったと考えるのは大きな間違いである。

かえって食事の回数は半分近くに減り、酔っ払いも影を潜め、ただある特定の日に限ってわずかに、下層社会に見られるだけとなった。バッカス並のどんちゃん騒ぎはなくなり、下品な飲んだくれは毛嫌いされるようになった。パリっ子の三分の一以上は、朝食は軽いコラシオンですませている。何人かの人が凝ったグルマンディーズの楽しみに浸っているとはいえ、彼らを咎める理由はまったくない。すでに述べたように、グルマンディーズのお蔭を被っている人はいても、そのために損をしている人は一人もいない。

本稿を終わるにあたり、人々の趣味がどのような方向に変わったかについての観察をしておかなければならないであろう。

毎日、何千人という人々が芝居見物やカフェで過ごすようになったが、四十年ほど前であれば、人々は居酒屋で夜を過ごしたものであった。

確かに経済的にはこうした新しい傾向から、何か得るところはないであろうが、道徳的にはこれはたいへん結構なことである。人々は品行方正となり、カフェで新聞を読むことによって知識が豊富になる。そして居酒屋通いをすれば、必ずや巻き込まれずにはすまない喧嘩や病気、痴呆から確実に免れる。(pp.263-265)

三　消　耗

消耗とはどういうことかについて、ブリア＝サヴァランは次のように述べている。

1　消耗の定義

消耗とは諸事情が原因で極度に衰弱し、憔悴してへとへとになった状態のことをいう。それらは生活機能をいっそう困難にする。断食による消耗を別にしても三つの主な原因がある。

一つ目は筋肉の疲労から起こる消耗、二つ目は精神労働に起因する消耗、三つ目は性行為過多による消耗である。

この三種の消耗に対する共通の療法は、ただちにその原因である行為をやめることである。消耗は病気ではないのであるが、病気に近いものであるから、決してこれを軽視してはならない。

これらはどのような場合でも必要欠くべからざる心得であるが、あとは美味学が引き受けてくれるであろう。どんな場合にも対応できる方法がある。

長時間の筋肉労働によって疲れきった人には、おいしいポタージュ、こくのあるワイン、滋味豊かな肉、そして十分な睡眠を美味学は勧める。

主題の面白さに引かれてつい、勉強しすぎた学者に対しては、大気に触れて運動をし、その脳の機能を呼び覚ますこと、入浴をしていらいらした気分をほぐすこと、家禽類、野菜類を食べ、ゆっくり休養をとることが勧められる。

最後に、次の実例によって、享楽には限度があり、快楽も危険を含んでいるということを忘れている人々のために、美味学がどういう救いの手を差し延べるかを学ぶことにしよう。

(pp.265-266)

2　ブリア゠サヴァランによる消耗の回復法

ブリア゠サヴァランによる消耗の回復法とは何か。

ある日のこと、私は親友の一人、リュバ氏のもとを訪ねた。病気だということだったが、実際に会ってみると彼は部屋着のまま暖炉の火の傍らで、憔悴しきった様子で座っていた。

彼の顔を見てすっかり驚いた。顔色は青いのに目ばかりギラギラとして、垂れ下がった唇の間から下あごの歯が見え、何やら醜悪な感じさえした。

私は不思議に思い、この急激な変化の原因を尋ねた。友はしばらくためらっていたが、ついに私の追及に屈して顔を赤らめながら口を開き、次のような応答となった。

【リュバ】　君も知っていると思うが、家内は嫉妬深い女なんだ。そのためにぼくはしばしばひどい目に遭わされてきた。ことにここ数日、手のつけられない発作が起きてね。それで、僕の彼女に対する愛情が昔とちっとも変わっていないこと、夫としての勤めをいささかも疎かにしていないことを分からせてやろうとしたものだから、面目ないことであるが、この体たらくなのだ。

【私〔ブリア＝サヴァラン〕】　まったく四十五歳にもなっていることを忘れたのか。嫉妬にはつける薬がないということを忘れたのか。《狂乱の女がなにを能うか》〔ウェルギリウス（紀元前七〇～一九）の『アエネイス』の中の言葉〕ということを知らないのか。

などと、品の良くない言葉をあびせかけたが、それというのも腹を立てていたからである。

【私】　おや、これはどうしたことか。お前さんの脈拍はせわしい割りに勢いがないではないか。医者に見せるべきだよ。

【リュバ】　医者はさっきまでここにいたんだ。神経質の熱だと勝手に決め込んでね。瀉血《しゃけつ》を勧めるんだよ。ほどなく外科医をよこすといっていた。

【私】　外科医だと！　とんでもない。そんなことをしてみろ、お前さんの命はないぞ。人殺しの外科医が来たら追い返してしまえ。お前さんの心も体もおれが預かった、と言ってやれ。そもそもその医者は、なぜお前さんが病気になったのか、知っているのかね？

【リュバ】　いや、知らないんだ。恥ずかしかったものだから、つい本当のことを言いそびれたのだ。

【私】　それじゃ、もう一度来てもらうんだね。お前さんの容態に相応しい水薬をこれからつくってあげるよ。まずその前にこれを飲むんだ。

私はそう言って、彼にたっぷり砂糖を溶かし込んだ水を飲ませた。彼はアレキサンダー大王のような広い心と炭焼きの男のような素朴な信念とを持って、それを飲み干した。

そこで、私は急いで家に駆けて帰り、大急ぎで元気回復の妙薬を調合した。それというのも、このような場合、数時間遅れたならば、全く取り返しのつかない事態を招くことがあるからである。

出来上がった水薬を携えて再び彼の家へ来てみると、すでに幾分よくなっていた。頬の色もよくなり、目つきも穏やかになっていたが、唇は依然としてたれ下がって気味悪く感じられた。

やがてまもなく、医者がふたたび現われた。私は自分のやったことを語り、病人も正直に告白した。医者はちょっと眉をひそめ、やがて少々皮肉っぽい態度でわれわれを眺めながら、病人に向かって次のように言った。「私があなたの年齢にも身分にも不釣合いな病気を発見しなかったからといって別に驚かれることはありますまい。それにあなたが恥ずかしがって原因をお隠しになったからいけないのだ。それは対面だけで救われたであろうけれど、取り返しのつかない間違いを私に犯させることになったのかもしれない。幸いに同業の方がよい指示を与えてくださった。どういう名前のものか知らないが、そのポタージュを召し上がれ。やがて熱が下がると思いますが、そうしたら明日、チョコレートの中に新鮮な卵の黄身を二つ入れて飲みなさい」。

このように告げると、医者は帽子と杖を取って帰っていった。われわれはおかしくて笑い出しそうであった。

まもなく私は病人に、私の調合した霊薬を茶碗にいれ、たっぷり飲ませた。彼はそれをゴクゴク飲んだ上で、まだお代わりを要求した。しかし、私はさらに二時間ばかり待たせて、帰り際に、二杯目を飲ませた。

翌日は熱も下がり、ほとんど元気を回復した。医者の処方どおりの朝食をとり、霊薬による治療を続けて、その翌日には早くも、いつもの仕事にとりかかれるようになった。唇だけはなかなかもとに戻らなかったが、やっと三日目には正常に戻った。

それからしばらくして、事件がもれたので、婦人たちのひそひそ話の格好の話題になった。何人かの婦人はわが友を称賛したが、ほとんどの婦人は彼を哀れんだ。そして、美味学の教授の栄誉は一段と光彩を放った。(pp.266-268)

3　現代日本における摂食障害

日本において、飽食時代の昨今(二〇〇七年)ではあるが、摂食障害は急激な発育を示す乳児期や思春期に認められている。摂食障害の代表的なものに、神経性食欲不振症と神経性過食症があるが、これらは十代後半から二十代前半に集中している。女性に対して《痩せ》を礼賛する今日的風潮、また、食事に対する享楽的傾向、核家族の増加、一家団欒の喪失などさまざまな要因が考えられている。日本における国民健康・栄養調査では、食生活と肥満・痩せの調査も毎年行われている。

1　神経性食欲不振症

神経性食欲不振症は拒食症ともいわれているが、食べること、太ることに極度の恐怖心をいだき、標準体重のマイナス二十パーセント以上の痩せ状態になり、拒食が三ヶ月以上も続くことさえある。精神症状としては、痩せへの願望、空腹の否定、食行動の異常が見られ、摂食が少ないにもかかわらず、活動的であることが特徴である。

最近の中学生の学校保健統計における肥満児の出現頻度をみると、女子よりも男子に肥満児の増加がみられるが、これは女子中学生の健康意識、さらに「痩せ」願望の結果によるものかもしれないと考えられている。いつの時代においても、女性の《痩せ》願望は根強いことが伺われる。

2　神経性過食症

神経性過食症は、発作的に繰り返される過食と体重コントロールに過度に没頭するのが特徴であり、発症年齢は拒食症よりもやや高い傾向にあるといわれている。過食症には二つのパターンがあり、一つは夜型摂食型と気晴らし食い型である。大食後は情緒不安定やうつ状態になりやすい。

三　《死》

ブリア＝サヴァランは、「死」についての項目をあげ、誕生から老衰にいたるまで体験した幸福な一生の例を彼の大叔母の臨終を挙げて述べている。この中で、死とともに失われてゆく感覚について述べられていることはたいへん興味深い。

《万物は死滅する。死は法則であって刑罰ではない》

造物主は人間に対して六つの大きな必然性を課した。それが誕生、行動、飲食、睡眠、生殖、死の六つである。

死とは諸感覚の関係の絶対の断絶であり、生命力の絶対の消滅であって、肉体を分解の法則にゆだねる。

それぞれに何がしかの快感が付属していてそれらを和らげている。死でさえも、それが自然であるときには、すなわち身体が成長、成熟、そして年を重ね、老衰などの各過程を経過して訪れるならば、それは魅力的である。

もし私が、ここに極めて短い文章で書きとめることをしなかったら、生きた身体が、感じとれないほどのかすかな転化を経て生命のない物質に変化したかを観察した幾多の医者たちを参考としてあげただろう。また、永遠との境界に立って悲痛のとりこになるどころか、愉快な思想をもって、それを魅力的な詩で飾った哲学者や王様や文学者たちをあげたことだろう。また、瀕死の床で友人からどんな感じがするかと聞かれて「生きることの難しさ以外の何事も感じない」と言ったフォントネル〔一六五七～一七五七。フランスの思想家〕の言葉を掲げただろう。しかし、私は体験によって確信を得た事実だけを述べよう。(p.269)

私の大叔母は九十三歳という高齢で、お迎えの日も近かった。しばらく前から寝たきりではあったが、まだ諸能力はいささかの衰えも見られず、ただ食欲が衰え、声が弱々しくなっているだけであった。

彼女はいつも変わらぬ愛情で私を愛してくれ、私も彼女の枕辺で優しく面倒を見てあげながら、しかし、その一方でいつもの癖で哲学者の目で彼女を観察することを忘れなかった。

【大叔母】　おまえ、そこにいるのかい？(ほとんど声にならない声で言った)。

【私】　ここにいますよ。大叔母さん。なんでも言いつけて下さい。上等のワインを少し召し上がってみませんか？

【大叔母】　ああ！　いただこうかね。水気のものなら通りがいいからね。

そこで、そっと彼女を抱き起こし、私の一番上等なワインをグラスに半分ほど飲ませた。するとたちまち彼女は元気が出て、なんともいえないほどの美しい目を私に向けてこう言った。

【大叔母】　最後まで、こんなに尽くしてくれてほんとうに有り難う。お前も私ぐらいの年になれば、眠りが必要なように死も必要なものだということがわかってくるよ。

これが、最後の言葉であった。その半時間後に彼女は永遠の眠りについた。(pp.269-271)

リシュラン博士[2]は、肉体の最後の破壊と各人の最後の瞬間をあれほどの真実と哲学をもって描いてくれた。私は、次に彼の文章を引用することを読者諸君に感謝されるであろう。

「まず、次のような順序で知的諸能力は停止し分解する。理性は人間だけが持つものだと考えているが、人間はそれをまず第一に見捨てる。人間はまず、さまざまな判断を組み合わせる能力を失い、やがて、いろいろな観念を比較し、寄せ集め、組み合わせて一つにまとめ、それらの関係を言い表す能力を失う。人はその時、病人の頭がおかしくなったとか、つじつまの合わないことを言うとか、うわ言を言っているとか言う。当人のうわ言はその人に最も親しまれている観念の上を行き来したりする。当人の一番強い情念がうっかりそこに顔を出す。守銭奴はその隠してある宝について語ってしまう。また、ある人は宗教的な恐怖に囲まれて死ぬ。しばしばわれわれには遠くに去った祖国の心地よい思い出などが、美しく浮かび上がるだろう。

推理や判断の次に一つ一つ破壊されていくのは、諸観念を組み合わせる能力である。それは『失神・気絶』という名で知られる状態であり、私自身もそれを経験したことがある。私は二つの観念を結びつけ、その類似の上にある判断を加えようとしていながら、どうしてもそれができなかった。しかし、完全に気絶していたわけではない。記憶や感覚の働きはまだ残っていた。私ははっきりと周囲の人たちが《彼は気絶した》と言っているのを聞き、私をその状態から引き出そうとして騒いでいるのを知っていたが、その状態のときにはいくらかの悦びや幸福感がなくはなかった。

その次に記憶が消える。病人はうわ言を言う状態であってもなお、近くにいる人々の声を聞き分けられるが、ついに、最も仲良く暮らしていた人々までがわからなくなる。最後に感覚もなくなる。しかし、感覚はそれぞれ順序正しく消えていく。まず、味覚がわからなくなる。次に、目にどんよりとした雲がかかり、死相を呈してくる。でも耳はまだ音を感じる。古人は死者の耳もとで大きな声で叫んで、ほんとうに死んでしまったかどうかを確かめたという。瀕死の人は嗅覚がなくなり、味わいが消滅し、見えなくなり、聞こえなくなる。でも触覚は残る。ベッドの中で身動きし、腕を外に出し、始終体位を変える。母の胎内で動く胎児のそれに似た運動をする。死は瀕死者に少しも恐怖を与えない。全く思想や感情がなくなり、人間は生き始めた時と同じように、意識がなくなり、生を終わるのである。」(pp.270-271)

ここに、論じられている「死とともに消失していく五感の推移」はまことに興味深い。

注

1　ババは干しぶどうを入れたサヴァラン用の発酵生地を型に流し込んで焼き上げ、ラム酒やキルシュワッサーの入ったシロップをしみ込ませた菓子。

2　Richerand,Nouveaux Elemenys de Physiologie, neuvieme edition, tome II, page 600

第三部　哲学的料理史

第一章　料理術の哲学的歴史

フランスにおける十八〜二十世紀はあちこちでサロンが開かれ、啓蒙思想家や哲学者たちの集合場所の観を呈し、新思想の温床となった。サロンでは美しく、機知に富み、優雅で上品な婦人たちが中心に言葉を磨き、芸術、宗教、文学を論じ、時間をかけてご馳走を賞味するとともに、会話を楽しんだ。ブリア＝サヴァランのいとこのレカミエ夫人は、パリで著名な人びとが集まるサロンの主宰者として有名であったが、ブリア＝サヴァランもこれらの機会を利用して哲学者をはじめ多くの著名人との交流を深めた。これらの体験から、ブリア＝サヴァランは「料理術の哲学的歴史」というテーマに関心を持ったと考えられる[1]。

ブリア＝サヴァランは料理術について次のように述べている。

料理は諸技術の中で、最も歴史の古いものである、実際に、アダムが誕生したときには空腹状態だったし、新生児がこの世であげる最初の産声は、母親の乳房によって初めて静まる。料理はあらゆる技術の中で、文明生活に最大の貢献をしたものである。われわれが火を用いることを知ったのは、料理がそれを要求したからであり、この火のお蔭で人類は自然を制御したのである。

ここで、大局からみて三種類の料理術を考えることができる。

第一は、食品の調理に関するもので、昔から料理術の名で呼ばれている。

第二は、食品を分析し、成分を調べることを目的とするもので、化学と呼ばれるものである。

第三は、修復するための料理術とも言われるもので、薬学という名で呼ばれるものである。

この三つはそれぞれ目的を異にしているが、火の応用、かまどの利用、容器を使用するということで共通である。

一例を挙げれば肉の一片を、料理人はポタージュやブイイに変えるが、化学者が扱うとその肉片が何種類の物質に分解されるかを知り、薬学者は、万一それが不消化の原因となる場合は肉片を乱暴に体外に排泄させるといった具合である。(pp.272-273)

1　生　肉

人間は雑食動物である。果物を食い裂くための門歯、穀粒を砕くための臼歯、肉を引き裂くための犬歯をもっている。人は野蛮状態に近い人間ほど丈夫な犬歯を持っていることが知られている。

人類が長い間、果実を常食としてきたことはほぼ間違いないが、それは必然的にそうせざるを得なかった。人間は先史時代の動物の中では動きが最も鈍重であり、武器を持たない限り攻撃手段は無きに等しかった。

しかし、本来、人に備わっている進歩改善の本能がやがて少しずつ発達し、自分たちは弱い生き物であると感じるようになり、武器をつくるようになった。また、犬歯に現われている肉食の本能もいっそうこの傾向に拍車をかけた。このようにして、一度、武器を持つようになると、人間は周囲のありとあらゆる動物を自らの餌食とし栄養とするようになった。

この破壊の本能は今でも残っている。子どもたちに小さな生きものをあてがっておくと、必ずといってもよいほどほとんどを殺してしまう。もし空腹であったなら食べてしまいかねない。

人間が肉から栄養分を摂ろうと望んだことは驚くにあたらない。人間の胃はとても小さく、果実には栄養分が少なく、人間の元気の回復には不十分である。野菜類のほうが栄養分を豊富に含んでいるが、これを食品化する技術は幾世紀も後にならないと登場しなかった。

最初の武器は木の枝であったに違いないが、それから弓と矢とができた。

人類が発見されたいたるところで、いかなる気候風土であれ、つねに弓矢を身につけていたということは、大いに注目に値することであろう。なぜこんなにどこもかしこも同じなのかについての説明は難しい。

生肉のただ一つの不都合なことは、粘りがあって歯にくっつくことであり、それ以外に味覚にとって不都合なことは何もない。塩を少々まぶして食べれば消化にたいへん良いのである。それに生肉ほど栄養分に富んでいるものは他にあろう筈もない。

一八一五年のこと、私〔ブリア＝サヴァラン〕がクロアチアの一大尉を食事に招いたとき、彼は次のように言った。「ご馳走をいただくのに、こんなにたいそうな支度は無用ですよ。私どもの国では、野外に出てお腹が空いていれば、手当たりしだいに最初に見つけた動物を殺すのです。肉付きのよいところを切り取り、それに塩を少々まぶし、それを鞍にぶら下げてしばらく駆けさせてから、もりもりと食べるのですが、まったく王侯貴族の珍味ですな」。ドフィネ地方〔フランス南東部、アルプスの一部〕の猟師も、九月に猟にでかけるときは、やはり塩と胡椒を持ち歩く。脂の乗ったベックフィーグ〔燕雀類〕を仕留めると、さっそく羽をむしり塩・胡椒をして、しばらく帽子の上に載せて歩きまわってから食べる。焼いたのよりもずっとおいしいと彼らは断言する。

それに、遠い遠い先祖の生食の習慣をわれわれは完全になくしてしまったわけではない。どんなに舌の肥えた人でも、アルル産ソーセージ、モルデッラ〔イタリア産の大型ソーセージで、細かく刻んだ豚肉、牛肉、豚脂を調理し、ニンニクと胡椒で調味した水煮、燻製したもの〕、ハンブルグの牛肉の燻製、アンチョビー、塩漬け鰊《にしん》とかいうものを口にするとご満悦である。これらの食品はいずれも火を通してはないけれども、われわれの食欲をそそることにかけては、一歩も引けをとらない。(pp.273-275)

2　火の発見と調理

かなり長い間、クロアチア人風の生食の時代が続いた後、ついに火が発見された。これは偶然の賜物であった。というのは、火はこの地上に自然発生的には存在しない。マリアナ諸島の住民はつい最近まで火の使用を知らなかった。

火が知らされると、人は進歩改良の本能から肉を火に近づけてみた。最初は肉を乾燥させようとし、次に焼くことを試み、炭火の上に載せた。

このように処理すると肉はずっとおいしくなった。日持ちがよく、嚙みやすくなった。さらにオスマゾーム（第三部　第三章　オスマゾーム参照）に熱が加えられると芳香が生まれる。

ところが具合が悪いことに、炭火の上で焼いた肉はどうしても汚れる。灰や炭の一部が肉にくっついてなかなかとれないので、今度は肉に焼き串を刺して真っ赤な炭火の上に置くことにした。適当な高さに石を積んで、焼き串の両端を支える。

こうしてついに、グリルによる焼肉料理の登場となった。これは実に簡単で、滋養に富んだ調理法である。グリルにした肉は一部が燻製の状態になるので、きわめて風味がよい。

ホメロスの時代の調理室はこの程度で大して進歩はなかった。アレキウス（ギリシャ神話に出てくるトロイア戦争の英雄）がテントの中に王を含めた三人の人物（オデュッセウス、アイアースおよびポイニークスの三人）をどのように迎え入れようとしたかをお話ししようと思う。

アレキウスというのはギリシャ第一の美男であったし、いくら誇り高くても、その愛するブリセイスを奪われてはやはり涙を禁じ得なかったからである。

「すぐにパトロクルスはその忠実な友の命令に従った。その間にアキレウスは羊や脂の乗った山羊の肩肉とおいしそうな豚の大きな背肉の入った器を、ぱちぱちと火花の散る炎に近づける。オートメドンを手助けに勇士アキレウスは自ら肉を切り、それを幾つかに分かち、鉄串をつき通す。

一方、パトロクルスは神々と同じように炎々たる火を燃やす。木が燃え尽きてわずかに細い炎を上げるだけになると、両脇に二つの重い石をおき二本の長い銛《もり》をおきの上にわたす。そしてその上に清めの塩をまく。

肉の調理ができ、食卓の用意が整うとパトロクルスは美しいかごに盛ったパンを卓上に配る。けれども肉のほうはアキレウス自身が勧めようとする。こうして彼は、食卓の他の一端にオデュッセウスと相対して坐し、パトロクルスに命じて諸神に犠牲を捧げしめる。

パトロクルスがまずご馳走のお初穂を炎に向かって投じると、主客は早くも調理されたご馳走に向かって手を差しのべる。皆がこうした豊かな供宴のうちに飢えと渇きとを追い払うや、アヤクスはフェニクスに合図をする。オデュッセウスはこれを認めると、その大きな杯に酒をなみなみとついで英雄にうち向かい、〝アキレウスよ幸福なれ〟といった。……」

このように王と肉のグリルとで大いに満足し、それぞれ歓びを分かちあった。

当時は、動物の腸に血液と脂肪をつめたものを最上のご馳走としていたが、これは今日のブータンである。

また、この時代には、いやそれよりもはるか以前から、詩と音楽が珍味佳肴につきものであった。尊敬された詩人が自然の驚異や神々の恋や戦争の勲功を歌っていた。彼らは一種の司祭職の役割を担っていた。おそらく聖なるホメロスその人も天の恵みを豊かに受けている人々の中から出たであろう。(pp.275-278)

3　ギリシャ人の饗宴

料理術において長足の進歩が見られるようになったのは、青銅や陶器などの熱に耐える容器を使い始めてからである。肉に味つけしたり、野菜を煮たりすることが可能となり、ブイヨン、肉汁、ゼリーも作れるようになった。

現存する最古の書物〔アピキウス『古代ローマの料理書』〕には、オリエントの諸王侯の饗宴の様子が敬意を込めた筆致で描かれている。香辛料や薬味類をはじめとする豊富な食材に恵まれていた地方に君臨

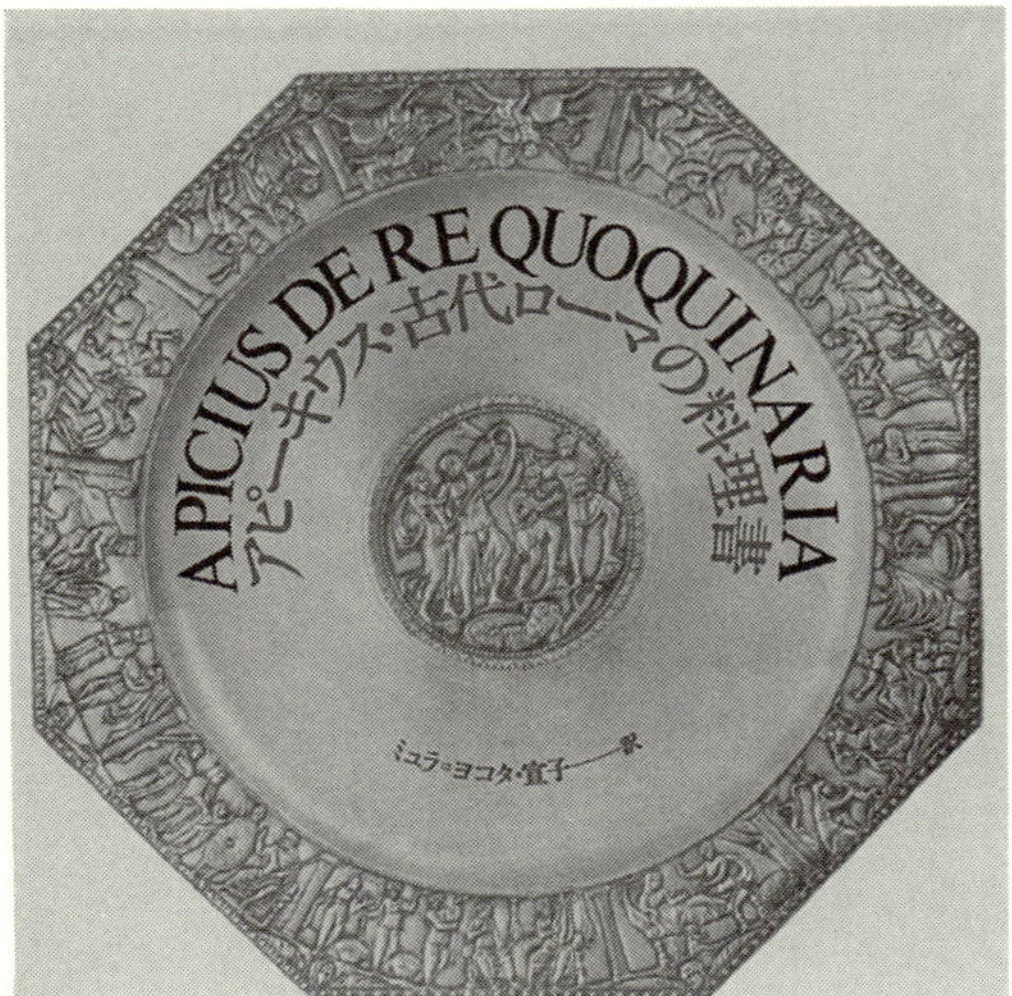

アピキウス　古代ローマの料理書
(三省堂刊)

する王侯が、豪華な食卓を繰り広げたことは想像に難くない。しかし、その詳細はつかめないが、わかっているのは、ギリシャに文字をもたらしたというカドモスがシドン〔フェニキアの都市〕の王の料理人であったということだけである。

まさに、こういう贅沢は柔弱な人々の所産であって、どこでも同様に歓迎はされなかった。とくに、勇武を尊ぶ人々、粗食を美徳と考える人々は長い間、そのような考え方を排斥した。しかし、この習慣をアテネ人が受け入れると、以後永年にわたって文明世界で広く愛好されることになった。

料理、そしてそれがもたらす快楽は、優美で新しいもの好きなアテネ市民の間で大いにもてはやさた。王侯貴族、富豪、詩人、学者たちが進んで範を示し、哲学者でさえも、これら自然そのものを源泉とする快楽を排斥すべきだと考えたりはしなかった。

古代作家の書物を読んでみると、彼らの饗宴はまるでお祭りのように盛んなものであったことがわかる。

狩猟、漁獲および商業は、彼らに今日でも貴重なものと考えられている品々の大部分を提供し、競争によって法外な値に吊り上げていた。

あらゆる美術・工芸の技術が食卓の装飾法を競い、それを囲んで、会食者たちは贅沢な緋の絨毯で覆われたベッドに横たわった。

人々は愉快な会話によってご馳走にさらに値をつける研究を行い、食卓の雑談が一つの学問となった。

歌は食事の第三コースあたりで歌われたが、もはや昔のような威厳はなく、神々や英雄や歴史の出来事を讃えるのではなく、友愛や快楽や恋愛などが歌われた。

ギリシャのワインは今日でも最上等品と認められているが、利き酒の名人に吟味され、最も口あたりのよいものから最も強烈なものへと順序よく分類されていた。宴会によっては、全等級を試飲することができた。今日の習慣とは反対に、よい酒になればなるほど、注ぐグラスも大きくなっていった。

飛び切り美しい美女たちがこの官能的な饗宴をいっそう盛り立てた。

ダンス、ゲーム、その他ありとあらゆる娯楽が夜の宴会をさらに楽しいものにし、これらの官能的な快楽を全身で吸収した。何人ものアリスチポス〔ソクラテスの弟子〕がプラトン〔理想主義を唱えたギリシャの哲学者〕の旗を掲げてやってきても、退去するときには、エピクルス〔快楽主義で有名なギリシャの哲学者〕の旗のもとに降伏した。

これほどまでに甘味な享楽を与えてくれる料理術について、学者たちは競い合って著作を残した。プラトン、アテナイオス、その他何人かの名が残されている。しかし、残念なことに彼らの著作はすっかり失われてしまった。中でも惜しまれるのは、ペリクレスの息子の一人の友であったアルケストラトスの『ガストロノミー』である。

「この偉大な作家は、陸も海もくまなく遍歴して、自ら親しく山海のもたらす極上の珍味を知ろうと努めた。旅の間に彼が調査したのは諸民族の風俗習慣ではなく、珍味佳肴の準備場へ入り込み、自分の味覚の快楽にとって重宝な人々にのみ接した。その詩はまさに知識の宝庫であり、一句として格言とならないものはない」とテオチーム〔紀元前四世紀のアテネの雄弁家〕は言っている。

古代ギリシャ料理とはこのようなものであった。チベル川のほとりに住みついていた一握りの連中が近隣の諸民族を支配するように、ついに古代世界を席捲するようになった。(pp.278-280)

4　ローマ人の饗宴

ローマ人たちは、自分たちの独立を確保したり、自分たち同様に貧しい近隣の民を征服するために戦っていた頃は「美味」とは何のことであるかをわきまえない野蛮人であった。当時のローマの将軍たちは鋤鍬《すきくわ》を自らやり繰りしながら、野菜ばかり食べていた。また、果物を食べていた歴史家たちは例外なくこれらの原始時代を謳歌していたが、当時はむしろ粗食の方が尊重されていた。しかし、ローマ人の征服がアフリカ、シチリア、ギリシャにまで及び、自分たちよりも文明の進んだ国々で、征服した人々からご馳走を振舞われてその味を知ると、それらの異国の珍味をローマに持ち帰るようになった。ローマではそれらのご馳走が大歓迎を受けたであろうことは想像に難くない。

ローマ人はアテネに使節団を派遣し、ソロンの法典を持ち帰らせたり、また文学や哲学を学ぶためにアテネにでかけたりした。ひたすら自らの品性に磨きをかけているうちに、おのずと饗宴の快楽をも知るようになった。こうして、雄弁家、哲学者、修辞学者、詩人たちとともに、料理人たちが続々とローマに繰り込んできた。

時とともに、そして戦勝のたびごとに、世界の富がどっとローマに流れ込んできたので、食卓の豪奢なことはほとんど信じられないほどに発達した。

人は、羽のあるものは蟬から駝鳥に至るまで、四つ足のものは山鼠から猪まで、あらゆるものの味を試した。

味覚を少しでも刺激するものは香辛料として用いられた。

新しく知られた世界は、軍隊や旅行者によって開発された。アフリカからはホロホロ鳥やトリュフなど、スペインからは兎、ギリシャからは雉、アジアのかなたからは孔雀がもたらされた。

ローマの豪族たちは立派な庭園をもつことを誇りとしていたが、そこには、梨、リンゴ、イチジク、ブドウのみならず、もろもろの国から持ち帰ったものもあった。すなわち、アルメニアのアンズ、ペルシャの桃、シドンのマルメロ、イダ山渓のフランボワーズ、ルクルス〔古代ローマの将軍〕がポントゥス王国から持ち帰ったサクランボなどが栽培された。これらの輸入はさまざまな理由によって必然的に行われたものであるが、少なくとも人々が食べ物に関心が深かったこと、各国の人々が諸民族の王であるローマ市民の享楽に貢献することを名誉であり、義務であると考えていた証拠となる。

食べ物の中では魚がとびきり贅沢品であった。ある種の魚がとくに愛好されたが、それらがどこそこの海でとれたものだとなると、また一段と珍重がられた。遠い地方の魚は蜂蜜の中に入れて運ばれた。また一尾の魚が並はずれて大きい場合には、法外の値段で取り引きされ、消費者は競ってこれを求めたが、そういう消費者は王を凌ぐ富豪であった。

飲み物に対してもこれに劣らず、人々は気を配った。ギリシャ、シチリア、イタリアのワインは古代ローマ人にとって無上の喜びをもたらすものであった。ワインの値段はその産地と年代によって決められており、ワイン樽の一つ一つには出生証明ともいうべき文字が刻まれていた。

《おおマンリウスの世に生まれたワインよ》〔ホラチウス〕

それだけではなかった。前にもお話をした本能的高揚の一連の結果として、ワインをいやが上にも刺激的に香りを強くせずにはいられなくなった。ワインの中に花、香料、種々の薬味を浸した。コンディータ〔芳香性ワイン〕という名のもとに、当時の製造家が後世に伝えた製品などは、口内に炎症を生じ、胃には激しい痛みをもたらすほどであった。

このようにローマ人ははやくもこの時代にアルコール飲料に憧れていた、それが発見されたのは、その後十五世紀以上も経ってからのことであった。

さらに、食事のための途方もない贅沢は食事のアクセサリーともいうべき、家具類や装飾品に向けられていった。

これらはすべて丹精込めて制作され、料理の品数はしだいに増加し、ついに配膳の回数が二〇回を超えることもあった。新しい配膳ごとに前に用いられた食器類はすべて下げられた。奴隷たちにはそれぞれ特別の役目が与えられた。最高の雰囲気に満たされ、とくに注意すべきご馳走が出ると、式部官のような役目の人がその料理名などを読み上げ、食欲を盛んにし注意を引きつけ、享楽を長くするための手段はすべて実行された。

この贅沢には、おかしなものも多くあった。たとえば、出される魚や鳥の数が数千を超える宴会であるとか、ただ金がかかったというより他に取り柄のないご馳走だとか、駝鳥五百頭の脳みそを集めた料理とか、物を言ったことのある小鳥五千羽の舌を並べた料理とかいうのがそれであった。

以上述べたことから、ルクルス将軍が食事のためにかけた費用がいかに莫大なものであったのか、アポロンの間で彼が主催した饗宴がいかに高価なものであったのかがおわかりいただけるであろう。招待客の五感をくすぐるためにあらゆる手段を動員することが、礼を尽くしたもてなしであった。(pp.280-284)

5　ルクルス[2]の蘇生

前項で、ローマの饗宴について述べたが、そのようなきらびやかな毎日は、われわれも再現できないことはないであろう。ただ、その豪華さを一度蘇らせるためには、私たちの仲間の中に、一人のルクルスのような人がいればよい。もしもここに、強力な富をもっている一人の人物が、何か政治的あるいは金融上の大きな慶祝行事を、お構いなしの費用で前代未聞の一大饗宴を催そうとしたと想像してみよう。

彼があらゆる技術者を集めてその宴会場の各部分を装飾し、料理人たちは秘術を尽くして山海の珍味を整え、地下のワイン倉庫の粋を集めて会食者を満足させるように命じたと想像しよう。

続いて次のような演出を繰り広げてみよう。一つには、この荘厳な正餐の席上、賓客のために名優たちが二編の戯曲を上演する。

二つには、食事中に、楽器・声楽の名人たちにが音楽を演奏する。

三つには、食事とコーヒーの間に、オペラ界の最も軽快美麗な人たちの舞踏がさしはさまれる。

四つには、この夜会はより抜かれた美女二〇〇人、踊りの名人四〇〇人によるダンスによって終わる。

五つには、ビュッフェに熱い飲み物、冷たい飲み物、アイスクリームの類が次から次へと供される。

そして、夜もたけなわのころ、工夫を凝らしたコラシオン〔軽い夜食〕がすべての人を一層元気にする。

サービス係の人々は、みんなが美しくきらびやかに装い、照明は申し分なく、とくに主人は一切のことに気を配り、お客様方を迎えに行き、またお送りする。

このようなすばらしい宴会が、よく計画、指導され、立派に実行された暁には、翌日の記録の中に、おそらくルクルスの出納係も驚くほどのものが記入されることであろう。

この豪奢なローマ人の催しを模倣するには今日、どうすればよいのかを以上のように列記してみたが、当時の饗宴にどのような事柄がアクセサリーとして登場したかを読者の皆様に十分、想像していただくことができたと思う。当時の饗宴には、俳優、歌手、パントマイムや道化役者など、ただ楽しむという目的だけにやってきた人々を喜ばせるあらゆるものが動員された。はじめ、アテナイ人の間で、ついでローマ人のもとで、中世、さらに今日もなお、われわれの間で行われるこの種の饗宴は、じつに人間性の深いところから生まれ出るのだ。(pp.284-285)

6　レクチステルニウムとアンキュビタシオン

アテネ人と同様にローマ人も寝て食事をしていた。

初めは、神々に献じられる神饌のためにベッドを用いていたが、やがて最高の役人や権力者たちがその習慣を採用するようになり、わずかの間にそれが一般にも広まり、四世紀頃まで続いた。

それらのベッドは初めは藁を詰め、皮革で覆ったベンチのようなものであったが、やがて饗宴に関するすべてのものが贅沢になるとともに豪華なものになった。最も貴重な木材に象牙や金がはめられ、ときには宝石さえも象嵌された。ふかふかしたクッションやそれを覆う布には豪華な刺繍が施された。

人は肘をつき、左側を下にして横たわり、普通はベッドに三人が横たわった。

このような食事の仕方をローマ人はレクチステルニウム〔宴臥〕と呼んでいた。これは、われわれが採用した腰掛けで食べる習慣よりも便利で、楽しかったのであろうか。私にはそうは思われない。

アンキュビタシオン〔横臥体位。肩肘をついて横になること〕はバランスをとるために、かなりの力が必要であり、体の一部の重みが肘にかかれば、そこに痛みを感じることがあるはずだ。生理学的に見ても、確かにそこにかなりの無理がある。食べ物を口に入れるにも不自然であり、食べ物を嚥下するにもスムースではないように思われる。

液体を飲み込むときには、さらに骨が折れる。あの広口のグラスに注がれたワインをこぼさないように飲むためには、細心の注意が必要となる。《グラスから口までにしばしばワインが失われる》という諺はおそらく、このレクチステルニウムの時代に生まれたのであろう。

横臥して食べる場合には、周囲を汚さずに食べるということさえ容易ではなかったに違いない。とくに多くの会食者はあの長いひげの持ち主だったのだから、食片を口に運ぶのにも指を使ったのであり、せいぜいナイフを使うくらいであったことを考えれば、およそ想像がつく。フォークの使用はずっと近代〔十六世紀末〕のことであった。ヘルクラヌムの廃墟の中からもたくさんのスプーンが発見されたが、フォークに至っては全然見出されていない。

このような食事の間では、あちこちで多少の純潔が汚されることがあったことも想像にかたくはない。ベッドの上に両性が入り乱れて、しばしば節制の域を超えることもあり、一部の会食者が酔って眠ってしまうことも稀ではなかった。

《身を横たえて大いに食らい、かつ飽き、仰臥すると、衣にも袴《はかま》にも穴が開いた》

やがて第一に非難の声をあげたのは、モラルの問題であった。

キリスト教がその発祥の地を血で染めた迫害から免れて、多少の影響力を得ると、さっそく宣教師たちはこの極度の不節制を非難しはじめた。まず、彼らの食事時間の長いことを咎めた。その食事中に人々はキリストの掟を破り、あらゆる感覚的快楽を欲しいままにしたからである。自らの厳格な食事規定に従う彼らは、グルマンディーズを七大罪の一つに数え、両性の乱倫を厳しく非難し、とくにベッドで食事をする習慣を攻撃した。これらこそ、彼らの目には無気力で、非難されるべき極致であり、あらゆる悪弊の原因のように思えたからである。

彼らの威嚇的な声は聞き入れられ、やがて、ベッドの上で饗宴が繰り広げられるということはなくなり、会議のような形で飲食する昔の習慣に戻った。モラルに則ったこの形式が少しも快楽を損ねることにならなかったのは、幸福であると言わねばならない。(pp.285-287)

7

詩

当時、饗宴詩に新しい変化が押し寄せ、ホラティウス〔古代ローマの詩人・風刺作家〕、チブルス〔古代ローマの哀歌詩人〕、その他の人たちによって、ギリシャ詩神のそれまでに知らなかった優艶な調べが謳われた。(pp.287-288)

《わたしは愛しよう、優しく微笑し、優しく語り続けるララゲムを》ホラティウス[3]

《おまえに求める「ただ接吻だけで満足せよ」と》カトゥルス[4]

《伸べよ、愛する女よ、輝ける黄金のごとくきらきらと輝く、あなたの金髪を伸べよ、愛する女よ、真白い肩にふさわしいあなたの清らかなうなじを》ガルス[5]

8　野蛮人の侵入

ここで概観してきた五、六世紀の料理術は、それを愛し、学ぶ人びとにとっても黄金時代であった。しかし、北方民族の到来ないし侵入はすべてを変え、すべてを覆した。そこで、栄光の日の後に長く恐ろしい暗黒の時代が訪れた。

このような異国人によって、料理術は関連する学芸とともに消滅した。大多数の料理人は、主人を失った宮殿の中で殺され、残る人たちは祖国を圧迫する新しい主人に仕えることを潔しとしないで逃亡した。そして意気地のない少数のものは、差し出したご馳走を斥けられ、悲嘆にくれていた。それら野蛮人の舌や喉は、腕を振るった料理のおいしさを感じ取ることができなかったのだ。牛肉であろうが猪の肉であろうが大きくてたくさんあればよく、ワインにしてもより強くさえあれば喜ばれた。それに侵略者はいつも乱暴狼籍に終わり、宴会は往々にして血に汚されることもあった。

しかし、自然の習いとして極端なことは長く続かず、勝利者と被征服者は手を結び、少しずつ文明の彩りを加え、ようやく社交生活の面白さを知るようになった。

この変化向上は食事の上にも反映した。人はその友達を食べさせるためでなく、喜ばせるために招いた。そして歓待の義務とともに、やさしい情愛がこもるようになった。主人の心配りが招かれる人も気付くようになった。

このような改良は紀元五世紀ごろに行われたらしいが、シャルルマーニュ時代（七四二～八一四）にはそれが一層顕著になった。彼の法令集を見ると、この偉大な王様が、方々の領地から珍味佳肴が提供されるようにと配慮したことが窺われる。

この王様およびその後継者たちの時代には、饗宴は優艶であるとともに騎士道的な趣向を帯びていた。婦人たちが現われて朝廷を美化し、脚を金色に染めた雉や尾を広げた孔雀が、金モールの服を着た小姓や純潔な美しい乙女たちによって貴公子たちのテーブルに運ばれた。

かつてギリシャ人のもとでも、ローマ人のもとでも、フランク人のもとでも除け者にされていた婦人たちが、酒宴に呼び出されたのはこれで三回目だった。トルコ人たちだけがこの呼び出しに応じなかったが、恐ろしい嵐がこの非社交的な民族をおどし、実際にトルコ女官が解放されたのは三十年近く後のことだった。

婦人たちは、最も身分の高い人ですら家庭内で食事の支度に携わるようになった。この仕事を彼女たちはもてなしの務めの一部と考えていたが、この考え方はフランスでは十七世紀の終わり頃まで残っていた。

彼女らの優しい手によって食べ物はときどき、風変わりな変化を受けた。うなぎが舌をつけて蛇になったり、兎が猫の耳を持ったりして、面白いいたずらが行われた。彼女らはベネチアの商人が東洋から持ってきたいろいろな香辛料やアラビア人が提供する香水などを愛用し、時には魚がバラの香水で煮られたりもした。食卓の贅沢といえば、皿数を多くすることだったが、それがだんだんエスカレートしたので、王様はときどき取締令を出して抑制しないわけにはいかなかった。しかし、ギリシャ・ローマの立法者と同様な運命に終わり、効果はなかった。

そこで、相変わらず人々はできる限りのご馳走を食べた。とくに、僧院や修道院ではそうだった。それは、これらの施設に寄進された財産が、長い間フランスを荒廃させた内乱においても比較的損害を被らなかったからである。

フランスの貴婦人たちは、いつも多少なりとも、自宅の厨房で行われる事柄に関与していたということが、フランス料理をヨーロッパでの第一位に位置づけた。凝っていて、軽く、甘い菓子がフランス料理に多いということは、確かに彼女たちのお蔭である。

私は今「人々はできる限りのご馳走を食べた」と言ったが、いつもご馳走が作られたわけではない。ときには王様の夜食ですら、成り行きに任されていた。ご承知のように宗教戦争の時代（十六〜十七世紀）には常に夜食が確保されたわけではない。アンリ四世でさえも、ある都市で一夜を過ごされた際、その食卓にその町でただ一人、七面鳥を所有している町人が招待されたからこそ、このご馳走を賞味することができたのである。（pp.288-290）

9　美味学のわずかな前進

それでも美味嗜好は少しずつ前進していった。十字軍の騎士たちはアスカロンの原でエシャロットを引き抜いて持ち帰り、パセリはイタリアから輸入した。豚肉加工業と詰め作りはルイ九世（即位一二二六～七〇）以前より、豚肉料理の繁栄の準備を始めていた。

製菓業者もまけずに繁栄した。彼らの製品はどのような宴会にも堂々と姿を現した。シャルル九世（即位一五六〇～七四）以前から大きな組合をつくり、王からミサ用のパン製造の特権が与えられていた。

十七世紀中頃には、オランダ人たちがヨーロッパにコーヒーを伝えた。ソリマン・アガという駐仏トルコ大使がわれわれの曽祖母たちにコーヒーをはじめて飲ませたのは一六六〇年のことであった。一六七〇年、サン・ジェルマンの市場で一人のアメリカ人が公然とコーヒーを売り出した。そして今、われわれが見るのと同様のカフェ、大きな鏡や大理石のテーブルを備えたカフェが初めてサン・タンドレ・デ・ザール街に出現した。

砂糖もこの頃用いられるようになった。作家スカロン（一六一〇～六〇）が、砂糖入れの穴を小さくしたといってその妹のけち臭い行為をけなしているところをみると、当時はそのような食器が使われていたのであろう。

ブランデーの飲用が広まったのもやはり十七世紀のことである。ワインを蒸留するという着想は最初十字軍の兵士によって伝えられたが、それはまだ秘伝であって、ごく少数の人にしか知られていなかった。ルイ十四世治世の初め頃に蒸留器がようやく普及し、ブランデーがほんとうに一般に用いられるようになったのはルイ十五世の時代に入ってからであった。試行錯誤を重ねたのち単一の操作でアルコールが得られるようになったのは、ごく近年のことである。

喫煙が始まったのもやはりこの時代であった。つまり、砂糖、コーヒー、ブランデー、タバコという通商的にも国庫の財源にとっても重要な物資の歴史は、まだ二〇〇年（一八二五年現在）にしかならない。(pp.290-292)

10　ルイ十四世時代

この砂糖、コーヒー、ブランデー、タバコの庇護のもとにルイ十四世の時代が始まった。この輝かしい治世において饗宴の学問は進歩し、他のもろもろの学問もそれに伴って発達した。全ヨーロッパの人々がこぞって奔走したさまざまな催しも、槍が拳銃にとって代わられる前に、名残りのひらめきを見せた馬上試合も、大砲の猛威の前に力なく破れたあの甲冑も、まだわれわれの記憶から消え去ってはいないのである。

そのような催しごとの最後を飾るのは常に豪華な饗宴であった。人間というものは、味覚が喜ばないかぎり、完全に幸福ではありえないというようにできている。この抑えがたい欲求は、ついに、文法までも従えてしまった。その証拠に一つの事柄が完璧であったことを表現するのに、われわれはそれが、「goût〔味覚の意〕をもってなされた」と言うではないか。

必然の結果として、これらの饗宴の準備を主催した人々は、最後にはみんな重要な人になっているが、これはまったく理由のないことではない。それらの人々はさまざまな特質を兼ね備えていたに違いないからである。すなわち、発想の天才、按配するための熟練、均整をとるための判断、発見のための明敏な頭脳、承服させるための毅然とした態度、待たせないための正確さなどである。

いわゆるシュルトゥー（原注：墁または金メッキした銅製の大きな盤で、鏡がついていて、中には食事中に用いられる塩いれ、砂糖壺、胡椒入れのほか、さまざまな人形や花や果物を盛った、きわめて壮大な装飾品として、食卓の中央に飾られる）の壮観さが展開されるのもこのような大饗宴においてであった。それは絵画と彫刻とを調和させた新しい芸術であって、食卓につく人々に愉快な場面やその饗宴の催される意味、その主催者に相応しい情景を示すのであった。

以上、芸術的な偉大な料理のデモストレーションであるが、ときにはそれほど大きな集まりでなくても、一層凝った会食や理屈にあった注意や行き届いた心遣いがなされるようなった。寵姫たちのサロンとか、寵臣、財務官たちの粋な夜会などのためにこそ、その道の専門家たちは薀蓄《うんちく》を傾け、またたがいに競争心を競って腕によりをかけた。

ルイ十四世の治世の終わり頃には、最も高名な料理人の名がそのパトロンの名と並び記された。両者とも美味学における功労者である。彼らが保護し、あるいは創作し、あるいは世に発表した料理名とともに、長く料理書の中から消えることはないであろう。

しかし今日（一八二五年）では、このような融合はなくなっている。われわれは祖先に負けないほどグルマンであるが、彼らに比べてずっと地下室の調理場で働く人々の名を軽視する傾向がある。その代わり街の料理人だけがその名を讃えられ、お蔭で彼らは大資本家の列に加わることになった。

実にルイ十四世のために、当時トルコの支配下にあった地中海の諸港から、早成りのナシが運ばれ、王はそれをボンヌ・ポワールと呼び、たいへん喜んで賞味した。われわれのリキュール類も老いた王のために作られた。

王は六十歳になってからときどき気力の衰弱を感じられたので、ブランデーに砂糖や香料を混合して差し上げた。当時は「気付け役」とも呼んでいたが、これが今日のリキュールの起源である。

ほぼ同じ頃、料理術はイギリスの王室でも華やかであった。アン女王（一六六五～一七一四）は美食家であり、今でもイギリスのメニューの中に「アン女王風の」と付記された料理がたくさん見られる。

フランス料理術はマントノン夫人（一六三五～一七一九。〔ルイ十世の第二夫人、信心深く、教育熱心であった〕）の時代には少々足踏みさせられたが、摂政時代には上昇的な歩みを続けた。

オルレアン公（一七四七～一七九三）は機知に富んだ王子で、たくさんの友人を持つに相応しい人物であったが、よくそれらの友人を集めて、上等で凝った食事をともにしたのであった。資料によると、香り高い香辛料、水辺で供されるようなおいしい魚肉料理、トリュフ詰め七面鳥などである。

トリュフ詰め七面鳥!!!　この料理が供されると、グルマンたちの目は輝き、頰をほころばせ、彼らを欣喜雀躍させるのであった。(pp.292-294)

11　ルイ十五世時代

ルイ十五世時代における料理術の発展もまた目覚しいものであった。六〇年以上にわたる戦争の傷跡もこの十八年間の平和によって苦もなく癒された。工業によってつくられ、商業によって広まり、また徴税請負人によって得られた富は、身分財産の不平等をなくし、会食の精神は社会の各層に行きわたった。

あらゆる食事の席で、秩序、清潔、エレガンスがますます行きわたるようになったのは、この時代からである。

一七四〇年代頃の正餐のメニューの例を挙げる。

第一コース

ブイイ

ブイイのスープで煮た仔牛のアントレ

オール・ドゥーブル

第二コース

七面鳥
野菜
サラド
クリーム（ときどき）
第三コース
チーズ
果物
ジャム

皿は三回しか変えない。ポタージュ〔ブイイ〕の後、第二コースのとき、デザートのとき。コーヒーが出ること甚だ稀で、その代わり当時知られたばかりのサクランボやカーネーションのラタフィア〔浸漬酒〕が度々供された。

これらのさまざまな洗練化は今日にいたるまで推し進められる一方で、今ではいささか極端になり、また滑稽にさえなろうとしている。

またこの時代に、人目を忍ぶ妾宅や囲い者などが、料理人に難しい注文をしたので、これもまた料理術の発展に寄与することになった。

大人数の会食を取り仕切り、その旺盛な食欲を満足させることはいとも簡単にできるようなった。牛肉、羊肉、野獣肉、ジビエ、そしてなにか大きな魚を使えば、六〇人分くらいの食事を準備することは簡単なことであった。

しかし、つくり笑いをするためでなければ開かないような口を喜ばせたり、気難しい婦人たちに魅力を持たせたり、ぬれ紙のように傷みやすい胃袋を刺激したり、消えてなくなりそうな食欲しか持たない痩せっぽちを奮い起こさせることは、無限に関する幾何学の難問を解くこと以上に、才能、洞察力、努力を必要とする。(pp.294-296)

12　ルイ十六世時代

いよいよ十六世の時代および革命の時代にたどり着いた。ここでは、さまざまな変化について事細かに申し述べることを避け、ただ、ルイ十五世の(一七七四)没後、饗宴の学問の中で行われたさまざまな改良の大略を述べよう。

それらの改良には料理術本来の部分とそれらに関連のある風俗、社会制度の改良がある。(p.296)

13　技術上の改良

食べ物に関する職業、たとえば料理人、飲食店主、菓子屋、キャンデー屋、食料品店などがどんどん増加した。それらの数が増加しても、いずれの職業も非常に繁盛した。

また、物理学と化学が食べ物に関する技術の向上を支援した。最も優れた学者たちもわれわれの基本的な欲求に関与することを、自己の品位を傷つけることとは考えなかった。職人たちは単なるポトフから、金やクリスタルの器にしか盛れないような透明なエキスを含んだ料理までも改良した。

いろいろな新しい職業も生まれた。たとえば、プチィ・フール〔一口で食べられる小型菓子〕屋さん、これは本当のパティシェと果物の砂糖漬けやジャムをつくるコンフィズリーの間のニュアンスをもっている。それらの製品の中には、砂糖、卵、粉類にバターを加えて作ったもの、ビスキュイ、マカロン、デコレーション・ケーキ、メレンゲというようなお菓子も含まれていた。

食品を保存する方法もまた一つの職業を生んだ。

園芸も大きな進歩を遂げ、温室は熱帯の果実をわれわれの目前で実らせてくれた。さまざまな種類の野菜も栽培されたり、輸入されたりし、中でもカンタループ・メロン〔イタリア原産〕は当たり外れがないおいしいメロンとして関心を呼んだ。

すべての国のワインが輸入され、規則正しい順序で供卓された。まずマディラワイン、それからフランス産のワインが各コースを分担し、スペインやアフリカのワインが最後を飾った。

フランス料理はカリック〔カレー料理〕とかビフテキというような外国料理を同化し、またキャビア、ソイ〔醤油〕などの調味料やパンチ、ニーガス〔インド渡来のホットワイン〕などの飲料も採り入れられた。

コーヒーは一般的になり、朝は食品として、晩餐の後では笑いを催し元気づける飲料として用いられた。また多種多様な食器道具も作りだされ、外国人からはパリの食卓に多大の関心が寄せられた。
徹頭徹尾、会食者を喜ばそうという優しい心配りが満ち溢れていた（pp.296-298）

14　最新の改良

ギリシャ語から美味学という言葉が蘇り、それはフランス人の耳に優しく響いた。その意味が十分に理解されなかったとは言え、ただその語を発音するだけであらゆる人々の表情が和み、楽しそうな微笑みが浮かんできた。

人々はようやく「グルマンディーズ」を単なる大食いやがつがつ食いから区別し始めた。「グルマンディーズ」は、人前で披露しても恥ずしかくない嗜好として、宴会の主を喜ばせ会食者のためになり、学問にも役立つ一つの社交的資質として認知された。ようやく美食家もほかのいろいろな道楽をもつ趣味人たちと同列に遇されることとなった。

一般に会食を楽しむ気風が社会の各層に普及して集会も多くなった。そして親しい友人にご馳走を振る舞う場合には、上流社会で見聞したおいしいものを提供しようとする工夫を凝らした。

一日の時間配分にも心を砕き、仕事に打ち込む時間を饗宴とそれに伴う快楽の時間にあてることが考えられた。「デジュネ・ア・ラ・フルシエット」の始まりである。この食事の特徴は、ただの朝食と異なって、肉やワインを用いること、愉快な打ち解けた雰囲気で、略衣でも許されることである。

お茶の会もしばしば催されたが、これは十分に昼食を済ませた人々のために催されたもので、食欲をも渇きをも前提とせず、気晴らしだけを目的とするもので、ただお菓子だけが基礎になっている。

政治的大宴会もこの時代に始まった。

そしてようやくレストラン業者の登場である。レストラン経営については十分に考究されておらず、画期的な試みであった。その効果は目覚しいものであり、今では、どんな人でも財布に三ピストル〔一ピストルは約一〇フラン〕か四ピストルを持っていれば、即座

レストラン《ブッフ・ア・ラ・モード》

1792年、営業を始めたパリのレストラン

（Chriatain Guy: Une Histoire de la Cuisine Française Les Productions de Paris, 1962）

に、確実に、望むがままにご馳走にありつくことができるようになった。（pp.298-299）

注

1 川端晶子　ブリア＝サヴァランの『味覚の生理学』をめぐって　食の文化サロン　開催記録　(財)味の素食の文化センター　二〇〇二　三―一二頁

2 ルクルス（紀元前一一〇～五七年）はローマの将軍、政治家であり、ミトリダテス戦争で勝利し、また巨万の富と豪奢な暮らし、芸術の保護でも知られている。

3 ホラティウス（前六五～前八）。ララゲムはホラティウスが愛した女性である

4 カトゥルス（前八四～五四：事情詩人）

5 ガルス（前七〇～前二六：ローマの哀歌の生みの親）

第二章　レストラン

「レストラン」という言葉は、食べ物を提供する店であると理解されているが、レストランの起源はそう古くはなく、十八世紀には、食事ができるのはオベルジュ（田舎風の小ホテル）とかトレトゥル（仕出し屋）しかなかった。しかし、オベルジュは一定の時間に、しかも一定のメニューの料理しか出さず、トレトゥルでは切り売りはしなかった。『ラルース料理百科事典』[1]によると、「一七六五年に、プーリどおりのブイヨン屋、ブランジェ（パン屋）が自分の店のポタージュにレストラン（力をつけるもの）という名をつけ、《汝ら胃の弱きものよ、わがもとに来たれ、われ汝らを蘇らせん》というラテン語で料理についての冗談を面白くあしらって、「ブランジェは素敵なレストランを小売りします」を看板としていた。

レベッカ・L・スパングは『レストランの誕生』[2]の中で、「都市型の社交の場としてのレストランは、小さなカップ一杯のコンソメから出現した」と述べている。さて、ブリア＝サヴァランはレストランをどう捉えているだろうか。

1　レストラトゥールの定義

レストラトゥールとは、いつでもご馳走が出せるように準備をしておいて客を待つことを商売とする人のことである。料理は一人分ずつ値段が決められていて、客の注文に応じて小売される。その店がレストランであり、店を切り盛りするのがレストラトゥールである。料理の名前と値段を書いた目録を単にカルト〔献立表〕といい、料理の品数および値段が書かれたものをカルト・ア・ペイ〔勘定書〕という。

このレストランなるものを発明した人物は、天才でしかも洞察力の深い人に違いない、などと考える人はレストランに群れ集う連中のうちにはほとんどいない。

いったいどのような経過をたどって、どのようなアイデアに導かれて、これほどまでに有益で便利な職業が成立したかをみていこう。（pp.299-300）

2　レストランの誕生

一七七〇年頃、ルイ十四世の華やかな時代も終わり、続いて権謀術数に満ちた摂政時代（一七一五〜二三）も過ぎ、枢機卿フルリーの平穏で長い宰相時代（一七二六〜四三）も過ぎた頃、パリに来る外国人たちは、いざ、ご馳走にありつこうとしても、まだごくわずかな手立てしかなかった。

彼らは旅館のおやじが作ってくれる料理を食べるより仕方なかったが、それは概してまずいものであった。定食付きのホテルもあることはあったが、少数の例外を除いて、必要最小限のものを出してくれるだけで、しかも食事の時間も決められていた。

確かに仕出し屋に頼むという手もあったが、食品の分売はしてくれなかった。それに何人かの客を招待するともなれば、あらかじめ注文しておかなければならなかった。そこで、どこかの富豪から招待されるという幸運を持たなかった人は、結局パリのご馳走の醍醐味を味わうことなしにこの大都会を去らなければならなかった。

これほど日常的な利益に反することがいつまでも続くわけはなかった。その時、すでに何人かの思慮深い人たちがこの事態を改善したいと考えていた。

ついにつぎのようなことを考える才人が現われた。「積極的な要求であれば、かならず結果を生じる。毎日決まった時間になると同一の要求が生じるのであるから、その要求が快適に満たされる場所があれば、客はわんさと押し寄せてくるであろう。最初に来た客に鶏の手羽肉を切ってだせば、かならず二番目の客が現われ、腿肉を貰って満足するであろう。台所の暗い所で最初の一片を切りとるならば、残る部分の値打ちを損なうことはない。おいしいご馳走がすみやかに、清潔に出されるならば、少々値段を上げても客は文句を言わないであろう。さまざまなご馳走をいろいろな値段で提供すれば、貧富の如何を問わずにあらゆる階層の人々に適応するという利点があるだろう」。(pp.300-301)

3　レストランの特典

前記『レストランの誕生』によると、十九世紀の半ばを過ぎてもなおしばらくは、レストランといえば、もっぱらパリの事象であってパリ以外ではほとんどみられず、英米の旅行者はパリのレストランに目を瞠り、この街の最も特異な、最も顕著な特徴の一つに挙げたという。ブリア゠サヴァランは次のように述べている。

レストランはまずフランスで受け入れられ、それから次第にヨーロッパに波及していった。そのお蔭で、都市の住民は巨大な恩恵を受け、美味学の発展に大きな貢献をした。

①　レストランのお蔭で、誰でも適当な時間に、仕事や遊びの事情に合わせて、好きな時間に食事をすることができる。

②　出される料理の値段が前もってわかっているので、自分の食事のために適当であると決めた金額を超過せずにすませることができる。

③　いったん財布との相談がまとまれば、客は自分の好みに応じて、実質的な食事、凝った食事、とびっきり上等な食事をとることもできる。フランスのワインでも外国のワインでも飲むことができ、またモカ・コーヒーの香りを楽しむこともできるし、新旧両大陸〔ヨーロッパとアメリカ〕のリキュール類を味わうこともできよう。各人の食欲の強さと胃の容量以外には何の制約もない。実にレストランこそはグルマンたちの《エデンの園》というわけである。

④　それに、旅行者や外国人、一時、家族が留守にしているというような人、要するに自分の

住んでいる所に調理の手段を持たない人、または一時的にその手段を奪われている人にとって、レストランほど重宝なところはない。

先にお話した時期、すなわち一七七〇年以前には、お金があり権力のある人たちだけが、二つの特権をもっていた。すなわち迅速に旅ができ、常時おいしいご馳走を食べることができた。しかし、二〇〇キロメートルを一昼夜で駆けるという新式の車ができてからは、第一の特権は消滅した。また、レストランの誕生によって第二の特権も消滅し、そのお蔭で、最高級のご馳走が一般大衆のものとなった。

誰もが、一五フランか二〇フランのお金を懐中にして一流のレストランの食卓につきさえすれば、王侯貴族並み、いやそれ以上の特権を受けられる。実際、出される料理は王侯貴族の食卓に比べてなんらの遜色もないうえに、なんでも好きな料理を注文できるのであるから、個人的な好きな嫌いについての配慮には一切煩わされない。(pp.301-302)

4　レストラン内の情景

ブリア＝サヴァランが観察している「レストラン内の情景」はまことに興味深いものであり、人と食の関わりを縦横無尽に論じている。

レストランの内部を少し詳細に考察してみよう。そこに見られる多種多様な情景は、哲学者の鋭い観察眼にとっては興味津々たる眺めである。

奥の席は、もっぱら連れのいない一人客に占められている。彼らは大きな声で注文している人もいれば、いらいらしながら料理を待っている人もいる。また、せかせかと食べている人もいれば、代金を払って出て行く人もいる。

中には家族連れの旅行者も見かける。彼らは質素な食事で満足しているようにみえるが、ふと、珍しい料理に食欲をそそられたり、そして見慣れない周囲の光景を面白そうに眺めたりもしている。

その近くには、パリジャンらしい夫婦がいるが、それは帽子やショールの掛け方で想像がつく。ちょっと前からおしゃべりの種も尽きた様子である。二人はこれから、どこか芝居見物にでも行こうかという相談がまとまったようであるが、どうやら見物中にどちらかがコックリコックリとやりそうな気配である。

そのまた、少し離れた所の二人は恋人らしい。というのも、男のいそいそとした様子、女のなまめかしい様子、そして二人の健啖ぶりからそれと察しがつく。二人の目の中には快楽の光が輝いている。彼らの選んだメニューを見ると二人の過去も未来も推測できそうである。

中央には店の常連にお気に入りのテーブルがある。この連中は多少の割引をさせて、一定の価格で食事をする。そこで働くギャルソンの名もみんなが知っていて、その日の新鮮な材料や珍しい料理があればこっそりと教えてもらえる。彼らこそ、店の中心であり、大黒柱のようなもので、その周囲にたくさんの人がやってきて群れをなす。もっと気の利いた言い方をすれば、野鴨を引き寄せるためにブルターニュ地方で使われているおとりのアヒルみたいなものである。

またそこでは、みんなが顔を知っているものの、その名前は知らないという人たちと出会う。彼らはまるで店を自分の家のように振舞っていて、隣で食事をしている人に気軽に話しかけようと努めている。このような連中はパリ特有の人種で、財産も資本も才能もないくせに、あたかもそれらがあるかのような振りをする。

さらにここかしこに外国人、とりわけイギリス人の姿をよく見かける。イギリス人は肉を二人分頬張り、一番高価な料理を注文し、一番強い香りのワインを飲み、いつでも誰かに助けられて退場となる。

このような描写に嘘偽りのないことは日常的に確かめることができよう。もの好きな人を喜ばせるにはよい場であるが、有徳の人を悲しませずにはおかないであろう。(pp.302-303)

【弊害】

レストランでの食事のチャンスと目の前で見るご馳走の強い誘惑とが、多くの人々にその能力以上の散財をさせることは疑う余地もない。そのために、デリケートな胃はどうやら消化不良になり、ささやかなヴィーナス(愛と美の女神)は時ならぬ犠牲を強いられる。

こういうこと以上に、社会秩序にとって悲しむべきことは、一人で食事をする習慣が利己主義を増長させ、自分のことしか考えず、周囲から孤立して、人を人とも思わないような癖をつけてしまうことである。実際、われわれの日常生活における食事の前後および食事中の態度を見ていると、いつも料理店でばかり食事をしている人たちは、すぐに見分けがつく。

たとえば、切り分けられた食べ物が盛り付けられている皿が出されても、隣人のことを考えないで、一人占めしてしまう行為が見られることがあるが、これは会食のテーブルにおけるマナーを知らない行為であり､隣人を思う習慣がまったく身についていないのである。(pp.303-304)

今日、日本でとくに子どもの孤食の問題がクローズアップされているが、栄養のバランスだけでなく、ブリア＝サヴァランのアフォリスムにもあるように、食事は人格形成に大きな役割を持つことにも注目しなければならない。

【ライバル意識】

先ほど、レストランの出現は美味学を確立する上に、重大な影響を及ぼしたと述べたが、実際に、何か一つおいしい料理を創作すれば、ただそれだけで、その料理人は立派な一財産を作り上げるということが実証されてくると、そのことが強力な動機となって、あらゆる人の創意工夫を刺激し、あらゆる料理人を奮い立たせる。

分析の手段は、これまで無用なものであると考えていたものの中から食べられる部分を発見した。新しい食品が発見され、旧来の食品が改良され、その両者のいろいろな結び合わせが工夫された。外国の発明品も輸入され、全世界のものが利用された。こうしてわれわれは食事を前にして、堂々と「食品地理学」を講じることができる。(p.304)

5　レストランの経営

十九世紀前半を通じて、レストランを比喩で言うと、「豊饒の角」であったというが、レストランは満員で入りきれないほどであり、人で満ち、話で満ち、食べ物で満ちていた。ブリア＝サヴァランは、レストランは誰に対しても誰彼の差なく、味覚が感じうるすべての喜びを、過つことなく、即座に供給することを、可能にしたと考えていた。

このように調理技術は上昇の一途をたどり、新しい料理が続々と発明され、価格もうなぎ上りに高くなっていった。新奇なものには高い値段が付けられた。

一方、金儲けへの期待は、調理技術とは反対の方向をとり、出費を押さえることを考えた。あるレストラン経営者はご馳走を安く提供することを目的とした。社会の大多数を占める中流以下の階層に接近することによって、より多数の客を確保することを目標に置いた。

彼らはあまり高価でない材料を求め､巧みな調理技術によっておいしく仕上げようと努めた。パリの肉屋で売られている品質の確かな肉や豊富に手に入れることのできる魚類の中に、レストラン経営者たちは汲めども尽きない資源を見出した。添え物としての野菜や果物は新しい栽培技術のお蔭でいつでも安価に手に入れることができた。また通常の容量の胃袋を満たし、通常の渇きを癒すのにぜひとも必要な量はどれだけか、という計算もなされた。

初物だから、あるいは旬のものだからという理由で価格の高い食材がたくさんあること、それらは少し季節を遅らせれば安く手に入ることにも気がついた。次第に、彼らの計算は正確さの度合いを増し、ついには、二五ないし三〇％の利益を見込んでも、常連の客に対して二フランで、いやそれ以下でも、どんなに生まれの良い人でも十分に満足するほどの食事を提供できるようになった。

この経済性の観点からみて、レストラン経営者は、大都市の住民のうち、外国人、軍人、勤労者からなる大衆層に対してたいへん貢献している。彼らは利益を求めて出発したが、その利益とは反対に見える問題、すなわち、ご馳走をほどよい価格で、いやそれどころか、安い価格で提供するという問題を解決した。

このような方針をとったレストラン経営者は、同業者で一流の客筋を狙った者に比べて、決して遜色のない報酬を得ることができた。それほど、激しい浮沈の目を見ることもなく、彼らの財産はゆっくりではあるが、確実に形成されていった。一度の収入は少なくとも連日決まった稼ぎがあった。一度に一〇フランずつ稼ごうと、一フランずつちびりちびりと稼ごうと、総計が等しければ結果は同じである。

食通たちはレストランができて以来、有名になった料理人の名前を記憶に残しているが、いくつかの例をあげよう。

☆ボーヴィリエ（後述）

☆メオ（コンデ公の厨房で働いていた。一七九一年、ヴァロワ街にレストランを開業、豪奢な造りであった）

☆ロベール（コンデ公の厨房で働いていた。リシュリュー街一〇四番地に開業）

☆ローズ（彼の作った菓子類は評判がよい）

☆ルガック、ヴェリー兄弟（最初はともに、テュイルリ公園の一郭、テラス・デ・フィヤンに開業したが、リヴォリ街を通す工事のために、移転を求められる。ルガックの店はショッセ・

ダンタンに移転。食通の文化人の集まり「水曜会」のたまり場となる。ヴェリーは一八〇八年以来、ガルリ・ド・ボージョレにある支店に勢力を集中、総裁政府時代に弟に管理を委託した。一八二〇年ごろ、ヴェリーの甥、二人つまりベムーニエ兄弟がこれを継承し、店の名声はいよいよ高まるばかりであった。

これらの店のあるものは時別な理由で繁盛している。たとえば、「ル・ヴォ・キ・テット」という店は、「羊の足肉」で有名であり、「……」という店は「網焼きした牛の胃袋」で有名である。プロヴァンスの兄弟[3]は「鱈のにんにく風味」で有名である。ヴェリーは「トリュフ添えのアントレ」で、ロベールは「特製料理」で、バレーヌは「活きのよい魚」を出すということで、エヌヴウはその五階にある謎の個室によって、それぞれ有名であった。しかし、これらのそうそうたる美味学界の英雄のなかでも、ボーヴィリエほどの大物はほかにはいないであろう。彼の死は一八二〇年、新聞によって報じられたが、ここに生前の面影をしたためたいと思う。

(pp.304-306)

6　ボーヴィリエ

アントワーヌ・ボーヴィリエ（一七五四〜一八一七）は、プロヴァンス伯爵家に見習いで入り、その後オフィシエ・ドゥ・ブィシュまで努めた。一七八二年、ボーヴィリエは、パレ・ロワイヤル近くのリシュリュー通りに、今日的意味での最初のレストランを開業した。

ブリア＝サヴァランは、ボーヴィリエについて、次のように述べている。

一七八二年頃開業したボーヴィリエは、一五年以上の長きにわたってパリで一番という評判のレストランを経営していた。

第一人者としての彼は、エレガントなサロン、身だしなみのよいギャルソン、手入れの行き届いた酒倉、そして高級料理を揃えていた。いずれの分野でも、有名な連中が彼と肩を並べようと競ったところで、彼の名声はびくともしなかった。彼は常に科学の進歩にほとんど遅れを見せなかった。

一八一四年とその翌年の二度にわたる連合軍のパリ占領の期間を通じて、彼の店の前は世界各国の乗り物でいっぱいだった。彼は外国軍隊の長官のすべてと知り合いになり、ついに職業上のことならどんな国の言葉でも話せるようになった。

ボーヴィリエはその晩年に『料理人の技術』（一八一四年に第一巻、一八一六年に第二巻）と題する二巻本の著作を出した。長年の経験の総まとめであるこの著作は、彼の卓越した蘊蓄を語っていて、今もなお発刊当時の名声は色あせていない。これほどの厳格さと方法意識をもって調理法に取り組んだ者は彼以前にはいなかった。この著作は数回版を重ね、その後これに続く著作は数多く出版されたが、これを凌ぐものはなかった。

ボーヴィリエの記憶力は驚くべきもので、彼のもとで一度か二度しか食事をしたことのない客でさえ、二〇年経っても覚えていて心から歓迎していた。また、彼独特のやり方で客をもてなすこともあり、彼の店で富豪の集まりがあることを知るや、いそいそと出かけて、婦人に対するように手に接吻までした。

彼は「こんな料理はお取りになってはいけませんよ」とか「これは早く注文しないとなくなりますよ」と客に教えたり、誰も注意をはらわない料理をとくに勧めたり、自分しか鍵をもっていないワイン庫からわざわざワインを持って来させたりもした。とにかく愛嬌があり、人をそらせないもてなしに、彼が薦めるとっておきのご馳走はみんな彼からの奢りかと思えるほどであった。しかし、アンフィトリオン〔招待者〕もかくやあらんと思われる彼の接待ぶりも、ほんの一時のことであった。

やがて彼は役目を果たして退場する。食後、客は法外な勘定書を

レストラン《カフェ・アングレ》の有名な「グランセーズの間」

1802年アミアンの和戦を記念して開業したもので、やがてパリ最高の場所の一つとなった。1913年まで営業。「グラン・セーズ」と名付けられた特別室はオッフェンバックの歌劇『パリ生活』に出てくるが、その後、《カフェ・アングレ》の最後の経営者の娘と結婚した《トゥール・ジャルダン》の所有となった。
(Par Prosper Montagné. Larousse Gastronomique, 1938)

見せられ、支払いに身を切られる思いをして、なるほど一流のレストランで食事をするとはこういうことかと思い知らされるのであった。事業家としてのボーヴィリエは一生のうちに何度も成功と失敗とを繰り返した。死に襲われたときの彼が果たしてどういう財政状態にあったのか、われわれにはわからない。ともかく金遣いの荒い人物だったので、彼の残した遺産が膨大なものであったとは思えない。(pp.306-307)

7　レストランにおける美食家

ヴェリー兄弟やプロヴァンスの兄弟のような一流のレストランのメニューを仔細に眺めて見よう。これらの店に食事にやってくる客は次のような品数の料理から食べたいものを選ぶことができる。

ポタージュ	一二種
オール・ドゥーヴル	二四種
牛肉のアントレ	一五〜二〇種
羊肉のアントレ	二〇種
家禽類またはジビエのアントレ	三〇種
仔牛料理	一六〜二〇種
パティスリー	一二種

魚料理　　二四種
焼肉料理　　一五種
アントルメ　　五〇種
デザート　　五〇種

これだけではない。美食家にとってさらに嬉しいことは、これらの料理を潤すものとして、少なくとも三〇種類のワインから好みのものを選ぶことができることである。ブルゴーニュ産のワインからトカイのワイン〔ハンガリー産、芳香性の高級ワイン〕、ケープ・ワインに至るまで……。香りの高いリキュールも二〇ないし三〇種類あり、さらに、コーヒーその他、パンチ、ニーガス〔インド渡来のホット・ワイン〕、シラバブ〔牛乳にワインまたはシードルを加えた凝乳〕などいろんな飲み物がある。

美食家の食卓を飾るこれらさまざまな品のうち、主なものはフランス産で、たとえば、牛肉、仔牛肉、羊肉、鳥肉、果物などである。イギリス渡来のものもあるが、ビフテキ、ウェルシュ・ラビット〔直訳すると「ウェールズの兎」ということであるが、一種のチーズトーストである〕、パンチなどである。また、ドイツから来たものには、ザウアークラウト〔キャベツを塩漬けにし、乳酸発酵させたドイツ特有の漬物〕、ハンブルグの牛肉やシュヴァルツヴァルト〔黒い森〕のヒレ肉があり、スペインから来たものには、オラ・ポドリーダ〔ポ・ト・フの一種で、牛の尻肉、羊の腰肉、仔牛の胸肉、塩気を抜いたハムの輪切り、若鶏、鳩、あひる、やまうずら、生ベーコン、さらにエジプト豆、にんじん、かぶ、レタス、アルティショなどの煮込み料理〕、ガルバンソス〔エジプト豆のスペイン語名〕、マラガの干しぶどう、シェリカの胡椒味ハム、それにシェリーなどの甘口ワインがある。イタリアから来たものとしては、マカロニ、パルメザン・チーズ、ボローニア・ソーセージ、ポレンタ〔とうもろこし粉で作ったおかゆ〕、アイスクリーム、リキュール類があり、ロシアから来たものとしては、乾燥肉、うなぎの燻製、キャヴィアがある。オランダから来たものとしては、鱈、チーズ、塩鰊、キュラソ、アニス風味のリキュールなどがある。アジア産のものは、インド米、サゴ澱粉、カレー粉、醤油、シラズのワイン〔シラズはイラン南西部の古都〕、コーヒーがある。さらにアフリカ産のものでは、ケープ・ワイン、アメリカ産のものとしては、ジャガイモ、サツマイモ、パイナップル、チョコレート、ヴァニラ、砂糖などがある。「こうして食べることのできる食事はまことに国際色豊かであって、全世界の産物が顔を見せている」と先にどこかで述べた私〔ブリア＝サヴァラン〕の説は十二分に証明される。(pp.307-309)

注

1　『ラルース料理百科事典』　五六七―六八頁

2　レベッカ・L・スパング著　『レストランの誕生』　小林正巳訳　青土社　二〇〇一

3　この兄弟は一七八六年、パリに出て、エルヴェシウス街に最初の店をもった。大革命時の貴族たちの亡命が一段落してから、ガルリ・ド・ボージョレに移転。南仏料理独特の魅力をパリに紹介したのはこの兄弟である。

第三章　《オスマゾーム》と《食品の成分》

一　オスマゾーム

「オスマゾーム」はうま味成分に相当する言葉であるが、現在はほとんど使われていないところに、興味深いものがある。オスマゾームの考察に当たって、ブリア＝サヴァランが生きた十八世紀から十九世紀初頭にかけての自然科学的背景を思い浮かべる必要があろう。また、一方で日々の体験の積み重ねの上で発展してきた食べ物の研究は、試行錯誤の繰り返しによって、一つずつ実証されてきた歴史があることも心に留める必要がある。さらに現代日本（二十一世紀初頭）のエキスについても述べたい。

1　オスマゾーム

ブリア＝サヴァランは『味覚の生理学』の中で自信に満ちた口調で以下のように述べている。

栄養学に対する化学の最大の貢献は、オスマゾームを発見したことである。オスマゾームは獣鳥肉に含まれている極めて風味があり、冷水に溶ける成分である。それがエキス分と違うのは、エキス分は熱湯の中でしか溶けないという点である[1]。おいしいポタージュの秘訣はこのオスマゾームにある。オスマゾームはカラメル化して肉をこんがりと狐色にしてくれる。

オスマゾームは、とくに赤身や黒身の成熟した動物から得られる。仔羊、乳飲豚、若鶏にはほとんどなく、七面鳥のような大きな鳥の肉でも、その白身にはほとんど含まれていない。食通たちがいつも股間肉を好んできたのはこのためであり、彼らのもつ味覚本能が科学の先を越していたといえる。

一番だしであるブイヨンをとることに自信のある料理人があんなに熱心に人々に求められるようになったのは、やはりこのオスマゾームの存在によるものである。一番だしのブイヨンが評判になり、パンのブイヨン煮を湯治中の強壮剤として採用させたのも、教会の参事会委員シュヴリエに鍵のかかる鍋を発明させたのも、すべてオスマゾームによるものである。シュバリエという人はホウレン草に対してもうるさい人で、彼が金曜日にホウレン草をおいしく食べるには、早くも日曜日から弱火で煮込んで、しかも毎日それに新鮮なバターを加えて火にかけておかなければならないということであった。

要するに、「おいしいブイヨンをつくるためには、鍋が微笑む以上のことをしてはならない」という格言が出来たのだという。これは、トロ火で煮るようにという意味であるが、台所から出た言葉としてはなかなか気のきいた表現である。

　オスマゾームはわれわれの先祖たちに、無上のおいしさを十分に楽しませてからようやく発見されたものであるが、丁度、アルコールが幾世代も酔わせた後に、やっと蒸留によってこれを抽出する方法が発見されたのと似ている。オスマゾームの次に、熱湯による処理によってエキス成分が得られ、これがオスマゾームとが一緒になって、肉汁の成分となる。(pp.79-80)

2　オスマゾームの物理化学的性質

オスマゾームの命名者は、フランスの化学者ルイ＝ジャック・テナール（一七七七〜一八五七）である。ギリシャ語で osmoe は匂い、zomos はブイヨンの意味である。『ラルース料理百科事典』[2]にはこの言葉はあまり使われなくなったと記されている。その理由として、この名称は抽出されたいろいろな物質、すなわち、クレアチン、クレアチニン、サルコシンなどの総称に過ぎないからであると説明されている。

　テナールによると、オスマゾームは肉の水抽出物につけられた名であり、肉の味や匂いを決定する成分を含んでいるという。水・アルコールの抽出物は肉の匂いや風味を持ち、興奮作用を持っているところから、一時は砂糖、チョコレートに配合するほか、そのまま単独で服用されていたという記録もある。しかし今日、オスマゾームは完全に注目されず、代わりに同様な特性をもつ肉汁エキスが登場している。こうして、ブリア＝サヴァランは「栄養学に対する化学の最大の貢献は、オスマゾームを発見したことである」とまで、言い切っているが、その後、オスマゾームは美食家の関心事から遠ざかっている。しかし、ここで、ブリア＝サヴァランの言うオスマゾームの物理化学的性質をまとめてみよう。

①獣肉の成分であり、水溶性である。
②最高の味をもっている。
③焼肉の焦げの原因物質である。
④肉ソースはオスマゾームのカラメル化によるものである。
⑤獣肉の匂いの原因物質である。

ここで、カラメル化ということについて解説しておく必要がある。

カラメル化とは、今日（二〇〇七年）では、糖類についてのみ言われる言葉で、糖を一七〇〜一九〇度に煮詰めるとカラメル色（褐変）になるが、この色からカラメル化と名付けられたものと考えられる。焼肉が茶褐色になるメカニズムについては、一九一二年、フランスの科学者マイヤーによって、蛋白質のアミノ基と糖のカルボニル基の間に縮合反応が起こり、メラノイジン物質を形成して褐変することが報告された。これが、アミノ・カルボニル反応（マイヤーの名を英語読みにしてメイラード反応とも呼ばれる）である。ブリア＝サヴァランが言っているカラメル化はむしろ後者の方であろう。

3　エキス

今日（二十一世紀初頭）、日本においては特に、ブリア＝サヴァランが提唱したオスマゾームにも似たうま味成分、すなわち、エキス（だし）について、まことに熱心である。日本料理、西洋料理、中国料理をはじめ、世界各国のさまざまな様式の調理法をうまく活用して、日常の食生活に取り入れている日本では、各種のエキスにも関心が深い。

畜肉、鶏肉、魚、エビ、カニ、野菜等はそれぞれ特有の風味を持っているが、その呈味《ていみ》成分のほとんどは水溶性であり、天然食品の抽出液の中にはこれらの呈味成分が溶解している。エキス分の定義には諸説があるが、一般にはエキス調整時に不溶成分を除いた後、水溶液として抽出されるものである。すなわち、エキスとはエキストラクト（抽出物）を略してそう呼んでいるのである。

この抽出液中には、アミノ酸類、ペプチド、塩基性物質、核酸関連物質、低分子炭水化物、有機酸、無機塩などが含まれている。天然のだし、たとえばコンブのだしとか、かつお節のだしは、それぞれコンブやかつお節のエキス中に存在する多くの成分中でもとくにそのうま味を活用している。天然のエキスとしては肉エキス、魚エキス、貝エキス、野菜エキスなど多種類のものが利用されている。

1　肉エキス

肉エキスでよく利用されているのがビーフエキス、ポークエキス、チキンエキス、がらスープなどである。呈味成分として、アミノ酸ではタウリン、アンセリン。カルノシン、アラニンが一般的に多く、有機塩基類としてはグアニジン系化合物であるクレアチン、クレアチニンなどがある。核酸関連物質ではイノシン酸が最も多く、有機酸では乳酸、糖類ではグリコーゲンである。

2　チキンエキス

チキンエキスではミートエキスと、がら（ボーン）エキスがある。肉エキスと比べてチキンエキスにはアンセリンが極めて多く、グルタチオンも比較的多い。遊離アミノ酸では、比較的グルタミン酸、タウリンが少ない。有機塩基類では肉エキスよりもクレアチン含量が高い。がらエキスの地鶏とブロイラーの成分の比較をすると、アミノ産組成には大きな違いはないが、うま味成分の抽出効率は地鶏のがらエキスの方が優っている。

3　魚エキス

魚類は一般に呈味に関与するエキス量が多く、魚では一～五％、軟体動物類では七～一〇％、甲殻類では一〇～一二％くらいである。遊離アミノ酸については白身魚を除けば一般にヒスチジンが多く、概してアミノ酸組成は平均的である。核酸関連物質ではイノシン酸が多い。

4　エビ・カニエキス

エビ・カニ類は魚介類の中で最もエキス量が多く、その主体はアミノ酸であり、エビにはグリシン、プロリン、セリン、アラニンなどが多く、とくにグリシンが著しく多いが、エビ肉の甘味はグリシンによることが明らかになっている。エビ、カニにはアルギニン含量も多い。カニにはタウリンが含まれている。グルタミン酸はエビ、カニにはあまり含まれていない。

以上、とくに日本におけるエキスをはじめ、うま味調味料とその利用法についての研究は、世界に類をみないほど熱心であり、日本の食文化の特徴とも言えよう。

二　食品の成分

1　食べ物の定義

ブリア＝サヴァランは、美味を追求する一方で、食べ物の科学的分析に並々ならぬ野心を抱いていたことが、オスマゾームを始め、随所に窺えるが、ここで、食べ物についてまとめて取り上げている。

食べ物とは何でしょう？

最も一般的な答えは、「食べ物とは私たちの養いとなるすべてのものである」と言える。

科学的な答えは「食べ物とは、胃に送られて消化作用により動物化される物質であり、身体の消耗を回復させることができる物質である」と言えよう。

そこで、食べ物が他のものと区別できる特質は、動物に同化できるということである。（p.78）

2　食べ物の分析的研究

動物界と植物界は、今日まで人類にさまざまな食べ物を供給してきた世界であるが、鉱物からは薬か毒物しか引き出していない。

分析科学が確実な科学になって以来、われわれの身体を構成している諸要素とその消耗の回復に当たっているらしい物質の性質が明らかとなってきた。これらの研究は、互いに大きな類似性があった。人体はその大部分が栄養源としている動物と同じ物質であり、また、植物の中にも動物化されるもととなる共通点を探さなければならなかった。

この両者を通じて、人は称賛されるような極めて詳細な研究を行った。

ここで、私は読者の皆さんに食品化学概説をお話しし、皆さんが召し上がる食べ物すべて、炭素と水素になってしまうのだということをお伝えしたいと思っている。しかし、皆さんがお持ちの化学の教科書の受け売りになってしまう可能性もあるので、それは思いとどまることにした。つまらない枝葉末節に引っかかる心配もあるので、合理的な分類項目をあげることだけにした。ところどころに余り仰々しくなく、わかりやすい言葉で若干の化学的結果を織り込むことで満足しよう。（pp.78-79）

ブリア＝サヴァランは食べ物の成分について、動物界、植物界とに分けて次のように説明している。（本書は一八二五年出版であることを念頭に置く必要がある）

【動物界】

肉の組織を構成しているものが筋であるが、加熱処理した後ではこの筋が誰の目にも見えるようになる。筋は熱湯に強く、その表面の一部を奪われることはあっても形状はくずれない。肉を上手に切るためには、包丁の刃が繊維に対してほぼ直角に当たるようにして切らなければならない。このようにして切られた肉は見栄えがよい上に、味もよくなり、また噛みやすくもなる。

骨は種としてゼラチンとりん酸カルシウムからできている。ゼラチンの量は加齢に伴って減少する。七〇歳くらいになると、骨はもう不完全な大理石と変わりがない。骨がとても脆くなっているので、老人は転ばないように細心の注意を払わなければならない。

アルブミンは肉の組織にも血液中にも含まれているが、六二・五度以前に凝固する。ポトフの泡はこのアルブミンによって作られる。

ゼラチンは軟骨や筋の中にもあるが、その特性は大気の普通の温度でゼリー状に固まることである。湯が一〇〇に対して二・五の割合で十分固まる。

あらゆるゼリー類の素となる。

脂肪は細胞組織の間隙に形成される凝固した脂である。豚、家禽、ホホジロ、燕雀類のような動物では脂肪が大量に集積されている。これは自然または人工的に育成された諸動物においては塊をなしている。これらの動物のうちのあるものは、その脂肪に味が加わり、とても感じのよい芳香を放っている。

血液の成分は蛋白質を含んだ血漿、フィブリン、少量のゼラチンおよびオスマゾームである。たとえば、ブーダン〔豚の脂身と血の腸詰め〕のように、湯の中で凝固して栄養豊かな食べ物となる。

以上述べてきた成分はすべて、人間と動物とに共通なものである。人間は動物を食料にしているが、この肉食という習慣が優れた滋養食であることは少しも驚くには当たらない。実際、肉類の成分はわれわれ人体の成分とほとんどそっくりであり、しかもすでに動物化しているものであるから、われわれの消化器の活動にゆだねられる時は、ふたたび容易に利用される。(pp.80-81)

【植物界】

一方、植物界もまた、種類においても資源においても、動物界に引けをとらない栄養物を提供してくれる。澱粉は完全な栄養源であり、しかも異物的要素が少ないだけ一層よい。

① 澱　粉

穀物や豆科植物、数種類の根茎類からも得られる。これまでのところ、その筆頭となるのはジャガイモである。

澱粉はあらゆる種類のパン、パティスリーおよびピュレの基礎となるものである。ほとんどの民族においても栄養源として重要な地位を占めている。

従来、この種の食べ物は性格を温和にし、勇気さえも抑制するといわれているが、その例に挙げられるのがインド人である。彼らは奴隷化しようと欲した人の誰にでも服従した。

④ 砂　糖

砂糖も澱粉に劣らず、食品としても薬品としても重要なものである。

砂糖といえば、かつてはインドや植民地で産するものと決まっていたが、十八世紀の初めからヨーヨッパでも採れるようになった。ブドウ、カブ、クリ、とくに砂糖大根の中にその成分が発見され採取するようになった。厳密にいえば、ヨーロッパでは砂糖に関するかぎり、アメリカにもインドにも頼らずに自給自足することができることになろう。それは科学が社会に与えた大きな貢献であり、今後さらに広範囲な影響を約束する。

固体状態の砂糖でも、いろいろな植物の中にある自然状態の砂糖でも、極めて栄養に富んでいる。動物も砂糖が大好物である。イギリス人はよく愛馬に砂糖をやるが、そのほうが、馬はさまざまな試練によく耐えるという。

ルイ十四世の時代にはまだ、薬屋に行かなければ砂糖は手に入らなかったが、おかげでいろいろな職業が繁盛するようになった。クッキー屋さん、キャンデー屋さん、リキュール製造業、その他いろいろな菓子販業がそれである。

⑤　食用油

食用油もまた植物界から生まれた。油は他の物質と一緒に用いて初めて食用になるもので、一種の調味料とみなしてもよいだろう。

⑥　グルテン

小麦の中に含まれているが、パンの発酵の際に強力な役割を演じる。化学者はこれを動物性であると見なしてきたくらいである。

パリでは子どもや小鳥たちのために、ある地方では大人たちのためにも、もっぱらグルテンを主成分とした菓子が作られている。

⑦　粘稠剤

いろいろな物質の栄養分を溶かし込む溶媒の働きを持っている。

ゴム質はある種の植物の幹から人工的に浸出させた物質の総称で、水と混合すると粘液をつくる特性をもっている。トラガラントやアラビアゴムなどがある。

⑧　**ペクチン**

これはいろいろな果実、とくにリンゴ、スグリ、マルメロその他から抽出される物質で、砂糖を加えると一段と食べやすく健康によく、心を和らげる働きがあり、台所や食堂でもひっぱりだこである。(pp.81-82)

ここで、ペクチンの研究の始まりについて述べる。酸性条件下で水と糖を含んでいるとき、ゼリー状に形成される物質をはじめて果実より抽出し、ギリシャ語のペクトスからペクチンと命名したのは、一八二五年、フランスの化学者ブラコノ[3]であった。ジャムについては、九世紀東ローマ帝国時代に、リンゴ、ナシ、マルメロ、プラムでジャムやゼリー[4]が作られていたが、化学的研究がなされるのは十九世紀に入ってからである[5]。

3　栄養に関する試行錯誤

【肉料理と魚料理の違い】

魚の中には、肉汁を構成しているオスマゾームとエキス分は別として、鳥獣肉の中にあると確認されている大部分の物質、すなわちアルブミン、ゼラチン、フィブリンが見られる。したがってこの肉汁の有無こそが肉料理と魚料理とを区別するものであると言っても過言ではない。

魚にはもう一つの特徴がある。それは魚肉が多量のリンと水素、すなわち、自然界でもっとも燃えやすいものを持っているということである。（pp.83-84）

【特別な観察】

私はこれ以上、生理学上の問題については語らないことにしよう。しかし、次のような事実は省略することはできない。それはほんとうにあった話である。

数年前、私はパリ近郊のセーヌ川に臨んだサン・ドニ島より少し先の一小村に別荘を見に行ったことがある。村民の家といっても八軒ばかりの漁師の小屋があるだけだったが、道ばたに大勢の子どもたちがいるのにまずびっくりした。

私はそのとき川を渡してもらった船頭に向かって、その驚きを話した。すると彼は次のように答えた。「この村には八家族しか住んでいないが、子どもは五十七人もいますよ。そのうち、五十三人が娘で、息子は四人しかいない。その四人のうちの一人が、ほれそこにいるわしの息子です」。そう言って、彼はいかにも得意げに背をのばすと、すぐ舳先の方に寝そべっている生のザリガニと遊んでいる五、六歳の子どもたちを指さした。

十年以上も前のことだし、はっきりと申し上げるのにはちょっとはばかるような話であるが、魚食が原因で起こる生殖行為はただ子どもを産ませるというだけではなく、刺激的なのだと考えざるを得なくなった。最近、バイイ博士が、約一世紀にわたって観察された事実をもとにして、一年間の出生において女子の出生の方が男子の出生よりも著しく多いときは、いつも必ず、消極的な事情によるものであると証明したのを見て、私はいよいよ確信を得た。この話は、私たちが女子を産ませたご主人を捕まえて言う冗談のきっかけとなった。

　なお、食べ物について、何かを混ぜ合わせるといろいろな変化を受けることなどについても、申し上げることがたくさんあるが、読者の大部分の方は、以上のことで満足してくださることと思う。なお物足りないと思われる読者は、専門書で研究していただくとし、私は次の二つの考察を持って結論をつけようと思う。

　第一は、食べ物の同化作用は植物の成長作用と同じように行われるということである。言い換えれば、私たちの消化作用から生じる元気回復の流れはさまざまな器官から吸収され、肉、骨、爪、髪の毛などになるのであるが、これは、ちょうど一つの大地が同じ水を注がれながら、菜園主の播く種によって、赤カブ、サラダ菜、タンポポを産み出すのと同じということである。

　第二は、生体組織の中で生産されるものと純粋化学において生産されるものとは、同一ではないということである。というのは、生命と運動とを産み出すためにある諸器官は、それぞれに委ねられている諸原理、原則に強い感化を及ぼすからである。

　しかし、自然の方はヴェールに包まれていることが好きであり、一歩か三歩手前で立ち止まらせることが好きである。自然がその変形を行うところの実験室を隠しているのである。


(pp.84-86)

4　十八世紀中頃〜十九世紀初頭の栄養学の背景

ここで、当時の栄養学の背景について少し触れておこう。

フランスの化学者ラボアジェ（一七四三〜一七九三）は栄養現象をエネルギーのレベルで認識する土台を作った。呼吸が燃焼と同じ現象であり、摂取した食べ物が緩やかに燃焼することによって、熱の発生や機械的運動のエネルギーを与えていることを示した。

一八六〇〜七〇年代から二十世紀初頭にかけては、飼料中の栄養成分の化学分析とその補給源についての研究が進み、家畜飼養の基礎が出来上がった。肥料に関しては、ドイツの化学者リービッヒ（一八〇三〜一八七三）が無機栄養説を立てて、土壌のカリウムやリンなどの無機的栄養分を補給する必要があることを提唱した。

古代ギリシャのヒポクラテス（紀元前四六〇〜三七七）の時代から十九世紀の初め頃までは、食べ物に含まれる普遍的なただ一種類の成分が栄養になると信じられていた。

イギリスの生理学者プラウト（一七八五〜一八五〇）は、一八二四年、それまでに蓄積した栄養成分についての化学的情報をまとめて、食べ物の主要栄養成分を卵白様物質、油状物質、糖質の三つに分類した。この名称はまもなく、たんぱく質、脂質、炭水化物に改められ、後年には、ミネラル、ビタミンがこれに加えられた。

一八五〇年代には、たんぱく質の栄養価は種類によって異なることがわかり、一九〇六〜一六年にはたんぱく質を構成するアミノ酸に動物栄養上必須なものと必須でないものがあることが判明した。

注

1　二十一世紀において、今日的見地からは少し誤解がある。

2　『ラルース料理百科事典』　一九七六　一三一五頁

3　Henri, Braconnot: Ann. Chim. Phys., 28, 173, 1825

4　マグロンヌ・トゥーサン＝サマ著　玉村豊男監訳　『世界食物百科』　原書房　一九九八

5　Kawabata, A. (1977) Studies on Chemical and Physical Properties of Pectic Substances from Fruits. Mem. Tokyo Univ. Agri., 19, 115-200.

第四章　《ポトフ》と《七面鳥》

ブリア＝サヴァランが「食物一般」の項で取り上げているフランスの基本的調理である「ポトフ」と、サヴァランが好んだ「七面鳥」について取り上げる。

一　ポトフ

1　ポトフ

「ポ」(pot) とは鋳鉄、アルミニウム、陶製等で作られた壺、鍋のことであり、ことことと煮込んだ料理のことをいう。一般に、ポトフは家庭的な料理であるとともに、高級な料理としても幅広く賞味されている代表的なフランス料理である。ポトフから二皿の料理ができるといわれているが、一つはおいしいスープであり、これにグリエしたパンや各種の麵類、ライス、その他コンソメに用いられる浮き実を加えることによって出来上がる。もう一つは野菜を付け合せた肉料理ということになる。古典的な調理法では、ポトフに牛肉や家禽が使われているが、フランスの一部の地方では仔牛肉、豚肉、さらに羊肉も使われている。また、若鶏の代わりに鴨やガチョウを使うこともある。

ブリア＝サヴァランは次のように説明している。

ポトフとは、牛肉の塊を塩味をつけた熱湯で煮込んで、その可溶性の部分を抽出する料理のことである。

その抽出処理が終わった後に残った液体をブイヨンと言う。

そして可溶性の部分が抜き取られた肉をブイイと呼んでいる。

最初に溶け出るのがオスマゾームであり、次にアルブミンが溶け出るが、これは六二・五度以前に凝固して泡になるので、普通はすくい取られてしまう。それからオスマゾームの残り、すなわち、エキス分が溶け出る。最後に繊維を包んでいる若干の部位が沸騰を続けていうちに分離する。

おいしいブイヨンを作るためには、ゆっくりと加熱する必要がある。アルブミンが抽出されないうちに内部で凝固すると取り出すことができなくなるからである。沸騰しているのか、いないのか見分けがつかないくらいのがよい。鍋の表面の中央が、ぶつぶつと静かに沸騰しているくらいの火加減がよいといわれている。

味を良くするために、ブイヨンに野菜の葉や根菜を加える場合もある。また、いっそう栄養価を高めるために、パンや麵類を加える。これがいわゆるポタージュである。(p.87)

ここで、最も家庭的なジネット・マチオ[1]（一九〇七〜一九九八）のポトフのつくり方を紹介しよう。牛肉の塊と骨（骨髄のうま味が出るように割る）、水を深めの鍋に入れて火にかけ、沸騰したら五分間アク抜きをしてから、香草の束とつぶしたニンニクを加え、二時間煮込む。皮を見て大きく切り分けた野菜類（ニンジン、タマネギ、カブ、ポロ葱）を加え、塩、こしょうをして、さらに一時間加熱する。パンの薄切りを天板に並べ、オーヴンで軽く温めたスープ皿にのせ、肉、野菜、煮汁を注ぐ。肉にうま味を残したい場合は、沸騰水中に肉を入れると、たんぱく質が凝固して表面に膜をつくり、肉汁の流出を防ぎ、うま味が肉に残る。ちなみに、調理時間は準備時間が二十五分、加熱時間が三時間であると記されている。

2　ポタージュ

ブリア＝サヴァランはポタージュの作り方を次のように述べている。

　ポタージュは軽くて栄養のある健康的な万人向きの食べ物である。それは胃を喜ばせ、食べ物を受け入れ、それを消化する準備をさせる。フランスほどおいしいポタージュを食べられる国はほかにはないといわれている。私はあちこち旅行をしているがこれは確かに真実であると思う。実際ポタージュこそは、フランス国民の食生活の基礎となるものであり、数世紀に及ぶ経験がポタージュを完成の域にまで至らしめたのだと思う。（p.87）

十七世紀には、ポタージュという語は今日と同じ意味には考えられていなかった。ボワロー（一六三六

〜一七一一）の『第三風刺集』にも書かれているように、ポタージュとは、肉や魚を野菜とともにゆでた大げさな料理であった。

しかし、十八世紀になって、今日に見られるような煮込み料理から一歩前進して、汁そのものを楽しむようなあっさりとしたものへと変化してきたことが、ポタージュが独立した料理となった要因である。

グリモ・ド・ラ・レニエール（一七五八〜一八三七）がいみじくも述べているような評価が今日も生きている。ポタージュは晩餐において大建築の門か柱廊のごときものである。ポタージュは最初の料理であるだけでなく、オペラ＝コミックの序曲がその作品の主題を告げ知らせなければならないように、これに続く宴会の正確な内容を知らせるように組み合わされていなければならない。ポタージュはメニューの全体と完璧に調和していなければならない。家庭においても、親しい間での晩餐では、ポタージュはスープ鉢に入れて食卓に置かれる。儀式張った食事で、メニューの中で澄んだスープととろみのあるスープの二種類が供される場合には、会食者の近くに置いた別のテーブルの上で給仕し、いずれの場合でも、ポタージュはやけどしそうなほどアツアツのものを、しかも十分に温めた皿に入れて供するのが根本原則である[2]。

3　ブイイ

ブイイはゆでた肉、またはポトフに入っている肉を指す。ゆで肉は陶器製または金属製の器具を必要とするので、人類の歴史の中では、直接肉を焼く方法よりもずっと後になってから発明されたことは確実であるが、一見何の特色もないように見えるこの調理法の発明が、後の調理技術の発展に大きな影響を及ぼした。ブリア＝サヴァランは次のように述べている。

ゆで肉は、健康的で空腹をすみやかに抑え、消化のよい食べ物ではあるが、これだけでは十分に元気を回復するものではない。なぜなら、効果を発揮するエキス分の一部がゆでている間に肉から出てしまうからである。

また、ゆで肉の重さは半分になってしまう。(p.88)

このことについて、フランスの化学者シュヴェル(一七八六〜一八八九)は、一キログラムの生肉をゆでると四四〇グラム(骨付き肉の場合)、あるいは五七〇グラム(骨をとってゆでた場合)になるという。タンパク質については、無水物換算で平均七%含まれているうち、三%の凝固性タンパク質は泡の中に残り、四・七五%がブイヨンの中に溶解しているという。ゆで肉はさらに、タンパク質分解物、無機質、その他の可溶性のいくつかの成分を失う。これらのさまざまな成分はブイヨンの中に溶け出しているので、このブイヨンを濃縮するといわゆる肉エキスを得ることになる。煮た肉に風味を与えるのは、これらの抽出された成分である。この成分がブリア＝サヴァランが「オスマゾーム」と呼んでいるものである。

これらのエキス類が煮た肉やブイヨンに独特の風味を与えているが、この味はとくにブイヨンの方に顕著にみられる。ゆで肉のエキスの量が減ることによって、肉も気の抜けたものになり、半ば習慣的にあら塩をかけたり、マスタードを使ったり、ピクルスやその他の刺激の強い薬味を用いたりして味を整えるのである。しかしこれらの薬味はローストした肉やグリエした肉には余り必要としない。ドイツの化学者リービッヒ（一八〇三～一八七三）の提唱したゆで肉のつくり方[3]によると、肉がかぶるくらいの水、野菜、塩を加え、密封して八〇～八五℃で一〇～一二時間煮込むと繊細で風味のある肉と、味が濃厚で冷えるとゼリー状になるスープが得られるという。

ブリア＝サヴァランは皮肉めいた口調で、ゆで肉を食べる人々を四種類に分類している。

第一は旧態依然派で、両親がゆで肉を食べていたから自分も食べるといった人たちであり、暗黙のうちに自分の子供たちにもこの習慣を受け継がれることを望んでいる人々である。

第二は短気派で、このグループの人たちは食卓でじっとしていることができず、何でも最初に出された食べ物に飛びつく癖のある人々である。

第三は無関心派で、天から情熱というものを授からなかった人たちであり、食事を義務と考えている。彼らは食べられるものでありさえすれば、何でも同じように考えている。あたかも牡蠣が岩にへばりついているようなものである。

第四は大食派で、旺盛な食欲の持ち主であり、人にはそれを知られないように努めている。そのため、最初に目についた生贄〔ブイイ〕を急いで胃の中に投げ込み、彼らを苛《むしば》む大食の炎を鎮め、後から続いて入ってくる他の食べ物への素地にしようとする。（p.87）

明らかに、ゆで肉を好んでいなかったブリア＝サヴァランは勿体ぶったように次のようにつけ加えている。

学者先生方は、決してゆで肉を召し上がらない。なぜなら、先生方は原理を尊重しているので、それを演壇から「ゆで肉の肉とは、肉から栄養分を差し引いた残りの肉片である」と、争うことのできない真実を聴衆に語っている。（p.87）

ゆで肉に関するブリア＝サヴァランの言葉には、多少議論の余地はあるが、彼の時代にはマルミットのスープを取った後の牛肉は、正式な形式の食事でのルルヴェ料理として出されたこともある。ブリア＝サヴァランは著者注の中で、「ゆで肉は、ほんとうに念入りに準備された食事からは姿を消した。そして、フィレ肉のローストやマトロート〔魚をワインとタマネギで蒸した料理〕などに置きかえられてきた」と述べている。

二　七面鳥ほか

1　ヴォラュ（家禽類）

農家の庭先で食用に飼っていた鳥類、たとえば、鶏、あひる、がちょう、七面鳥、鳩、鶉などを総称して家禽類と呼んでいる。フランスでは店先で締めたばかりの家禽が毛の付いたまま吊り下がっているが、可食量を考えると、廃棄率は約三分の一で、毛と内臓を除いて売られているものは廃棄率は約五分の一である。家禽類は獣肉よりもタンパク質に富み、消化吸収は脂肪含量によっても異なるが、獣肉類とほぼ同じである。

私は神によって造られた被造物一般を大いに愛好する者であるが、とくに鶉鶏《じゅんけい》類〔鶉、雉、鶏、くじゃく、七面鳥など）は、どれもこれも、すべてわれわれの食物庫を一杯にし、饗宴を豊かにするために創造されたのに違いないのだと信じている。

実際、うずらから七面鳥にいたるこの大家族の一員にお目にかかるならば、何時でも軽くておいしい食事にありつけること請け合いである。これこそ、回復期にある病人にも身体が健康な人にも等しく相応しい食べ物である。医者の命令で砂漠の聖人が食べるようなものばかり食べさせられていた人が、雛鳥の手羽肉にお目にかかって、ああこれでやっとおれも社会生活に復帰できるのだと思うと、にんまりと微笑せずにはいられない。

われわれは自然が鶉鶏類に与えた諸特性だけでは満足しなかった。美味学者がそれを手に入れると、改良という美名のもとにひどい目に合わせた。ただ彼らに繁殖の手段を禁じるだけでなく、彼らを独り身にしたり、暗闇の中に閉じ込めたり、あるいは無理やり食べさせたりして、不自然な肥満状態へと導く。

確かに、この超自然的な脂肪は何とも言いようのないほどおいしいものである。また、人はこの非道きわまりない方法によってあの柔らかさと滋味とを与え、それをわれわれのテーブルに最高の美味として提供しているのも事実である。

このように改良された家禽類は、調理人によっては、丁度画家にとってのキャンバスのように、手品使いにとってはフォルトゥスの帽子〔十五世紀のドイツの小説に登場する主人公できわめて人気があり、いつも魔法の帽子を持っていた〕みたいなものである。煮てよし、焼いてよし、揚げてよし、熱くても冷たくてもよし、丸ごとでも一部でもよし、ソースがかかっていてもいなくてもよし、詰め物をしてもよし、皮をむいてもよし、どんな調理をしても首尾よくいくことに変わりはない。

昔、フランスでは三つの地方が最良の家禽類の産地として名誉を争っていた。それは、ベイ・ド・コー、ル・マン、ブレッスである。

去勢鳥についてはどの産地がよいのかは決めにくいが、とにかく今食べているのが最良であると言えよう。けれども、雌の若鶏となると断然ブレッス産が最上の若鶏と呼ばれ、それはリンゴのように丸々している。はなはだ残念ながらパリではなかなか手に入らない。たまに献納籠に入れられてご到来があるだけである。（pp.89-90）

2　七面鳥

七面鳥の出現については謎に包まれている。一般には、新世界から旧世界への贈り物であるといわれているが、ブリア＝サヴァランは次のように述べている。

何でも知ったか振りをすることの好きな人たちは、「七面鳥はローマ人も知っている。シャルルマーニュの結婚の祝宴にも供されたのであるから、このご馳走の輸入の名誉をイエズス会士に帰するのは当を得ていない」と言う。

それらの逆説に対しては二つのことで答えることができる。一つは《インドの鶏》といわれていたことであるが、アメリカはその昔、西インドと呼ばれていたのであるから。

もう一つは七面鳥の格好から外国種であるという。学者がこんなことを間違える筈もない。フランス人はデブ鳥とあだ名を付けている。そこで、私はこの問題についてかなり広範囲な調査をしてみたことがあるが、その結果を伝えよう。

第一に、七面鳥がヨーロッパに現われたのは十七世紀の終わりである。

第二に、それはイエズス会士によって輸入され、かれらによってブールジュ付近に所有していた農地で大量に飼育された。

第三に、ブールジュからフランス全土に普及し、多くの地方では通俗的な呼び名として、七面鳥のことをジェズスイット（イエズス会士）といっていた。

第四に、野生の七面鳥が自然の状態で見出されるのはアメリカだけである。

第五に、北アメリカの農家では七面鳥を飼っているが、卵を拾ってきて孵化させたり、また

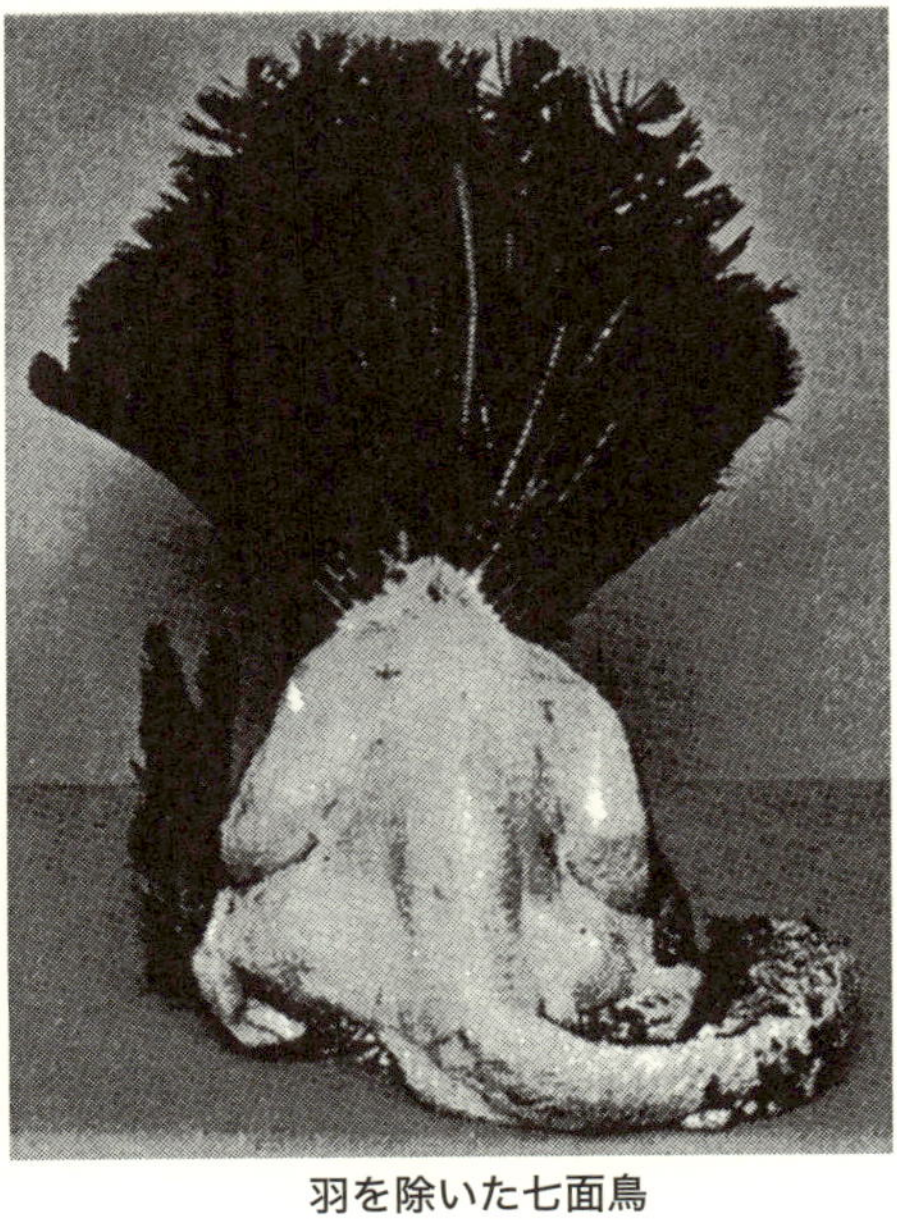

羽を除いた七面鳥

（Larousse Gastronomique, p.425, 1938）

は森の中で捕まえてきた七面鳥を馴らしたりしたものもあるという。

このような証拠から、私は神父さんたちに二倍の感謝を持ち続けている。

さらに、同じ研究の結果、七面鳥という鳥が長い間にいつともなしにフランスの風土に慣れたのだということがわかった。この方面に明るい人が教えてくれた話によると、前世紀の半ば頃はまだ孵化した七面鳥二〇羽のうち、やっと一〇羽が育つ程度のものであったという。しかし、今では二〇羽のうち十五羽は育つ。彼らには暴風がもっともいけない。大粒の雨が風に混じって彼らの柔らかい防御物のない頭に吹きつけると、彼らはたちまち参ってしまう。(pp.90-91)

3

七面鳥嗜好

七面鳥は家禽類の中では最も大きく、最も繊細だとはいえないまでも、最も美味である。七面鳥が周囲のあらゆる階層の人々を引き付けているということはこの鳥独特の強みである。田舎のブドウ作りや農夫の人たちが冬の夜長に、ご馳走を作って楽しもうと思うとき、あの食卓の置かれた台所でかっかと燃え盛る火にじりじりと焼かれるのは何でしょう。七面鳥である。

忙しい職人や勤勉な芸術家たちが、まれに幾人かの友達と集い楽しむご馳走は何でしょうか。やっぱりソーセージまたはリヨンの栗を詰めた七面鳥なのである。

また、高度に口の驕った美食家仲間での政治談義であろうと何であろうと、結局は味覚談義にならないと納まらない食通揃いの集会でも、人々は何を期待し、何を欲するのか。何を食べたがるのだろうか。それは第二コースに出てくるトリュフ詰め七面鳥である。トリュフ詰め七面鳥！　私の秘密の手帳には、七面鳥の栄養たっぷりの肉汁が最も高位の外交官たちの厳しい顔を再三ほころばせたことが記録されている。(pp.91-92)

4　七面鳥の経済的影響

七面鳥のお蔭で、国家財政が大いに潤い、莫大な額の商売が行われている。七面鳥を飼育すれば、農民の借金は容易に返すことができ、娘たちは相当な持参金を溜め込むことができる。

経済的見地から見ても、トリュフ詰め七面鳥は特別な注意が必要である。十一月の初めから二月の終わりまでの期間、パリでは一日に三百羽のトリュフ詰め七面鳥が食べられると考えられている。

こうした料理用七面鳥の相場は少なくとも一羽二〇フランであるから、合計七十二万フランという馬鹿にならないお金が動いているわけである。それと同額のお金がトリュフを付け合せた雉、若鶏、鶉といったような飼鳥類にも動くのであった。毎日、これらの鳥類が店頭にところ狭しと並べられているのを見るのは、とても手の届かない消費者には決して愉快なことではなかったであろう。(p.92)

5　教授の手柄話

これは、ブリア＝サヴァランがアメリカのコネチカットのハーフォードに滞在中に、一羽の七面鳥を仕留めたときの自慢話である。

あるアメリカの大地主が、自分の農場に来て猟をしないかと誘ってくれた。後ろの山で、山鶉や灰色の野栗鼠、野生の七面鳥がたくさん捕れるという。

そこで、一七九四年十月のある日、私はキング氏とともに二頭の貸し馬にまたがって、ビュロウ氏の農園に出かけた。

キング氏という人は一風変わった狩猟家であった。彼は猟がとても好きであるが、いったん、何か獲物を仕留めると、急に自分が人殺しでもしたかのように考えて、死者の運命について道徳的反省をしてみたり、挽歌を作ってみたりする。それでいて狩猟がやめられないという変わり者だった。

とにかく、無事目的地に到着し、歓待をもって迎えられた。

約二時間あまり、農地とその付属の建物などの視察の後、ビュロウ氏を父とする四人のお嬢さんたちを紹介された。

年の頃は十六から二十歳くらいで、いずれも若さと健康に輝いていて、何ともいえない魅力を漂わせていた。

散歩が終わってから私たちは、ご馳走で一杯の食堂を囲んで席に着いた。すばらしい大きなコーン・ビーフ、がちょうのシチュー、立派な羊の股肉、それからいろいろな野菜が山ほど出て、それにテーブルの両端には芳醇なリンゴ酒の大きな瓶が置かれ、これはおいしくて、どんなに飲んでも飲み飽きないものだった。

主人に向かって、私たちがほんとうの狩猟家であること、すくなくとも食欲の上では如何なる狩猟家にも引けをとらないことを示したとき、彼はいよいよ目的の狩猟問題に話を進めた。野鳥が一番見つかる場所とか、帰り道に迷ったときの目印とか、喉が渇いたときに立ち寄るように農家の所在などもあれこれと親切に教えてくれた。

すばらしいご馳走とほどよい運動のお蔭で、私たちはぐっすりと心地よい眠りをむさぼった。

翌朝は、ビュロウ氏の案内で処女林を散歩した。

想像と破壊、恩恵と暴威を目の当たりにした。そこに一本の大きな樫の木があり、二枚の葉を持ってこの地上に現われ、今はただの一本の棒に過ぎなくなっている樫の木の一生のあらゆる時期を偲んだ。

こうしてぼんやりしていた私はキング氏からお叱りを受け、二人で狩りを始めることになった。まず、射止めたのが、丸々と太った、柔らかく小さな灰色の山鶉だった。それから灰色のリスを六、七匹捕った。最後に七面鳥の群れの真った只中に進んだ。

しかし、一羽また一羽と羽ばたきも荒く、すばしっこく飛び立っていった。最後に一番鈍い七面鳥はとうとう私の放つ一発に、パサリと落ちた。

その鮮やかな手並みに私自身も大きな喜びに満たされ、十五分も眺めていた。しかし、キング氏のほうは射止めたものの獲物の在りかがわからなかった。

やがて、お嬢さんたちの鈴が鳴るような美しい声とお父さんのどら声に導かれ、密生した森の中から救われた。

家に着くと夕食のご馳走は整っていたが、食事の前にしばらくの間、私たちは火を囲んでいい気持ちに浸って時間を過ごした。この間に疲れはたちまちに消え去ってしまった。

こうしたもてなし方はインド人から学んだのであろう。インド人はそのいろりにいつも火を絶やしたことはなかった。また、聖フランソワ・ド・サル（一五六七〜一六二二）の伝統にもよったのであろう。この聖人は、「火は一年十二ヶ月を通して常によろしい」と言っているそうである。

食卓では、われわれは餓鬼のようにむさぼり食べた。最後に大きなパンチ・ボウルが出され、いよいよ上機嫌になった。そして会話ははずみ、お嬢さん方の美しい歌声にうっとりとなった主人のビュロウ氏は自らの幸せにすっかり酔っていた。

帰途、私は深い考えに耽っていたが、同行の人たちは何を考えているのかわからなかった。しかし私は、私の獲物は七面鳥であり、どんな風に料理したらよいかなどと思いをめぐらしていた。自分のすばらしい分捕り品を何とかうまく並べたてて、わがために、一大凱旋塔を立てたいという野心でいっぱいだった。

私は招待したアメリカのお客にご馳走をした。

七面鳥料理は、実に見る人の目をうっとりさせ、香りも味もすばらしいものであった。その最後の小さなかけらが食べつくされるまで、食卓の周りは「うまい！　とてもうまい！　おおご主人！　何という栄光に満ち満ちているご馳走！」の連発であった。(pp.92-98)

注

1　ジネット・マチオ著　川端晶子・兼子朋子訳『ジネット・マチオ　フランス料理』柴田書店　一九七六

2　『ラルース料理百科事典』一九七八　一四五九―一四六〇頁

第五章　《トリュフ》など

一　トリュフ

神秘的な食材と考えられているトリュフについての最も古い記録は、起元前五世紀のもので、アテネの居留外国人が独創的なトリュフ料理と引き換えに市民権を与えられたという内容である。世界最古の料理書と言われる『アピキウス古代の料理書』[1]にも六種類のトリュフ料理が記載されているが、トリュフは栄養価が高く、全身の官能を刺激する効能があると考えられている。

フランスでは、シャルル六世とイザボー・ド・バヴィエールとの婚礼の宴（一三八五）にトリュフが供された。今日、有名なペリゴール地方のトリュフは十四世紀初頭のヨハネス十二世によってもたらされたと考えられている。トリュフは土中でできるキノコで表面はごつごつしていて、大きさは種々であるが、普通の大きさはピンポン球くらいである。強い香りが珍重され、他の食材と組み合わせた時に相手に香りを移すことでその持ち味を十分に発揮する。殻つき卵の横にトリュフを置くと、翌朝作ったオムレツはトリュフの香りがするといわれるほどである。フランスではペリゴール産の黒トリュフが形も整っていて最高とされてきたが、近年（二十一世紀初頭）では、形はあまりよくないが香りがよいプロヴァンスの黒トリュフが幅を利かせているようである。

イタリアには、白トリュフがある。黒いトリュフを黒ダイヤモンドに例えたのはブリア＝サヴァランであり、『味覚の生理学』の中には三十五箇所もトリュフを用いた料理が書かれている。

地上に姿をみせないトリュフの正体は長い間人々の謎であった。今日、トリュフの生産に成功はしているが、価格の低下をもたらす大量生産には、地方の農家が反対している。現在、フランスで生産されるトリュフの八〇％は特別に育てられたトリュフ園で生産されている。野外でトリュフを探すときにはブタかイヌを用いる。ブタもイヌも鋭敏な嗅覚を持っているが、イヌはトリュフの香りについて訓練しなければならないのに対し、メスのブタは何の訓練もいらない。これはトリュフに含まれている化合物が、メスのブタをひきつけるオスのブタの性フェロモンと類似しているからであるという[2]。

ブリア＝サヴァランはトリュフが大好きであり、ダイヤモンドにたとえたり、「ペリゴールの宝」というような表現で、『味覚の生理学』の随所に登場している。

1　神秘な食材

トリュフという言葉は不思議な響きを持っていて、スカートをはいた方にはエロチックで食いしん坊な記憶を蘇らせ、ひげが生えた方には食いしん坊でエロチックな記憶を蘇らせる。

名声高いこの塊は極めて美味なものとして知られているばかりでなく、最も甘美な快感をもたらしてくれる働きがあると信じられている。

　トリュフの起源はなぞに包まれているとともに、トリュフが生えているところが見つかってもそれがどのように生え、どのように成長するのかもわからない。最も有能な人たちがこの問題に興味を持ち、種子を発見できると考え、また、思うように種まきができるようになると約束までしたが、それは徒労にすぎず、植え付けはしても一度も収穫のあった試しはなかった。しかし、それは必ずしも不幸とは言えない。実際に、トリュフの価値は気まぐれで決まるようなものであるから、もし、大量に安価に出回ることにでもなれば、今ほど珍重されることはないであろう。(pp.107-108)

ペリゴールにおけるトリュフ採取風景

(Guld de Michelin, Perigord, p.15, 1965)
トリュフの収穫期は11月から2月にかけてである。地中20〜30㎝の所に潜んでいるが、馥郁とした香気をいち早く受けとめる雌豚や犬を使って採取する。

2　トリュフの官能的効能

ある日、私はV夫人に進言した。「奥さん。喜んでください。最近、産業振興奨励会にすばらしいレース編み機が提出されたよ。見事なレースがただ同然の値段になるよ」。美しい奥さん方はあわてず騒がず、平然として次のように答えた。「何ですって！　レースの値打ちがもしも下がってしまったら、だれがそんな安物を身につけたりするものですか！」。

一七八〇年代ごろ、パリではめったなことでトリュフにお目にかかれなかった。ただアメリカ人のホテルと南フランスのホテルとにだけ、しかもごく少量見られただけであった。《トリュフ詰めの七面鳥》などというものは、すこぶるぜいたく品であり、王侯貴人の食卓かお妾さんの家ででもなければ、なかなか見ることはできなかった。

トリュフが、近頃、さかんに出回るようになったのは、食料品屋のお蔭である。この種の商人はトリュフの人気が高まるのを見て、国中にそれを求め、高値で仕入れたり、郵便馬車や乗合馬車を使って運ばせたりして、トリュフ狩りを随分広めた。しかし、種を播いて育てるわけにはいかないのであるから、念入りに探し回るよりほかにトリュフの消費を増大させる方法はなかった。

今こそ(一八二五年)、トリュフの栄光はまさに絶頂にあると言えよう。どこかの食事に招かれてトリュフの付いた料理が逸品もなかったりするとがっかりする。いかに結構な味加減のアントレが供されようとも、トリュフが付いていなければ格好がつかない。《プロヴァンス風トリュフ》が出ると聞いただけで口中に唾が出てくる思いがする。

《トリュフのソテー》といえば、一家の主婦が自分の手で調理せずには気のすまない、取って置きのご馳走である。まことにトリュフこそは料理のダイヤモンドに違いない。

トリュフは何ゆえに、これほどまで珍重がられるのか？　これと同じ名誉に値する食材はほかにいくつもあるであろうに。どうやらその理由は、トリュフが性的快楽へと人を誘うと広く信じられていることにあるらしい。

ブリア＝サヴァランは、トリュフのエロチックな効能について、一人の女友達から打ち明け話を聞いた。この婦人はトリュフの入った鳥料理の夕食を夫と夫の友人と三人でとるが、この男性（夫の友人）は、平素は彼女に対してすこぶる礼儀正しく振舞っていたが、突如として彼女を執拗に口説きはじめた。彼女はこれに穏やかに応じていたが、後になってもっときっぱりとした態度をとるべきであったと反省していると言う。そして、「わたしは呼び鈴を鳴らすか、声をたてるか、プリプリして見せるかすべきであった。それなのに、私は何一つしなかったのである。何と言ったらいいのでしょうか、すべてはあのトリュフのせいに違いない……」。そこで、ブリア＝サヴァランは次のように結論している。「トリュフは積極的な催淫剤とは言えないにしても、時と場合によっては、ご婦人を一層従順に、殿方を一層やさしくする働きがある……」。(pp.108-112)

3　トリュフの消化性

また、ブリア＝サヴァランは、トリュフが不消化かどうかについて考察し、次のようにまとめている。

①トリュフそのものの性質を調べてみると、それは噛みやすく、軽やかで、少しも石や皮のような硬さがない。

②われわれが五〇年以上にわたって観察したところ、トリュフの好きな人に消化不良はみられない。

③「パリは見事なまでにグルマン（食道楽）であることを知らされている街であることを、そこで毎日のようにトリュフを食べている人たちが証言している。

④最後に、他のいかなる市民階級よりも多くのトリュフを食べているグルマンの人たちの日常の食生活を見てもわかるように、とくにマルエ博士は、象も食滞を起こしそうなほど大量にトリュフを召し上がる人であったが、それでも八十六歳の長寿を保たれた。

そこで、トリュフが、美味であるとともに健康上にもよい食材であることが確認されている。

(pp.112-113)

二　砂　糖

1　砂糖の誘惑

何世紀もの間、西洋では蜂蜜が唯一の甘味物質であった。蜂蜜は古代世界、すなわち、中国、インド、エジプト、ギリシャ、ローマのどこでも利用されていた。さとうきびは約二五〇〇年前に初めてインドで栽培され、ギリシャとローマでは医薬のみに使われていた。中世から近代まで、ヨーロッパ人は砂糖を薬として、また、上流階級用の贅沢品と考えられていた。十五世紀にアメリカ大陸が発見されたり、インド洋に浮かぶ東インド諸島にヨーロッパ人が到達したことで、砂糖に関係した経済活動が一気にブームとなった。西インド諸島ではサトウキビの生産が盛んであったが、十八世紀末には、フランス、オーストラリア、ハンガリー、ロシアで大規模な甜菜が栽培され、サトウキビと甜菜が砂糖の原料として利用されるようになった。サトウキビがインドからアメリカに持ち込まれたのは、ブリア＝サヴァランの『味覚の生理学』の出版より二〇〇年ばかり前のことだった。

サトウキビから出る甘い汁の利用法について工夫がなされ、試行錯誤を重ねた末、サトウキビから絞り汁、シロップ、白砂糖、糖蜜、さらにいろんな色に精製された砂糖といった順で抽出することに成功した。

砂糖を製造するには熱帯の暑熱がどうしても必要であると、長い間考えられていた。ところが、一七四〇年頃、マルクグラーフ〔プロシアの化学者〕が温帯地方のある植物の中に、ことに甜菜の中に糖分を発見した。さらに、この事実を裏付けたのは、アシャール〔マルクグラーフの弟子〕がベルリンで行った研究であった。

十九世紀初めのフランスでは、いろいろな事情から砂糖はまだ珍しく、高価だったので、政府は学者たちにこの研究を奨励した。

この呼びかけは大きな成功をおさめた。植物界には糖分がかなり広く豊富に存在することが確かめられ、ブドウの実、クリの実、ジャガイモにも、とりわけ甜菜の中に糖分が発見された。

そこで、この甜菜が広く栽培されるようになり、数々の実験が試みられた結果、旧世界〔アメリカの大陸発見以前に知られた世界〕はこの点に対して、新世界〔南北アメリカやオーストラリア〕の世話にならなくてもやっていけるようになった。フランス各地に製糖工場ができ、大なり小なり成功を収めるようになった。そして砂糖製造は新しい技術としてフランスに根を下ろした。

それらの工場の中でとくに注目されたのはパンジャマン・ドレッセール〔一七七三〜一八四七。砂糖王といわれている〕が建てた工場であった。

甜菜糖が売り出されるようになると、無知であったり、偏見を持った人たちは、味が悪いとか、甘味が足りないとか言ってけなしたり、健康に害があると言い出すものもいた。

しかし、厳正な実験がくり返された結果、このような意見は正しくないことが証明された。シャプタル伯爵〔一七五六〜一八三二。著名な化学者〕はその実験結果を、名著『農業における化学の応用』の第二巻に掲載した。(pp.115-117)

2　砂糖の用途

十九世紀のはじめ頃は、いろいろな事情で、砂糖はまだ珍しかったので、フランス政府は、学者たちに向かってその研究を奨励した。

純粋な砂糖を食べる人は多いが、医者が砂糖を薬として処方することもあった。これは、たいてい絶望的な場合であるが、砂糖は無害で、患者に不快感を与えることはまったくない。

水に混ぜると砂糖水が得られるが、これは健康的で味の良い清涼飲料であり、時には薬としての効果もある。

もっと砂糖の量を増やして水を混ぜて煮詰めるとシロップが得られる。これにどんな香料でも入れることができるので、いつでも清涼飲料水を作ることができ、それは万人の味覚を喜ばせる。

砂糖に水をまぜ、人為的に熱を除去するとアイスクリームができる。これはもともとイタリアのもので、カトリーヌ・ド・メディシス〔イタリア出身で、一六〇〇年にフィレンツェの料理人を伴ってアンリ四世と結婚〕がフランスに持ち込んだらしい。

ワインに砂糖を混ぜれば強心剤となる。これは精力回復の働きを持つということで定評があり、ある地方では、トーストをこれに浸して新婚初夜のカップルのもとに届けることになっている。

小麦粉と卵に砂糖を混ぜれば、ビスケット、マカロン、クロキニョル〔クラッカーの一種〕、ババなどが作られる。これらは、つい最近、プチ・フルニエ〔一口菓子職人〕によって広められた。牛乳に砂糖を混ぜるとクリームやブラン・マンジェなどが得られ、肉類のこってりした味を満喫した後に、これらの食べ物の繊細で軽やかな香りを楽しむのは快いものである。

コーヒーに砂糖を混ぜれば、一段とその香りが引き立ってくる。

カフェ・オ・レに混ぜれば、軽くておいしい飲み物が得られる。簡単に作ることができ、朝食後すぐに書斎の仕事を始めようとする人には打って付けである。カフェ・オ・レはまた女性の大好物であり、科学の最新の情報によれば、頻繁にこれを飲用すると大切な美容が損なわれる恐れもあると言われている。

果物や花類に砂糖を混ぜるとジャム、ママレード、砂糖漬、キャンデーなどが得られる。この保存法のお蔭で、花や果物の旬が過ぎたあとでも、それらの風味を賞味することができる。

さらに砂糖をアルコールに混ぜるといろいろなアルコール飲料が得られるが、これらはルイ十四世の老いを若返らせるために案出されたものである。その強烈さは口の中を温め、香気は嗅覚を刺激して、今日でもなお、味覚の最上の喜びとなっている。

砂糖の効用はそれだけにとどまらず、万能の薬味でもあり、物を腐らせない働きももっている。獣肉に砂糖を用いる人もいれば、野菜に砂糖を用いる人もいる。今流行のカクテル、パンチ、ニーガス〔インド流行のホット・ワイン〕、シラバブ〔牛乳にワインまたはシードルを加えた凝乳〕、その他外国渡来の飲み物に砂糖は欠かせない。民族の気質、個人の好みに応じて、砂糖の利用法の多さは無限といってもよいであろう。

砂糖という食品は、ルイ十三世時代のフランス人にとってはその名を知ったばかりの新しいものであるが、われわれ十九世紀の人間にとってはかけがえのないほどの貴重な食品となった。実際、女性とくに恵まれた身分の奥様方は、パンよりも砂糖の方により多くのお金を費やしているほどである。(pp.117-120)

こうして、砂糖は物凄い勢いで浸透し、コーヒーやココアの流行によって、さらに消費量は伸びていった。

注

1 アピキウス著 ミュラ＝ヨコタ・宣子訳 『アピキウス 古代ローマの料理書』 三省堂 一九八七

2 マグロンヌ・トゥーサン＝サマ著 玉村豊男監訳 『世界食物百科』 原書房 一九九八

第六章　《コーヒー》と《チョコレート》と《飲み物》

一　コーヒー

コーヒーはエチオピアや熱帯アフリカの高地原産の常緑低木のコーヒー樹の種子から抽出される。この飲料の起源についてはいろいろの伝説がある。ある説によるとコーヒーは現在のエチオピア地域で八五〇年頃発見された。

1　コーヒーの起源

ブリア゠サヴァランはコーヒーの起源、コーヒーの淹れ方、コーヒーの効能について次のように述べている。

コーヒーの木は最初アラビアで発見され、その後各地にこの木を移植しようとする試みがなされたが、今日でもやはり最高級のコーヒーはアラビア産のものである。

古くからのいい伝えでは、コーヒーを発見したのは一人の羊飼いだということである。彼は羊の群れがコーヒーの木の漿果《しょうか》を食べたときはいつも興奮してはしゃぎ出すのを見ていたのである。

こういう昔話の真偽はともかくとして、発見者としての名誉はこの羊飼いのみではなく、半分は最初にコーヒー豆を煎ることを思いついた人にも与えなければならない。

実際のところ、コーヒー豆を生のまま煎じた汁など飲み物としては何の取り柄もない。豆を焙煎するお蔭で芳香や油が生じて、今日われわれが飲むコーヒーの特徴が形成される。熱による処理を加えなければ、コーヒーの香味は永遠に知られることはなかったであろう。

トルコ人はこの道にかけてはわれわれの先達であるが、コーヒー豆を粉にするコーヒーミルのようなものは用いないで、乳鉢の中で木製の乳棒を使って豆を搗《つ》く。この用途のために長い間使用された乳鉢や乳棒は貴重品となり、非常な高値がつく。

そこで、私はもろもろの事情から、以上二つの方法にどのような違いがあるのか、いずれの方法が好ましいのかを確かめなければならなくなった。

そこで、上等な一ポンドのモカを丹念に煎り、それを半ポンドずつに分け、一方をコーヒー・ミルで挽き、他方をトルコ人のやり方で搗いた。

それぞれ同量の粉に、同量の熱湯を注ぎ、両者をまったく同様な方法で処理した。

このコーヒーをまず自分で味わい、次にうるさがたのお歴々にも味わってもらった。その結果、搗いた粉で淹れたコーヒーは挽いた粉で淹れたコーヒーよりも明らかにおいしいという意見の一致をみた。（pp.120-121）

2　コーヒーの淹れ方

もう数年前のこと、おいしいコーヒーを淹れるにはどうしたらよいかという問題について、ありとあらゆるアイデアが出されたことがあった。

コーヒーを淹れるのに豆を煎ってはいけないとか、豆を粉にしてはいけないとか、熱を加えず煎じ

コーヒー売り

（銅板。エドム・ブーシャルドンの作品にもとづきケイリュス伯制作。）
球根型のポットと高い位置にある注ぎ口は、コーヒーの澱がカップに流れ込むのを防ぐためのものである。ポットは小さなこんろの上に置かれている。共同のカップは、飲み物を売る街頭の売り子の備品の一つであった。（バーバラ・ウィートン著　辻美樹訳　『味覚の歴史』　大修館書店　1991）

るのがよいとか、十五分煮沸するのがよいとか、高圧鍋を使うのがよいとか、さまざまな方法を主張した。

わたしは、当時、これらのすべての方法を試みた。その結果、いわゆる「デュベロワ方式」を採用することを決めた。この方法は、極めて小さな穴がいくつも開いている陶器または銀製の器にコーヒーを入れて上から熱湯を注ぐというものである。この一番煎じを取って沸騰するまで温め、もう一度濾すとしばらくしておいしいコーヒーが得られる。

また高圧湯沸し器を使ってコーヒーを淹れることも試みたが、その結果はただ苦い煎じ薬のようなものになった。(pp.121-122)

3　コーヒーの効能

コーヒーの健康に対する効能については、医者の間でも諸説紛々である。そのような論争には深入りせず、ここでは、最も重要な点、すなわち、コーヒーが思考の中枢に及ぼす影響について考えてみよう。

コーヒーが頭脳の働きを大いに刺激することは、疑いの余地のない。だから、初めてコーヒーを飲んだ人はきっとその睡眠の一部を奪われることであろう。

ヴォルテールとビュッフォンは並はずれのコーヒー好きであった。ヴォルテールの作品に見られるあのすばらしい明晰さ、ビュッフォンの文体に見られる熱気に満ちた均斉美、それらはおそらくコーヒー常用のおかげであろう。あの人間や犬、虎やライオン、馬を論じた幾多のページは、頭脳の異様な興奮状態のうちに書かれたものであることは明らかである。

しかし、コーヒーを原因とする不眠症は耐え難いものではない。知覚が冴え渡ってすこしも眠くならないだけであり、ほかの原因による不眠症の場合はいらいらしたり不幸な気持ちになったりするものであるが、コーヒーの場合はそれほどでもない。とはいうものの、夜中の興奮も長くなると、やはりはなはだ有害であることはもちろんである。

コーヒーは一般に考えられているよりもはるかに強い飲み物である。頑健な男なら、毎日二本ずつワインを飲んでも長生きするであろうが、その人がコーヒーを毎日これと同じ量を飲んだとしたら、とても命が持たない。痴呆状態になるか、憔悴死を遂げるかが落ちであろう。

ロンドンのレスター広場で、コーヒーをあまり飲みすぎて身体障害者になってしまった男を見たことがある。そのときはもう苦しみもなくなり、障害の不自由にも慣れ、一日五、六杯のコーヒーの量で我慢していた。(pp.122-125)

二　チョコレート

中央アメリカや南アメリカでは古代からカカオは神からの授かりものとされ、その種子をすりつぶして水やトウモロコシの粉を加えた飲料は、独特の刺激と効果をもっているところから、とても珍重がられていた。この「苦い水」を著すナワ族のことば xocoalt が後にヨーロッパに入って「チョコレート」となった。また、カカオの学名 theo-broma は《神の穀物》を意味し、伝説にちなんで命名された。十六世紀の初め、コロンブス、ついでコルテスによってカカオ豆がスペインにもたらされたが、利用法は秘密にされ、世間に知られるようになったのは十七世紀になってからである。ブリア＝サヴァランは、チョコレートの起源、効用、作り方、飲み方などについて述べているので、その概略を見てみよう。

1　チョコレートの起源

最初にアメリカ大陸に上陸した人たちは、ただ黄金に憧れて、はるばる押しかけて行ったが、その頃は鉱山から掘り出されるもの以外に価値を見出すことを知らなかった。農業も商業もまだ少年時代であり、経済学は、もちろんまだ誕生していなかった。だからスペイン人はせっかく貴重な金属を掘り出してはみても、それが大した儲けにはならないことを知った。貴金属というものはその量が増えるに従って価値が下落するからである。

けれども、この地方には、熱い太陽が極めて肥沃な土地を育んでいるので、甘蔗やコーヒーの栽培に適していた。その上、そこにはがジャガイモやヴァニラ、キナ、カカオなどが見いだされ、これらがほんとうの富源であった。

これらを発見した以上、嫉妬心が強いどこかの国がわれわれの好奇心に対して障壁を設けようともそれはできない。これらのものは数年後、一〇倍にも増加すると期待されていた。旧ヨーロッパの学者たちが、未開拓な諸地方において行う研究が、鉱物界、植物界、動物界をますます豊富にすることを期待し、例えば、ヴァニラのように、われわれに新しい感覚をもたらしたり、あるいはカカオのように食料資源を増大したりするものもあった。

カカオ豆を砂糖および肉桂と一緒に焙ったものの混合物をチョコレートと呼ぶことになっているが、これが、チョコレートの古来からの定義である。この場合、砂糖は不可欠な構成要素であり、カカオだけでは練りカカオができるだけで、チョコレートにはならない。砂糖と肉桂とカカオにヴァニラの芳香を加えて、初めてチョコレートはすばらしい食べ物となる。

初めはカカオにいろいろたくさんの混ぜ物、たとえば、コショウ、トウガラシ、ウイキョウ、ショウガ、その他の香辛料を混ぜてみたが、結局、味覚と経験から妥当と認められたのは砂糖などの少量の物質だけだった。（pp.125-127）

新大陸のスペイン系の婦人たちはこのチョコレートがとてもお気に入りで、一日に何度もおかわりをするだけでなく、ときには教会にまでチョコレートを運ばせた。このような熱愛ぶりはしばしば、司教たちの非難を浴びたが、ついに司教たちも黙認するところとなった。たとえば、巧緻な形而上学で知られている神父エスコバール司教はモラルについては話のわかる人で、チョコレート湯ならば断食の妨げにはならないと明言した。つまり、ラテン語の格言に「水は断食を破らず」という言葉があるのを引用して、司教は檀家の婦人たちのために、都合のよいように解釈したのだ。

チョコレートは十七世紀頃スペインに渡来した。これを飲む習慣はたちまち一般に広まったが、真っ先にこの芳香飲料を珍重したのは、婦人ととくに修道士たちであった。それ以来この風習は少しも廃れず、今日でもスペインではいたるところで、何か飲み物を供する必要があるときには必ず、チョコレートが出された。

チョコレートがフランスに入ってきたのは、スペイン王フィリップ二世の娘アンヌ・ドートリーッシュがルイ十三世のもとに嫁ぐため、ピレネー山脈を越えたときであった。スペインの僧侶たちがフランスの同僚への送り物としたことでもフランスに知られるようになった。代々のスペインの大使もチョコレートはまだ贅沢な飲み物にすぎなかった。

リンネ(一七〇七〜一七七八。スウェーデンの植物学者)がカカオのことをカカオ・テオブロマ、すなわち「神々の飲み物カカオ」と言ったことは誰もが知っていることである。なぜ、こんなに誇張した言い回しが用いられたのかと人々はその理由を詮索した。この学者がチョコレートを熱愛していたからであるとか、自分の懺悔聴聞司祭のご機嫌をとりたかったからだとか、さらに女性に対するお世辞説を唱えるものまであった。チョコレートを初めて取り入れたのが王妃であるからというが、当てにはならない。(pp.127-128)

2　チョコレートの効用

時間と経験を経ることによって、チョコレートについての次のようなことが実証された。すなわち、「入念に整えられたチョコレートは健康的で美味であること、滋養に富んでいて消化がよいこと、コーヒーのように美容を損なう心配がないこと、精神を緊張させる仕事についている人々、聖職者や弁護士、旅行者に向いている飲み物である。また、虚弱な胃にも適し、慢性病にもよい効果をもたらし、幽門の障害者には最後の手段として役立つ」というものである。

ここで一つ忠告しておこう。これは確かなことであるから、どなたにも信用していただける。昼食を十分にたっぷりと食べても、後で上等なチョコレートを茶碗になみなみと注いで飲みなさい。三時間後には完全に消化が完了し、夕食をとるのになんらの支障もなくなる。学問に対する熱意から、熱弁をふるってチョコレートが好きだといわれる多くの婦人方に実験をしてもらった。初めはためらっていた婦人たちも実際に試みてみると、なかなか調子のよいことがわかり好評であった。

チョコレートを愛用する人たちはいつも変わらぬ健康に恵まれ、人生の幸福を妨げるような病気にはあまりかからなかった。また少々太り気味の人もそれ以上肥満することはない。チョコレートの持つこの二つの特徴は、社交界においても、また美容食を試みている人々の間でも確認済みのことであった。

いよいよここで、「りゅうぜん香〔マッコウクジラの体内からとれるアンバー〕」入りチョコレートの効能を披露するときがきた。それらは、私がたくさんの経験によって確かめたもので、その結果を読者諸君に提供することを誇りに思っている。

皆さん、快楽の杯を何杯も飲みすぎた方、眠って過ごすべき時間の相当部分を仕事に費やす方、ふだんは機知縦横に飛び回っているが一時的に頭がぼんやりしていると感じられる環境に耐えられないと思う方、固定観念に苦しめられ思考の自由を奪われている方は、誰でも、「りゅうぜん香」入りチョコレートをたっぷり、半リットル召し上がってご覧なさい。分量はチョコレート半リットルについて「りゅうぜん香」三〜四グラムでよい。目覚しい効果が得られるでしょう。

私はものごとをはっきりさせたがる性質をもっているので、この「りゅうぜん香」入りチョコレートのことを悩める人々のチョコレートと呼ぶことにした。(pp.128-130)

3

おいしいチョコレートの淹れ方

チョコレートは、フランスではまったく日常的なものになってしまったので、誰でも淹れ方を心得ているが、上手にできる人はそう多くはいない。チョコレートを淹れることは決して易しくはないのである。

まず第一に要求されるのは、カカオ豆の善し悪しについての知識であり、その豆をもっとも純粋な状態で用いようとする意思と態度が大切である。実際に特選の銘柄の箱の中にも悪質の豆が紛れ込んでいることはしばしばであり、不当な儲けを得ようとして傷んだ豆をいれてあることもあり、それらを選別しなければならない。次にカカオ豆を焙煎することがまた難しい仕事であり、霊感にも等しい勘が要求される。職人の中には天性の勘を備えていて、決して失敗することのない人もいる。

どのくらいの量の砂糖を入れるかも一定不変というわけにはいかない。カカオ豆の香気の程度や豆の焙煎の加減とのバランスが大切である。

豆を粉砕すること、混合することにも配慮が必要である。このことは消化の善し悪しにも少なからず影響をあたえる。

チョコレートは食事の一部としてとられる場合と菓子として食べられる場合があるが、その目的によって調整法も当然異なってくる。

これらの一連の操作は数学の方程式を解くのに等しい努力が要求される。このような複雑な操作が介在していることなど意識せずに、われわれは美味を味わっている。

しばらく前から、チョコレートの製造に機械を用い始めたが、このことが優秀なチョコレートをつくりだすことに寄与するとは考えられないが、人手を省くことは確かである。

機械の恩恵は商人と顧客とに等分な潤いを与えるべきであろう。（pp.130-133）

4　日本におけるチョコレートブーム（二十一世紀初頭）

日本において近年、チョコレートブームが起きているが、ブリア＝サヴァランが言っているようなチョコレートの効能も、近代科学によって明快に裏づけがなされつつあり、さらに機能性成分も見出されて、健康志向の波に乗り注目を浴びている。

チョコレートは長い間、もっぱら甘味料を加えてチョコレート飲料として用いられていたが、チョコレートが今日のような菓子になったのは、一八二八年にオランダのバン・ホーテン社がカカオ豆からココアバターの大半を分離することによって、それまでの高脂肪、不均質で消化が悪かった欠点を克服して、粉末チョコレート（現代のココア）の特許をとったことによる。また各国でも製法の改良が行われてきた。

日本へは、江戸時代初期（一八七三年）に岩倉遣欧使節団がフランスのチョコレートを持ち込んだという記録がある。一八七八年には東京両国若松町の凮月堂でチョコレートの製造をはじめ、「猪口齢糖」という漢字の広告を出している。その後、各社でも作られたが、森永製菓が初めてカカオ豆の処理から一貫生産を始めたのは一九一八年であった。今日、とくに日本でチョコレートブームを掻き立てているのは、①チョコレートの香りの生理・心理効果、②カカオポリフェノールの抗ストレス効果、③抗動脈硬化作用、④発がん性予防作用などの健康への寄与というものである。

三　飲み物

チョコレートのタブレットの型
（1893年）

（マグロンヌ・トゥーサン＝サマ著　玉村豊男訳　『世界食物百科』　原書房　1998 p. 600）

ブリア＝サヴァランは飲み物を論じるのに先だって、渇きの問題を取り上げている。

1　渇き

渇きには、局所的な渇きと全身的な渇きとがある。局所的な渇きとは咽頭膜の乾燥による渇きで、水を飲まずに「うがい」をするだけで一時的に治る。全身的な渇きとは、発汗の多いときのように全身の水分不足によって生じるもので、必要量が補えれば渇きは止まる。この渇きについてブリア＝サヴァランは次のように説明している。

渇きとは、ものを飲みたいという欲求である。

四〇度くらいの熱が、われわれの命を維持しているさまざまな液体を絶えず蒸発させているので、それぞれに続いて起こる消耗は液体の役目を不可能にする。したがって液体は、常に更新され新鮮さを保っていなければならないが、そのための要求が渇きを感じさせる。

この渇きを感じる場所は、消化器系統のいたるところにあると考えられている。渇きを感じるとき、咽喉、胃などすべての吸収部分がそれにかかわっていることがはっきりと感じとれる。(pp.139-140)

【渇きの種類】

渇きをさまざまな角度から検討してみると、三種類の渇きがあると考えられる。すなわち、潜在的渇き、人為的渇き、焼けるような渇きである。

①潜在的渇き

習慣的渇きともいうべきもので、発汗作用と水分補給の必要性との間に知らず知らず行われている均衡作用のことである。苦しくなるほど咽喉が渇いているわけではないのに、食事をしながら飲み物を摂るのはこのためである。また、一日のうちほとんど何時でも飲むことができる。この種の潜在的渇きは、どこへ行くにもついてまわるもので、ある意味でわれわれの生存の一部をなしている。

②人為的渇き

これは人類特有のもので、飲み物の中に自然が意図しなかった力、すなわち、発酵という作用がなければ、生じる筈のなかった力を求めようとする人間の本能である。この渇きは自然の欲求というよりもむしろ人的快楽とでもいうべきものである。この渇きはとめどもない渇きであり、これを鎮めようとして飲む飲み物は、その結果として必ずまた渇きを再燃させる。この渇きは常習となり、全国いたるところ酔っ払いだらけということにもなりかねない。この飲酒という行為は、もう飲むものがなくなるか、飲み手がぐでんぐでんに酔っ払ってしまわない限り止らない。

これに対して、ただの水だけで渇きを癒す場合には、必要以上に一口だって余計に飲むことはない。

③焼けるような渇き

欲求が高じて潜在的な渇きを満足させられないときに生じる渇きである。焼けるような渇きと呼ぶのは、そのとき舌が燃えるように熱くなり、口蓋がからからに乾燥し、全身が熱気にさいなまれるからである。

渇きとはこんなにも強烈なものであるから、どこの国でも「渇き」という言葉は「脅迫的で、とどまるところを知らない欲望」と同意語である。たとえば、黄金に対する渇き、財宝、権力、復讐に対する渇きというように使われている。一生のうち一度でも渇きを体験したことがあれば、この表現の的確さが納得できよう。

飢えの程度まで進行していない空腹感には一種の快感が伴うものである。しかし、渇きにはそういった薄明の心地よさというものがまるでない。渇きの感覚が生じると同時に不快な焦燥の念が沸き起こる。この渇きが癒される希望がないとき、この不安は実に恐ろしいものになる。

その代わり、有難いことに飲むという行為は、その場合場合に応じて強烈な快感を与えてくれることがある。激しい渇きを鎮めたり、そんなに渇きが激しくなくとも、おいしい飲み物をいただくときには、舌の先端から胃袋の奥にいたるまでの全器官が快感にくすぐられる。

人は飢えたときよりも渇いたときの方がずっと早く死ぬ。水があったために何も食べないで八日以上も生きていたという例は少なくはないが、完全に水を絶たれると五日以上生き延びることはできない。

この相違の理由は、飢えの方は単なる衰弱死なのであるが、渇きの場合は身を焼く熱に苛まれてどんどん憔悴していくので、激しい苦しみを伴う。

人は誰でも五日間は渇きに耐えられると決まっているわけではない。一七八七年のことであるが、ルイ十六世の親衛隊の一人が二十四時間なにも飲まずにいただけで死んでしまったという例がある。（pp.140-141）

【渇きの原因】

いろいろな事情が絡み合ったり、あるいはそれぞれ単独で渇きを強く感じることがある。日常生活の中からいくつかの例を挙げよう。

暑さは渇きを強く感じさせるが、人はつねに河川のほとりに住居を定める傾向がある。

肉体労働は渇きを強く感じさせ、労務者を大勢抱えている人は、酒を振舞って、彼らを元気づけることを忘れない。「人夫に与える酒がいつでも一番よく売れる」という諺があるほどである。

ダンスをすると咽喉が渇く。舞踏会には強壮飲料や清涼飲料がつきものである。

演説をすると咽喉が渇く。講演者は誰でもグラスの水を優雅に飲む稽古をする。やがては演壇の上に白いハンカチと水の入ったグラスが置かれることになろう。

恋の享楽は渇きを増加する。キプロス、アマトゥス、クニドス、その他ヴィナスゆかりの地を描いた詩をご覧なさい。必ず、そこには涼しい木陰と清流のせせらぎの音をたてて、くねくねと流れる小川が見られるではないか。

歌うと咽喉が渇く。音楽家は疲れることなき飲み手であるという世間の評判もそこからきている。しかし、私も音楽家の片割れであるが、この偏見には異論がある。こんな言い方は、

気がきかないばかりか、事実に反する。(pp.142-143)

次に、ブリア＝サヴァランは狩りの話にうち興じながら、山中で鶉《うずら》を追いつつ途方にもない渇きに、なぜ、襲われたかについて述べている。

この渇きの原因は何かといえば、気圧が身体にかけている圧力がぐんと下がって、その結果血行が一段と早まったこと、太陽の輻射熱がわれわれの体温を上げていること、歩行のせいで呼吸が盛んになっていること、そして何よりも強風が身体に刺すように吹くので、汗がたちまち蒸発してしまい肌から水分が奪われてしまうことであった。(pp.142-143)

2　飲み物

ブリア＝サヴァランは飲み物についての項で、「本項は、純然たる哲学であって、周知の諸飲料に関する細説は私のプランのなかに入る余地はまったくなかった」と言い、次のように展開している。

飲み物とは、われわれの食べ物として摂ることのできるすべての液体の総称である。

水は最も自然な飲み物である。動物が生息しているところには必ず、水があり、成人にとって乳の代わりにもなるもので、その重要性は空気にも劣らない。(pp.146-147)

【水】

水こそほんとうに渇きを癒すただ一つの飲み物である。だからこそ、われわれが一度に飲める水の量は限られている。人間ががぶがぶ飲む酒の類は大部分、渇きを完全に鎮めてはくれない。もし、人間が水だけで満足できる存在であるならば、「人間には咽喉が渇かなくてもものを飲むという奇妙な習性がある」などと誰も言わないであろう。

飲み物の生体組織への吸収は極めて容易に行われる。その効果は迅速であり、瞬間的に開放感がもたらされる。疲れきっている人に栄養価満点の食べ物を与えても、その人は食べ物に苦労するであろうし、食べ始めはほとんど味らしい味も感じないであろう。しかし、彼に一杯のワインかコニャックを与えて飲ませて見たまえ。立ちどころに元気が出て生き返ったようになるであろう。

この理論の裏付けとして、甥のギガール大佐から聞いたちょっと変わった話を披露しよう。甥は生まれつき口下手ではあるが、話に嘘がないことだけは確かである。

それはヤッファ〔パレスチナの都市。一七九九年にナポレオン軍により占領された〕の攻囲戦から分遣隊を引き連れて帰る途中のことであった。わずか数百メートル先には水が飲める休憩地がある所まできたとき、前方に数人の兵士の死骸が見えた。それらは一日先に行軍を開始したはずの連中であるが、酷暑にやられたのである。

この炎暑の犠牲者の中に一人の重騎兵がいて、この男はギガール隊の数人と顔見知りだった。もう死後二十四時間以上経過しているに違いなかった。太陽が一日中彼らの上に照りつけたので、その顔は烏のように真っ黒になっていた。

数人の戦友が彼らに永年の別れを告げようと、あるいは何か記念にもらっておくものがあるかも知れないと思って近づいた。ところが、彼らはまだ、その手足が硬直もしていないし、心臓のあたりはほのかな温もりが残っていた。

「気付け薬を一口飲ませてみよう」と分隊つきの道化役が叫んだ。「まだ天国にたどりついていないようならば、きっと酒を飲みに戻ってくるだろう」。

予想通り、最初の一匙で死人は目を開いた。みんなで歓声をあげ、酒で彼のこみかみをさすったり、さらにもう一口含ませたりしたところ、やがて十五分もするとほんの少し手助けするだけで、ロバの背に乗れるようになった。

このようにして、彼は水の湧き出るところまで運ばれた。その夜は夜通し看護し、なつめ椰子の実をいくつか食べさせ、慎重に栄養をつけてやったところ、その翌日には再びロバの背に乗り、皆と一緒にカイロまで辿りついた。（pp.146-148）

【強い飲み物】

ここでとくに注意すべきは、われわれが強い飲み物を求める本能であり、誰もが抱いているあの激しい本能には瞠目すべきものがある。

すべての飲み物の中で最も愛すべきはワインであり、これはブドウの木を植えたというノアの賜物であるのか、ブドウの実の汁を搾ったというバッカスの賜物であるのかは知らないが、世界の揺籃時代から存在するものである。さらにビールといえばエジプトの神オシリスの賜物であるとされているが、それ以上にはさかのぼれない太古の産物である。

幾世紀にもわたって人々はワインを飲み、その魅力を謳歌してきたが、ワインの力のもとをなしているアルコール分を抽出することができるとは考えても見なかった。ところが、アラブ人が蒸留法というものをわれわれに伝えてくれたので〔彼らが蒸留法を考案したのは、花の香料を抽出するため、なかでも彼らが心から讃えているバラの香料を抽出するためであった〕、ワインの中にも独特の風味をもたらす原因を発見できる筈であると思うようになった。試行錯誤を繰り返しながら、アルコール、エスプリ・ド・ヴァン、ロ・ド・ヴィ〔蒸留酒〕などを発見していった。

アルコールは飲み物中の王者であり、感覚の興奮を最高度に高めてくれる。そのさまざまな醸造は享楽の新しい源泉〔各種の食卓用のリキュール類〕を開拓した。アルコールはまた、ある種の薬剤にその仲介物としての効力を与えた。

自然のヴェールに包まれていた液体の一種に対するあの熾烈な渇き、人種、気候、風土を問わず、あらゆる人々に共通するあの異常なばかりの欲望には、哲学的な観察者の注意を引く何ものかが存在する。

わたしもご多分にもれずこの問題を考えた。発酵飲料を求めるこの欲望は動物には見られず、傑作とも言うべき人間独特の生への捧げ物であるといえよう。（pp.148-150）

第七章　《オムレツ》

スコラ哲学者たちは何世紀にもわたってニワトリが先か卵が先か議論し続けたが、決して一致することはなかった。しかし、ニワトリより卵が先である。というのは、前五世紀のギリシャやイタリアに新参者のニワトリがやってきたときにすでに、家禽小屋にはガチョウ、アヒル、ホロホロチョウが棲んでいて、卵を産んだり、抱いたりしていた。だから卵はニワトリよりも先に存在していたという。そしてこれらの卵は食用にされておらず、食用にするのはニワトリの卵と決まっていた。

さて、オムレツについてであるが、この「オムレツ」とは和製語であり、本来は「オムレット」(omelette)であるが、語源は明確ではない。「オムレクト」(homelaicte) という料理はローマにさかのぼるが、この語源も非常に曖昧である。古代ローマ人たちが「オヴァ・メリタ」(ova mellita) と呼んでいたものは、卵を溶きほぐし蜂蜜を加え、素焼きの皿の中で焼いた料理であったということであるが、この語からきたと考える方がより理論的に思える。また、「オムレツ」という言葉の起源について次のような話も語られている。

『ラルース料理百科事典』[1]によると「スペイン王がある日、田舎に散歩に出たときのこと、たいへんお腹が空いていたので、一軒の貧しい農家に入り、そこに居合わせた男に、自分とお付きの者のために、何か食べるものを直ぐに作るように依頼した。男は早速、仕事にとりかかり、溶きほぐした卵をフライパンに入れ、オイルを入れて加熱したが、それは空腹の国王を十分に満足させるほどのスピードであった。

《なんという機敏な人でしょう！》と国王はこの料理を味わいながら言った。国王は今までにこんなにおいしい料理を食べたことがないと感じた。その後、文献によれば、卵を溶きほぐしてフライパンで焼いたものをオムレツ〔omelette〕と称するようになったのは、そのとき以来であり、これはスペイン王にこの料理を出す光栄を担ったオム・レスト〔homme leste：機敏な人〕を記憶にとどめておくためだった」と言うことである。

ロッシーニ風オムレツ

(Nouveau Larousse Gastronomique, 1960)

フォア・グラとトリュフの賽の目切りを加えて焼き上げたオムレツの上に、フォア・グラの薄切りとトリュフの薄切りを飾り、マデイラワインの入ったドミグラスソースを紐状にかける。

ブリア＝サヴァランは「オムレツ」にたいへん興味を持ち、「神父様のオムレツ」、「鮪入りのオムレツ」、「肉汁入り炒り卵」などを取り上げている。

1　神父様のオムレツ

【R夫人】

周知のように、R夫人[2]は二十年もの間、文句なしにパリ第一の美人という名声をほしいままにした。また、彼女は極めて慈悲深く、ある時期にはパリにおける貧民救済事業の多くに参与していたこともよく知られている。時としてこの都の貧困さは、どこよりも悲惨なものであった[3]。

ある日、彼女は、この貧困救済の問題で一人の神父様に相談ごとがあって、午後の五時頃にその家を訪問したが、神父様が早くもテーブルに着いておられるのを見てびっくり仰天した。ショセ＝ダンタン街に住むR夫人は、パリでは誰もが六時に夕食をとるものとばかり思っていて、聖職者は一般に早めに夕食を始めることを知らなかった。

R夫人は出直してこようとしたが、神父様に引き止められた。二人の相談事が一向に夕食の妨げにならない性質のものだったからか、美しいご婦人は誰にとっても決して邪魔にならない存在であるからだろうか、それとも神父様の客間をまぎれもないご馳走天国にするための話し相手がほしかったためだろうか……。(p.334)

している。

2　神父様のメニュー

ブリア＝サヴァランは、神父様のメニューにある「オムレツ」に注目しながら、メニューの説明をしている。

　実際テーブルの上は、しみ一つない清潔さで、年代もののワインがクリスタル・グラスの小壜の中できらめいていた。白い陶器も最上等品であり、皿は熱湯で温められていて、傍らに身なりの正しい年配のメイドが神父様からの御用を待ち構えていた。

　食事の内容は質素であるが、実に凝ったものだった。丁度、ザリガニのポタージュが下げられた後で、テーブルの上には、紅鱒、オムレツ、サラダがみられた。

【紅鱒】

「私の食事を見て、恐らく、今までお気づきになったのではありませんか。今日は教会の戒律による精進日なのですよ」と、神父様はにこにこしながら話した。Ｒ夫人はなるほどとうなずいた。私の手帳によると、彼女はこのとき少し顔を赤らめたが、神父様はおかまいなしに食事を続けた。

　まず、食べかけていた鱒の片を食べ終えられたが、ソースはいかにも名人が作ったものらしく、ご満悦の様子がその顔にありありと伺えるのであった。

【オムレツ】

第一の皿の紅鱒が終わると次にオムレツに取りかかった。それは丸くふっくらしていて、程よい焼き具合であった。スプーンでそっと押すと、見るからにおいしそうな香りのよい汁が、腹側からとろりと流れ出て皿一杯になった。愛すべきジュリエットは、これを見るともう口の中には唾が溢れてどうしようもなかったと、後で告白したほどであった。

人間の情念を観察することに慣れている神父様は、R夫人の心の動きを見逃すことはなかった。彼女が問うのを遠慮している素振りに答えるように、「これは鮪《まぐろ》のオムレツですよ。うちの料理人の得意な料理なんですよ。これを召し上がった方はほとんど一人残らず、お褒めの言葉をくださるのですよ」。「そうでございましょうとも、私どもの社交界の会食では、こんなにおいしそうなオムレツに、ついぞお目にかかったことはございません」。

【サラド】

次はサラドの番である。（私を信じてくださる皆様にはサラダを習慣的に食べることをお勧めする。体力を弱めるどころか元気付けてくれ、興奮させず、活力を与えてくれる食べ物だから。「サラドは若返りの妙薬だ」――これが私の口ぐせである）。

食事の間中、会話は少しも滞ることなく進行した。夫人の訪問の用向きについても、当時猛威を振るっていた戦争についても、世相やカトリック教会の将来についても、おいしい食事をいっそう楽しいものにする話題の数々が話し合われた。

【デザート】

いよいよデザートである。セモンセル〔ジュラ山中の村〕のチーズ、カルヴィル〔ノルマンディ地方の町」のリンゴ三個、ジャム一壺という取り合わせであった。

最後にメイドさんが昔よくあった一本足の小さな円テーブルを引き寄せて、熱くよく透きとおったモカ・コーヒーの一椀を置いたが、その芳香はたちまち部屋中に立ちこめた。

コーヒーをちびちび楽しみながら飲み終わると、神父様は食後の祈りを口ずさんでから立ち上がって次のように申された。「私は決して強いリキュールは飲みません。これはまったく余計なぜいたく品で、食事をともにする人たちにお勧めしても、私自身はまったく口をつけません。もっと年寄りになったときの楽しみにとっておくのです。神様が私に長寿を授けてくださればの話ですが……」。

そうこうしている中に何時しか時間が経って六時になった。R夫人はあわてて馬車に乗った。その日彼女は（私も含めて）友人たちを夕食に招待していたからである。彼女はいつものようにやや遅れて到着したものの、そのとき彼女の脳裏にはまだ、今体験した芳香にすっかり圧倒されてしまっていた。

食事の間、もっぱら神父様のメニュー、とりわけ鮪入りオムレツの話で持ちきりであった。

R夫人は、大きさ、膨らみぐあい、かっこうなど、いろいろな点からオムレツを絶賛した。その説明はすこぶる正確だったので、一同は口を揃えて、「それはきっとおいしいに違いない」との意見の一致をみた。それはいわば、感覚上の方程式[4]で、各人は勝手にそれを解いたのである。（pp.334-336）

3　鮪入りオムレッの調理法

『ラルース料理百科事典』[5]にも「ブリア＝サヴァラン風鮪のオムレツ（神父様のオムレツ）」は、詳細に記述されている。『味覚の生理学』より、その調理法を見てみよう。

　六人分の鯉の白子二個をよく洗い、少し食塩を加えて煮立てた湯の中で五分間ゆでる。

　鶏卵ぐらいの大きさの新鮮な鮪の切り身に、あらかじめみじん切りにしておいたエシャロット一個分を加える。

　白子と鮪を合わせてみじん切りにし、よく混ぜ合わせる。これを鍋に入れ、極上質のバターの大きな塊を入れ、このバターが溶けてしまうまで炒め続ける。この炒め方にこのオムレツのおいしさの秘訣がある。

　さらにもう一度、適量のバターひと塊を用意し、パセリとシブレットを加えて練る。これをオムレツに盛り付けるための魚の形をした皿に入れ、レモン汁をかけて、熱い灰の上に載せておく。

　それから鶏卵十二個を溶きほぐし、炒めた白子と鮪を加えてむらのないようによく混ぜる。あとは普通のやり方でオムレツを焼くが、細長くて厚みがあり、ふんわりと柔らかに出来上がるように留意する。これを用意しておいた皿の上に形よく盛り、温かいうちに食べてもらうように供する。

　これは上等なオムレツの調理法で、凝った朝食や食通の人たちの集まりなどに供するのに適している。これに年代物のおいしいワインが加わると申し分のないメニューとなる。

このオムレツの調理法には三つのこつがある。

①白子と鮪を炒める際には、硬くならないように、炒めすぎないことがポイントである。

②盛り皿は、汁が底にたまり、それをスプーンですくえるように、くぼんだ深皿を用いる。

③皿は少し温めておくことが大切である。冷たいままでは陶器がオムレツの熱を吸収してしまい、ブール・メートル・ドテール〔バターにパセリとシプレットを混ぜたもの〕がうまく溶けないからである。(p.336)

4　肉汁入り炒り卵

ある日、私は、二人の婦人を連れてムラン〔パリから見てセーヌ川の上流四六キロにところにある町〕に旅した。

そんなに早く出発したわけでもないのに、モンジュロンに到着したときは、三人ともお腹がペコペコでどうにもならない状態であった。

無念にも、われわれが降り立ったオベルジュ〔レストランを兼ねた田舎風の小ホテル〕はかなり見てくれのよい外観であったが、肝心の食料は払底していた。つい先ほど、三台の乗合馬車と二台の駅伝馬車が立ち寄って、「エジプトのイナゴの大群のように何もかもすっかり平らげてしまいましてな」とオベルジュの主人は言う。

ふと見ると、堂々とした羊の股肉が焼き串にさされてくるくると回っているではないか。ご婦人方はいつもの癖でそれを流し目でみていた。

いかんせん、彼女らの色目も効き目はなく、羊の股肉はそれを持参した三人のイギリス人たちのものだった。彼らは悠然としてその焼き上がりを待っているところだった。

そこで、私は悲哀と懇願の気持ちを込めて、オベルジュの主人に頼んだ。「でもせめて、卵を炒りつけるのにあの羊の肉汁を分けて貰えないか。それさえあれば、あとはミルク入りコーヒー一杯でも我慢できるのですが」。「ああ！　ようござんす。したたる汁は文句なしに私のものなのである。すぐに作ってさしあげよう」と主人は言いながら、慎重に卵の殻を割り始めた。

彼らが仕事にかかっている間に私は炉のそばに近づき、ポケットから旅行ナイフを取り出し、いきなり禁断の羊肉に十二の深い傷をつけた。こうしておけば、傷口から肉汁は最後の一滴まで流れでるであろうからだ。

さらに主人のところにも行って、あれこれ注文をつけた。うっかりでき損なってはおしまいだからである。ほどよくでき上がるとこれを独占して、われわれのために用意されていた部屋に持ち込んだ。

そしてわれわれは舌鼓を打った。実際に羊肉のエキス分をいただいたのは、われわれであり、わが親愛なるイギリス人たちは、筋だらけのカスをしこたま噛まされたのだと思うと、気が狂ったかのように笑いこけた。（pp.337-338）

5　フランス料理のオムレツ

卵は八面六臂の調理特性をもっているが、控えめな卵の個性は他の食材との調和もよく、『ラルース料理百科事典』[6]の中には、一一二種のオムレツと一二種の甘いオムレツが紹介されている。そのうちからいくつかを紹介する。

1　基本的なオムレツ

ほんとうにおいしい基本的なオムレツは、ふっくら、ふんわり、まるまると太っていて、表面には薄い焦げ目がつき、中は半熟で溶けるように柔らかいのが最上である。とくに、トマトソースがよく調和し、ソースのないオムレツは美人に目がないようなものであると言われている。

2　サヴァラン風オムレツ（フレデリックの調理法）

これは、前述の《神父様のオムレツ》を大司教の料理長であるフレデリックが改良した調理法である。これのもともとの作り方は、大司教（彼は教会参事会員であり、美味学の学士号取得者である）の給仕長と料理長の忘れがたい論争の主題になったものである。その結果、料理長のフレデリックが勝利をおさめた。

《神父様のオムレツ》と異なる点は、①エシャロットを使わない、②白子をみじん切りにしないで薄切りにして、生で使う、③鮪を賽の目に切ってバターで蒸し煮する、④溶きほぐした卵に、クリームをたっぷり加えたザリガニのソースで白子と鮪を和える、⑤供卓時にはオムレツの上に同じソースを控えめにかけて、黒トリュフの大きな薄で切りで飾って盛り付ける……などである。

3　アンチョビー入りオムレツ

アンチョビーの身を塩抜きして、裏ごしし、これを加えて卵を溶きほぐし、普通のオムレツをつくる。アンチョビーの身を塩抜きして細い紐切りにして、オムレツの上に飾る。

4　ナンシー風オムレツ

作り方には二種類の方法がある。

その一　クレープ形につくる方法

バターで炒めた玉葱のみじん切りを加えて卵でクレープ形のオムレツを二枚つくる。一枚を丸皿にのせ、その上にバターで軽く焼き色をつけた豚の黒ソーセージの輪切りをおき、その上にもう一枚のオムレツをのせ表面のパセリのみじん切りを振り掛ける。煮詰まった仔牛のだし汁を紐状にかけ、薄褐色に焦がしたバターを上からかけて仕上げる。

その二　巻き込んでつくる方法

材料の調整法は同じであるが、焼き上げるとき、バターで焼いた豚の黒ソーセージの筒切りをこれに巻きこむ。煮詰めてバターを加えた仔牛のだし汁を紐状にかけて仕上げる。

6　アントルメ用オムレツ（菓子用）

1　いちご入りオムレツ

いちごを砂糖を加えたラム酒またはキルシュにつけておき、これをオムレツに巻き込む。表面に砂糖をふりかけ、強火のオーヴンでグラッセにし、リキュール酒の入ったいちごソースをオムレツの周りに飾る。

2　ジャム入りオムレツ

いちごの代わりにいろいろな果実ジャムをオムレツに巻き込み、粉砂糖をたっぷりと振りかけ、真っ赤に焼いたこてを当てて焼き目をつけるか、サラマンドル（料理の表面に焦げ目をつける機器）でグラッセする。

3　スフレ・オムレツ

耐熱性の長皿にバターを塗り、粉砂糖をたっぷり振りかけた上に、生地（卵黄、砂糖、ヴァニラ、レモンの香りづけしたもの）を泡立て卵白を加え、型に流し込んで焼き上げ、表面に粉砂糖をふりかけ、オーヴンでグラッセする。

4　ノルマンディー風オムレツ

リンゴの産地ノルマンディー地方のオムレツである。オムレツを焼いて二つ折にする前に、濃い生クリームを加えたりんごのママレードを載せて仕上げ、食卓用の加熱器にのせ、温めたカルヴァドスを注いで点火し、熱いところをすすめる。

オムレツは朝食のメニューに、昼食と夕食には魚介料理の代わりに広く利用されている。栄養価が高く、多様な調理特性を持ち、有用な食材として利用され、メニューの中でさまざまなポジションが与えられている。

注

1　『ラルース料理百科事典』　一九七六　一三〇三頁

2　R夫人とは、レカミエ夫人(旧姓名は、ジュリエト・ベルナール)のことであり、ブリア゠サヴァランの母の従妹で、一八二五年当時、彼女は四十八歳であった。

3　パリの貧困者はとくに悲惨であった。しかし、パリ人がとくに冷淡なのではなく、人目につかなかったのである。彼らは思いやりがあり、また施し物もしていた。私も一八〇一〜〇二年に、七階の屋根裏部屋に半身不随で身を横たえていた老尼のために毎週わずかながら施し物をした。この女性は近所の人の施しを受けながら、たいした不自由もなく、一人の修道女とともに暮らしていた。

4　二十一世紀初頭、フランスの物理化学者エルヴェ・ティスは「分子ガストロノミー」(gastromie moleculaire) を提唱し、科学を芸術の域にまで高めてくれるパートナ、ピエール・ガニェールとの共同研究によって、調理法を要素で表し、方程式で表現することを試みている。

5　前掲『ラルース料理百科事典』　一二八六頁

6　同前　一二七八—一二八八頁

第八章　《ウナギ》と《ヒラメ》

一　ウナギ

1　ウナギ

急流で獲れたウナギは際だっておいしいといわれている。川のウナギは、淡褐色の皮、背部の緑がかった光沢、腹の下の銀色で見分けがつくとされている。池またはよどんだ水のウナギは泥臭い。ウナギの料理でもっとも大切なのは、産地がどこであろうとも、料理するまで生かしておかなければならないことである。

パリのシヨッセ・ダンタン街にブリゲという男が住んでいた。初めは御者だったが、やがて博労になって小金を蓄えた。

この男は生まれた故郷のタリシューに引き篭もる決心をして、金利生活者の一婦人と結婚した。彼女はかつて料理人として、当時「スペードのエース」という異名でパリ中に知られていたテヴナン嬢[1]の家で働いていたことがあった。(p.349)

折りよく故郷の村に小さい地所があり、それが手に入ったので、一七九一年の終わり頃、彼は妻とともにそこに住み着いた。

当時、各教区の司祭たちは、月に一度お互いに同僚の誰かの家に順に集まって、宗教上の問題について討議することになっていた。最初にミサを行い、それから討議、それからご馳走を食べた。

この会合の名は、「会議」と呼ばれ、当時の司祭は同僚を迎えるにあたり、前もって何くれとなく準備に心を砕いた。

さて、タリシューの主任司祭が当番のときであったが、たまたま教区民の一人がスランの清流で捕まえた長さ三フィート(約九八センチ)あまりの見事なウナギを司祭に献上した。

司祭はこのようなすばらしい魚を手に入れて大喜びはしたものの、自分の家の料理女にはこんな大物はとうてい調理しきれないのではないかと心配になった。そこで、とうとうブリゲ夫人のところへやってきて、その優れた腕前を褒めそやしたあげく、何とかひとつ、大司教のご馳走に負けない料理を作って、自分の食卓に花を添えてはくれないかと頼み込んだ。

恭順な信徒である夫人は請われるままに、お安い御用ですと引き受けてくれた。それにテヴナン様の下で使っていた珍しい薬味などもいろいろ小箱にとってあるので、喜んでお役に立ちたいと思います」と返事した。

ウナギは心を込めて料理され、すこぶる立派に食卓に供された。単に体裁よく立派であっただけでなく、その香りはなんとも食欲をそそるものであった。味を試してみると褒める言葉にも窮するほど美味で、肉からソースまできれいに姿を消して、お皿に何一つ残ってはいなかった。

ところがデザートになると、畏敬すべき司祭たちは何時になく興奮のご様子で、肉体が精神に及ぼす必然的影響として、話はだいぶ大胆になっていった。

ある司教はご自分の神学校時代の冒険をとくとくとしゃべり、別の司教はスキャンダルゴシップを引き合いにだした、隣席の同僚の冷やかしをやるし、要するに話題は期せずして、七つの大罪のうち一番可愛いらしいものに集中した。しかも何よりも驚くべきは、醜聞を話題にしていることに彼らが気付きさえしなかったことであった。悪魔というものはこれほどまでにずる賢いものである。

その日、皆は夜おそく散会した。私の秘密の手帳には、この日のことについてこれ以上は記されていなかった。しかし、次の会議の日にそのときの会食者たちが互いに顔を合わせると、この間しゃべったことが恥ずかしくなり、お互いに「先日はどうも失礼！」と詫びを言い合い、結局何もかもあのウナギ料理のせいだということになった。確かに、あのウナギ料理は珍味であったという点では異論はなかったが、ブリゲ夫人にいま一度腕を振るわせることは避けた方が賢明であると衆議一決した。

こんなにすばらしい効果を発揮した薬味とは一体どんなものだったのか、私は調べてみようとしたがうまく行かなかった。それが危険なものであるとか、刺激性であるとか言う人は誰もいないだけに、なおさらわからなかった。

ブリゲ夫人は、トウガラシをピリッと利かせたザリガニのクリームだと打ち明けてはくれたが、彼女が手の内を全部明かしてくれたとはどうしても思えなかった。(pp.349-350)

2　フランスのウナギ料理

『ラルース料理百科事典』[2]には、四八種の古典的なウナギ料理が収載されているが、その中からいくつかを紹介する。

1　ウナギのバスティヨン盛り

これはアントナン・カレーム[3]の創作料理である。

2　ウナギのガランティーヌ・渦巻き盛り

これも、アントナン・カレームの創作料理である。太いウナギ一尾の骨を抜きとる。

クリーム入りの川カマスのファルスに、舌ビラメの身とトリュフとのサルピコンを加えたものをウナギに詰める。ウナギをとぐろ状に巻き、紐で縛って形を固定し、白ワインとたっぷりした香辛料を加えた魚のだし汁で煮る。ウナギの水気を

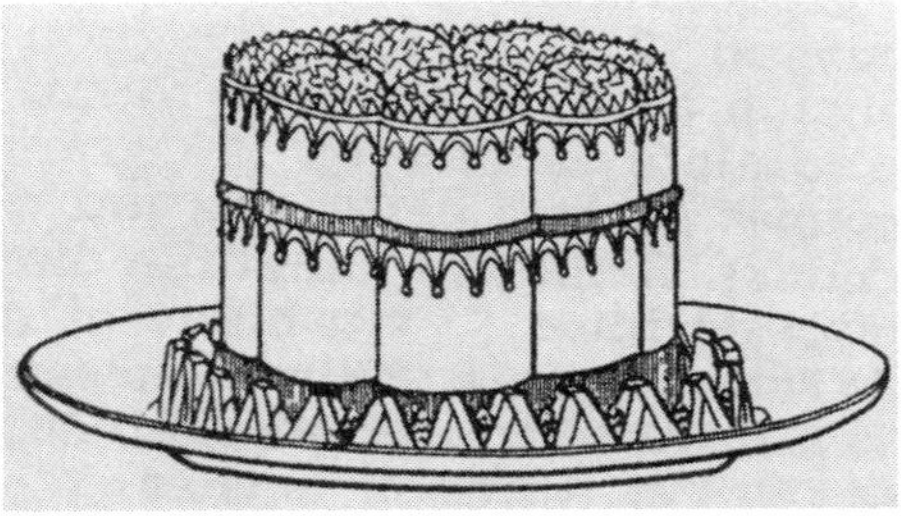

ウナギのバスティヨン盛り

(Nouveau Larousse Gastronomique, 1960)

アントナン・カレーム(1783～1833)の創作料理で、古典的な冷製ウナギ料理の一つである。

切り、冷ました後、ウナギの煮汁で作ったソース・ショー＝フロワをかけ、全体を覆う。トリュフと卵白でウナギに飾りつけを行い、魚のゼリーで艶出しをして仕上げる。

3　ウナギのボンヌ・ファム風

薄切りにしてバターで炒めたタマネギをソテ鍋にしいた上に、ウナギ一尾を筒切り、または丸身のまま輪状にのせ、塩、こしょう、ブーケ・ガルニ、白ワインを加えて弱火でポシェする。これをバターで揚げた食パンのクルトンの上に盛り、ソテしたジャガイモを付け合せる。煮汁にブール・マニエでつないだものを全体にかけ、刻みパセリを振りかけて仕上げる。

4　ウナギのフリカッセ

七〇〇から八〇〇グラムのウナギ一尾を六～七センチの筒切りとし、塩、こしょうで調味する。これらをたっぷりバターを塗ったソテ鍋に入れ、小タマネギ一〇個、ブーケ・ガルニ一束、水、白ワインを加え、二五～三〇分煮て、火からおろす五分前に、マッシュルームの薄切りを加えて煮あげる。魚の煮汁、卵黄、クリームで仕上げたソースを魚に注いで、できあがる。

5　ウナギのソース・タルタール添え

形が揃った筒切りにしたウナギを白ワイン入りのクール＝ブイヨンの中で煮て、煮汁の中で冷ます。ウナギを取り出し、イギリス風にパン粉揚げとし、ナプキンの上に盛り付ける。オイルで揚げたパセリを付け合せ、ソース・タルタールを別に供する。

6　ウナギのムニエール風

小型のウナギ数尾を八～一〇センチの筒切りにする。これらに調味し、小麦粉をまぶす。バターを用いてフライパンで焼き上げる。長皿の上に盛り付け、刻んだパセリとレモン汁を振りかける。供する直前に、はしばみ色に焦がしたバターをかける。

二　ヒラメ（チュルボ）

1　ヒラメ

ヒラメは大きな平たい魚で、もっとも美味な魚に属する。チュルボは菱形をしていて、皮には鱗がないといってもよく、鱗はあまりにも小さくて取り除くことができない。この魚の目は体の左側についており、この側は普通灰色もしくは黄色っぽい褐色であり、黒と白の非常に小さな斑点があちこちにある。もう一方の側は白色である。

チュルボの楕円形の体に合わせて、丸ごと調理することができる、菱形の専用鍋（フランスではチュルボティエールという）が作られている。チュルボはたいていゆで煮か網焼きにする。ブリア゠サヴァランは、次のようなヒラメ料理の逸話を紹介している。

【ヒラメの到着】

ある日のこと、不和の女神が、都で最も仲がよいある夫婦の家庭に波風を立てようと企てた。それは丁度土曜日、ユダヤ人の安息日であった。ことの起こりはヒラメのお料理で、舞台はヴィルクレーヌというところで起きた話である。

このヒラメは、もっと晴れがましい場所で使われる筈であったが、無理に貰い受けてきたものであった。それは新鮮でよく脂がのり、活きのよい魚であった。けれどもあまりに大きすぎてこれに合う鍋がない。どのように料理したものかと、夫婦は思案にくれた。

夫：どうだい？　二つに切ろうじゃないか？
妻：あら！　せっかくのこの魚をそんな目に合わせようって言うの？
夫：仕方がないさ、ほかにどうしようもないのだから。さあ、いいから包丁を持っておいで。それでたちまち落着だ！
妻：もう少し待ちましょうよ、あなた。切るのはいつでもやれるのだから。それに、もうじき従兄がくるよ。教授だからきっと何かいい知恵を貸してくれるでしょう。
夫：へっ、教授[4]などあてになるものかね。（pp.356-357）

2　ヒラメの料理

【ヒラメの蒸し物】

あわや難題が、アレクサンドルが結び目を一刀両断したという故知にならって解決されようとしたその瞬間に、勇ましい歩調で昂然と私は到着した。そのときの空腹感は、言ってみれば旅から帰宅し、時刻は夜七時で、おいしそうな夕食の匂いが嗅覚を刺激し、味覚を誘惑するときのあの感じそのものであった。

家にはいると私も型どおりの挨拶をしたが、二人からの返事はなかった。私のことなど耳に入らなかったようである。やがてこれまでのいきさつをにぎやかに、ほとんど二重唱といった様子で私に告げられた。それが終わると男声、女声両方ともに沈黙。ただじっと私を見つめている従妹の目は、「ねえ何とかならないかしら?」と言っているようであった。ご主人の方は「あいつに何ができるもんか!」と言わんばかりに、私を馬鹿にしてかかっているようであった。すでに、彼の右手には恐るべき包丁が握られていた。

私はご神託でも告げるかのように重々しい声で「ヒラメは晴れの舞台に出るまでその形を変えることがあってはならない」とおごそかに告げると、その場の険悪な雰囲気はやわらぎ、好奇心がありありと両人の表情に芽生えた。

私には、やり損ないはしないという確信があった。私はオーヴンで料理するつもりでいた。けれども、この方法にはどうやら差し支えがあるらしく、私は何一つ説明をせず、黙って台所の方に向かって歩みだした。私が行列の先頭に立つ形になり、従妹夫婦が従僧のように続き、家族のものたちが信者といった格好で、かのすご腕の料理女がしんがりをつとめた。

初めの二室には私のお目がねにかなうようなものはなかった。しかし洗濯場に入ると幾分小ぶりではあるが、堂々とした釜が竈《かまど》にかかっているのが、目にとまった。早速、これなら使えそうだと思い、お供の一行に向かって、「ご安心なされ。ヒラメはこのままの形で調理できますよ。すぐにヒラメ蒸しができますよ」と、山をも動かさんばかりの自信を持って叫んだ。

もうとっくに夕食の時間になっていたけれども、私は早速家中の者を動員した。竈に火を入れてもらっている間に、私はワイン瓶五〇本入りの大かごからちょうどヒラメの大きさほどの簾《す》の子を作った。この簾の子の上には、薬味用の葱や香草を敷き詰め、その上に適当に塩をしたヒラメを横たえた。その上には、さらに葱やそのほかの薬味をのせ、水を半分ほど張った釜の上にヒラメを載せ、簾の子をわたし、全体をたらいで覆った。蒸気の発散を防ぐために、たらいの周りには乾いた砂を積んだ。まもなく釜はぐつぐつと煮立って、蒸気はたちまちたらいの内側に充満した。三〇分経ってたらいを取り除き、釜の上から簾の子をおろした。ヒラメはちょうど頃合に蒸し上がって、色は白く、申し分のない出来栄えだった。

ひと仕事やり終えて、われわれは急いで食卓に着いた。夕食の時刻は過ぎていたし、よく働き、成功した喜びも手伝って、空腹感はいやが上にも高まっていた。あのホメロス〔古代ギリシャの詩人〕が語っている幸福な瞬間、すなわち、いろいろな料理を十分に食べて飢えがおさまる瞬間まで、ずいぶんと時間がかかった。（pp.357-358）

【称賛されたヒラメ料理】

翌日の晩餐に例のヒラメがお客の前に供されると、あまりの見事さに感嘆の叫びが上がった。そこで、家の主人はどのようにして、予想外のやり方でこの魚が料理されたかについて語った。私はただ、臨機の措置を褒められただけでなく、料理の出来栄えに対しても称賛を受けた。念入りに賞味した後、普通のヒラメ鍋で煮られたものとは、比べ物にならないほどおいしいと、満場一致で評価された。

この評価には誰一人として驚かなかった。それというのも、ヒラメは全然熱湯をくぐらせてなかったので、その成分は何一つ失われることなく、かえって添えものの香草や薬味の風味を十分に吸収したわけであるから、おいしいのは当然であろう。

たくさんのお世辞にいささか食傷気味になりながら、私は会食者の表情の上に、何かもっと率直な賛辞が読み取れないかと眺めまわした。ラバッセ将軍は一口運ぶごとに相好をくずした。司祭は首を伸ばし、じっと天井を見つめてたまま恍惚としていた。席には、知的素養と食道楽を兼ね備えた二人のアカデミー会員が列席していたが、そのうちの一人、オージェ氏〔ルイ＝シモン・オージェ〕は、まるで自分の著書が喝采されているかのように、目を輝かせ顔を紅潮させ、もう一人のヴィルマン氏〔アベル＝フランソワ・ヴィルマン〕は、まるで、何かを熱心に聞き入るかのように、頭をかしげ、あごを左にしゃくっている。これを見て私は心中すこぶる愉快になった。

以上の話は覚えておいて損にならないことである。というのは、どんな田舎の別荘にだってたいていは、今私が利用した道具程度のものは備わっているので、不意に到来物があったり、普通のサイズを超えた逸物が手に入った時には、こうした道具を利用してそれらを調理することができる。

しかし、以上の出来事も、もし私が、それをさらに広い用途に役立たせるべきだと考えなかったならば、わざわざ読者の皆様に披露などしなかったであろう。

実際、蒸気の性質や効果に通じている人は周知のことであるが、温度に関しては蒸気は熱湯にひけをとらない。いや多少濃縮してやれば熱湯よりも数度温度が高くなり、出口がなければ集積する。

ということはつまり、他の条件が同じであれば、先の実験で蓋の役目をしたたらいの容積を大きくさえすれば、蒸気の力によって迅速にしかも安い費用で、大量のジャガイモでもダイコンでもニンジンでも、簾の子に載せて樽の中に入れられるようなものは何でも、人間用にも家畜用にも調理することができる。しかもそれが容量一〇〇リットルの大釜を煮立たせるのに必要な時間の六分の一、薪の量も六分の一でできるのである。

この簡単な装置は都市でも田舎でも、ちょっとした設備のあるところならどこでも、結構役に立つであろう。まあこんな次第でみなさんにこの自慢話を聞いていただいたわけである。

まだ、台所では蒸気の力を十分に利用していないように思われる。発明奨励教会の紀要で、私がこの方面に尽力していることを、農場技師の諸氏に知らせてくれることを期待している[5]。

(pp.359-360)

注

1　女優ジャンヌ＝フランソワーズ・テヴナン・ドゥヴィエンヌ（一七六五〜一八四一）。一七八五年コメディ・フランセーズに入団し、マリヴォー劇の女中役でならした。一八一三年引退する。

2　『ラルース料理百科事典』　一九七六　一二六―一三六頁

3　アントナン・カレーム（一七八三〜一八三三）は、すばらしい建築のモチーフを使って大規模なビュッフェを取り仕切ったり、『十九世紀のフランス料理術』をはじめ、多くの本の著者として業績を高く評価され、調理技術の整理、統合、献立の簡素化などを行った。

4　メモによれば、このセリフを吐いた当人はあまり教授を信頼していなかったものと見える。ところが教授というのはほかならない私のことである。こんちくしょう！

5　ブリア＝サヴァランは一八二六年『味覚の生理学』を刊行する直前にこの世を去ったが、もう少し長生きしていたら、圧力鍋の原理を解明していたであろう。すでに、ドニ・パパン（一六四六〜一七一四：物理学者）が家庭用圧力鍋の全身である蒸気蒸し器を一六九〇年に発明していた。ちなみに、家庭用圧力鍋の開発は、一九一七年アルフレッド・ド・ビッシャー・ジュニアによってであった。

第九章 《ジビエ》

一 ジビエについて

飼育されておらず、野原や森林中の自由な状態において、生息して食用になる動物をジビエ(野禽《やきん》類)という。

とくに野生の動物のなかで、キツネ、タヌキ、カラス、カササギ、フクロウその他は臭い動物といって食用にはしない。

ジビエは次の三種に分けられる。

第一は、からだの大きさが、ウズラかツグミぐらいまでの小さな鳥。

第二は、ほんとうの意味でのジビエで、ツグミよりも大きいもの。クイナ、ヤマシギ、ヤマウズラ、キジ、ウサギなどである。

第三は、大きなジビエで、イノシシ、コジカなどである。

ジビエは健康によく、体を温め、風味があり、味もすばらしく、消化のよいものである。長い経験がある名調理人の手にかかると、調理の技術を芸術の域にまで高めるようなすばらしい価値ある料理ができる。

ジビエの諸性質は必ずしも本来、固有のものではなく、むしろ調理人の腕前によることが多い。たとえば、鍋の中に、塩と水と一塊の牛肉をほうり込んで煮れば、簡単にブイヤポタージュができあがる。しかし、牛肉の代わりにシカかイノシシを煮てみる。それはとても食べられたものではない。そういう点で、肉屋で売っている肉が最も無難である。

しかし、百戦錬磨のシェフの手にかかると、ジビエは無数の微妙な修正を受け、深い味わいをもつご馳走となる。これこそ、至高な調理術の主役となるものである。

ジビエの価値を決めるもう一つの大きな要素は、それらが生育した土地の性質である。ペリゴール地方の紅ヤマウズラとソローニュ地方の紅ヤマウズラとでは味の質が異なる。パリ近郊の野原で撃った大ウサギの料理なんかはおおよそ味気ないものであるが、ヴァルロメとか高地ドフィネとかの焼きつくような丘陵に生まれた小ウサギは、おそらくあらゆる四足獣のうちでも最もよい風味がある。(pp.98-99)

1　ベークフィーグ

小鳥類の中でもっとも美味ナンバー・ワンはなんといってもベックフィーグ〔イチジクをよ

く食べる燕雀類の鳥〕である。

　これはすくなくとも、コマドリやホオジロ程度に脂がのっている。しかもそのうえに、かすかな苦みと何ともいえない独特の香りを備えているので、食欲をそそり、賞味能力に満足感を与え、至福の状態へと導く。ベックフィーグがもしキジぐらいの大きな鳥であったら、自分の領地の一部と引き替えに、これを求めようとする人もあろう。

　パリでは、この貴重な鳥に滅多にお目にかかれないのは残念である。じつは何羽かは来るが、一番大切な脂の乗りがお話にならない。フランスの東部や南部の地方で見られるものに比べて問題にならない。(p.99)

2　小鳥の食べ方

　小鳥類の正しい食べ方を心得ている人は極めて少ないので、ここで、教会の参事会員のシャルコ師から直接教わった方法を披露しよう。この人は職業柄食いしん坊であり、しかも三〇年も前から、完璧な美食家であった。

　まず、よく脂の乗った小鳥のくちばしをつまんで、少量の塩をふりかけ、砂袋を抜き取る。手つきよろしくこれを口に入れ、指のすぐそばで噛み切ってから、勢いよく咀嚼するのがよい。すると、かなり豊富な汁が出てきて、口いっぱいに広がる。この味のおいしいことといったら、風雅を理解できない俗人には想像もつかないことであろう。

《わたしは無粋な俗物を憎み、これを遠ざける》ホラチウス〔古代ローマの詩人〕(pp.99-100)

3　ウズラ

ウズラは、本来の意味でのジビエのなかで最も可愛い。よく脂の乗ったウズラは味、形、色ともに申し分ない。これはローストにするか、紙に包んで焼くのがよい。ほかの調理法で供するのは無知な人がやることである。それというのも、ウズラの香りはとても消えやすく、これを何か液につけたりすると、せっかくの香りがその中に溶けて発散してしまう。(p.100)

4　ヤマシギ

ヤマシギもすこぶる優れている鳥なので、その魅力をすべて知りつくしている人はめったにいない。ヤマシギのほんとうの持ち味はそれを仕留めた当人の前で、即座に焼いたものがもっともおいしい。このようにしてはじめて正しい作法に則った焼き鳥が出来上がる。(p.101)

二　キジについて

「ファシアヌス」(phasianus) というのが、キジのラテン語であるが、古代人は「ファーズの鳥」(oiseau du phase）と呼んでいた。「ファーズ」というのは、ヨーロッパとアジアを分けるコーカサス南部地方を流れる川の名前である。キジの天国は、中国、日本、ビルマ、ベトナム、コーカサス山脈、および南アジア全域である。

日本では国鳥に指定されている。古来、最も珍重された食鳥で、狩猟の好対象であった。江戸時代には、羽の付け根の節を用いた羽節酒や腸を使った酒が造られていた。現在は数が減少しているため、雌は禁猟となっている。一般に食用として流通しているのは、飼育されたものである。ブリア＝サヴァランはキジについて、次のように述べている。

キジはすべてのジビエの上位におかれるべきであるが、これを適切に調理できる人はとても少ない。

死後八日も経過しないキジはヤマウズラや若鶏ほどの味わいもない。キジの真価はその香味にある。

学者は香味が発散する原理を研究し、実験的に香味を出す試みもおこなっている。キジを捕らえて焼肉にすることは、最高のグルマンに相応しい美食行為である。（p.101）

1 キジの食べ頃

キジは一つの謎であり、精通者にだけその言葉のもつ意味がわかり、彼らだけがその妙なる味を正当に評価できる。

食材には食べ頃というものがある。ケーパー、アスパラガス、ヤマウズラの雛、雛鳩などがそうである。ところが、多くのものは十分に成長したものがおいしい。メロン、ほとんどの果物、ヒツジ、ヤギ、ヤマウズラの類がそうである。一方、分解が始まってからの方が、食べ頃のものもある。サンザシの実、ヤマシギ、とくにキジがそうである。

このキジは死後三日以内に食べた場合は、他の鳥と変わらず、若鶏ほどの美味でもないし、ウズラのような香気もない。しかし、ちょうど食べ頃に賞味すると、じつに柔らかですばらしくおいしい。飼鳥肉のようでもあり、猟獣肉のようでもある。

この極めて好ましい頃合とは、キジのたんぱく質が分解し始めるときであり、香気が発生し、脂の中に何ともいえない香味がでてくるが、これには少し発酵させることが必要である。ちょうど、コーヒー豆を煎って油をださせるときに始めて香気が生じるのと同じ理由である。

この時期について、普通の人はごくわずかな匂いと腹の色の変化からわかるが、その道の人にはただ勘でわかる。

キジは時期を見定めて、初めて羽を抜かねばならない。早すぎてもいけない。それから、上等の精選した脂身をピケする。

また、キジの羽は早くから抜かないことが大切であるが、羽にくるまれて保存された肉は、長いこと裸にされていた肉よりも、ずっと香りがよい。（pp.367-368）

2 キジの詰め物料理

まず、詰め物を用意するが、ヤマシギ二羽の骨をとり、臓物を抜き、肉の部分と内臓の二組に分ける。

肉の部を、蒸気で蒸した牛の骨髄と一緒に刻んで、少量のベーコン、こしょう、塩、香味野菜、トリュフとともに詰め物をつくる。

中身がはみ出ないように、きっちり詰める。

つぎに臓物を、大きなトリュフ二個、アンチョビー一尾、少量の刻んだベーコンおよび適当なバターの固まりとともにすりつぶす。

キジが横たわるくらいのパンを焼き、その上に臓物のすり身を一様にならし、さらに詰め物をしたキジを置き、焼き上げるが、その間に全体がまんべんなく流れ出る肉汁を潤うようにする。

焼きパンの上に寝かせたままで供する。まわりに苦いオレンジを置くとよい。

この香り高いご馳走はブルゴーニュ地方のワインを飲みながら賞味するのが何よりである。これは私の長年の研究の結果である。（pp.368-369）

3 キジのトリュフ詰めの賞味風景

かつてキジのトリュフ詰めが私の前で調理されたことがある。それは、ラ・グランジュの城の私の友人ヴィルプレーヌ夫人のもとで、有名なシェフのピカールによってなされた。それを給仕長のルイがすり足で、テーブルに運んできた。皆はそれを、エルボー夫人の帽子でも眺めるように、入念に点検した上で、注意深く味わった。そのものものしい作業の間、婦人たちの目は星のごとくきらきらと輝き、唇はサンゴのように艶を帯び、顔はうっとりとして、あたかも酔ったような有様であった。

かつて、私みずから、高等法院の面々にこれらのご馳走を供した経験がある。日頃、いかめしい姿の司法官たちも、さすがにおいしいご馳走を前にして、その時ばかりは、かなり派手に鼻をぴくぴくさせながら、謹厳な眉の間を晴れ晴れと開き、穏やかな微笑とともに、喜ばしい雰囲気を漂わせていた。

上記のような調理をすれば、キジ自体の香味の上に外側からはヤマシギやトリュフの発散する香りがこもり、焼きパンはすでにいろいろな物がたくさん載っているので、キジが焼ける間に、三種の組み合わされた肉汁が落ちてくるのを受け止める。

この料理こそ、他の何よりも優れていて、高貴な方の召し上がり物としては最高であると私は信じる。（pp.369-370）

4 キジ料理の数々

美食家ローベル・ビュルナンは「キジは、少なくとも姿、あるいは飼育場の鉄格子の中では、野鳥の王様である。王たるに相応しいすべての特性、すなわち、緋色のマント、金色の首飾り、冠毛、長い毛、蹴爪を備えている。しかし、この豪華な身づくりがキジを不幸にしている」と書いている。極めて風味のよい肉をもつこの鳥をほんとうに愛好している者は雄よりも雌のキジを好んでいる。雄のキジのもっとも目立つ特徴は、体全体よりも長い尾の形、青と緑に輝く首の羽である。ところが、雌の尾は短く、羽毛にもそれほどの輝きはない。

キジ料理は美食家の憧れの的であるが、『ラルース料理百科辞典』の中には、温製料理二八種、冷製料理として九種の料理が紹介されている。キジのトリュフ詰めが王様である。

キジのプリンス・オルロフ風ゼリー寄せ

(Larousse Gastronomique, par Prosper Montagne, Librairie Larousse Paris, 1938)

二羽のキジを使い、一羽分のトリュフとフォア・グラ入りファルスを、他の一羽のキジに詰めて、ブイヨンで煮、ブロンド色のソース・ショー・フロアで飾った見事な冷製料理。

第十章　《アスパラガス》と《フォンデュ》

一　アスパラガス

ジャン・ポール・アロンが『十九世紀のパリにおける市民たちの食べ物に対する感性に関する試論』[1]の中で、「アスパラガスの放つ威光」と称しているように、この野菜は一九世紀のブルジョワ向けの極上の夕食のメニューに欠くことのできないものであった。アスパラガスは子羊や鳥ローストに添えられ、極上のさやいんげんには負けるがグリンピースよりも上等とされていた。

1　教会の菜園のアスパラガス

ブリア＝サヴァランはアスパラガスについてのエピソードを、面白おかしく述べている。

ある日のこと、生まれ故郷のベレの司教クルトワ・ド・キャンセー猊下のところに、誰かが菜園で見事なアスパラガスが頭をもたげたと知らせてきた。

それを聞いて、仲間たちは、真偽のほどを確かめようと現場に駆けつけた。司教の邸内で何かあると、みんなは大喜びであった。

知らせは嘘でも誇張でもなく、大地を割ってアスパラガスの穂先が頭を覗かせていた。頭は先が丸く、つやつやしていて、まだらであり、茎が出たら片手で握りきれないほどの太さになりそうであった。

それから、日一日とアスパラガスは美しさと風情を増すばかりであった。それは緩やかではあるが、休むことなく伸び続け、食用部分がなくなる白いところが見え始めた。

アスパラガス

19世紀前半の版画（作者不詳）

（マグロンヌ・トゥーサン＝サマ著　玉村豊男訳　『世界食物百科』　原書房　1998）
アスパラガスはスペアと呼ばれている若い茎を食べる。スペアは、地下にあるクラウンと呼ばれる根茎から伸び、クラウンは15〜20年の間スペアを生み続ける。

そこで、これを掘り出す時が決まり、司教様の散歩の帰りを待ちながら、一同はその日のご馳走の準備を始めた。

いよいよ司教様が特製のナイフをもってお進みになり、厳かに身をかがめて、昂然とそそり立っているアスパラガスを切り始められた。一同はかたずを飲んで、アスパラガスの繊維や組織がどのようになっているのかを知りたいと待ち構えていた。

しかし、何という驚き！　何という落胆！　何という悲しみ！　司教様は、空手で立ちすくんでしまった。そのアスパラガスは木製であった。

このいたずらは少し念が入りすぎているが、これは修道士ロッセの仕業であった。彼はサン－クロード生まれで、すばらしい細工師であり、また、絵を描くのもなかなか上手だった。

彼はあらゆる点に細心の注意を払って偽りの植物を作り、ひそかに土中に埋め、毎日少しずつ、自然の発育の成長のようにそれを持ち上げてきた。

司教様はこのいたずらをどう処理しようかと困惑されていた。しかし、みんなの顔の上にはいまにも吹き出さんばかりの表情が見られ、それを見てにっこりお笑いになった。やがてそれが、勇敢な高笑いの口火となり、みんなは犯人の方をほったらかしにして、その夜だけ、木製のアスパラガスがサロンの栄誉に浴した。(pp.351-352)

2　アスパラガスの束

二月のある晴れた日、パレ・ロワイヤルに出かける途中、私〔ブリア＝サヴァラン〕はシュヴェ夫人[2]の店の前で足を止めた。シュヴェ夫人とは、パリでもっとも評判のよい食料店の女主人で、常日頃いろいろと便宜を図ってくれた。店頭には、一束のアスパラガスが並べられていたが、その太さといったら、どの一本を取ってみても私の人差し指以下のものはなかった。値段を尋ねると、

【シュヴェ夫人】　「四〇フラン[3]です」

【私〔ブリア＝サヴァラン〕】　「まったく見事なアスパラガスだけれど、そんなに高くては王様か華族様でなければ食べることができないではありませんか」

【シュヴェ夫人】　「それがそうでもないんですよ。これほどの上物なら召し上がるでしょうが、これほどの逸品はね。でも、うちのアスパラガスは結構出ますよ」と、彼女が言ったとき、それは私の目前で売れていった。そして彼女は次のように説明してくれた。

【シュヴェ夫人】　「このパリには、金融家、資本家、御用商人といったお金持ちで、痛風だとか、カタルだとか、医者の命令だとかの理由で家に閉じこもっている人が、すくなくとも三〇〇人はいるのです。これらの人たちは暖炉のそばで、何かうまいものはないかと脳味噌を絞っているわけです。よい知恵がうかばないときは、召し使いに何か探してくるように命じるのです。するとその召使が私の店にやってきて、たとえば、このアスパラガスを見つけて、報告すると

いうわけです。そこで、値段に糸目をつけずにお買い上げくださるというしだいです。それから恋人同士の二人連れも私どものお得意ですよ。ご婦人の方がお連れの方に『ねえあなた、すてきなアスパラガスよ！　あれ買いましょうよ。うちのお手伝いさんは、アスパラガスのソースを作るのがとても上手よ』というようなことを言うと、色男たるものは値切りもしないで、買って行く。それから、賭けに勝つとか、今日は洗礼だとか、相場が上がったとか、なんだか私はよく知りませんが、高いものほどよく売れるということです。とにかく、パリというところはいろいろ思いがけないことが起こるので、値が張るものを並べておくだけのことはありますよ」。

そんな話をしているところへ、よく太ったイギリス人が二人、腕を組んで通りかかり、われわれの脇に立ち止ったが、とたんに顔に感嘆の色を浮かべた。一人はこの立派なアスパラガスを包ませて、値段も聞かずにお金を置いて、彼らの国歌「ゴッド・セイヴ・ザ・キング」を口笛で吹きながら去って行った。

【シュヴェ夫人】　笑いながら、「ご覧になりましたでしょう。あんな買い方をする連中もいるのですよ」と。(pp.381-382)

3　アスパラガス物語

アスパラガスは古代エジプトにおいても栽培されていたと、考古学者は推測している。

古代ギリシャ・ローマ人もアスパラガスを栽培していたようであるが、とくに野生のアスパラガスを好んでいたようである。それは地中海岸の木々の下に群集していた。それは薬用アスパラガスの若芽である。アピキウスはアスパラガスの調理法[4]を残しているが、栽培種なのか野生なのか不明である。茹でたアスパラガスやピュレを用いた冷製料理も記載されている。

フランスでアスパラガスが大いに好まれるようになったのは、とくにルイ十四世（在位一六四三〜一七一五）のとき、ラ・カンティニー（フランス農学者）の尽力によるものである。彼は太陽王ルイ十四世の食道楽を満足させるため、アスパラガスの促成栽培法を考え出し、国王の食卓に一年中アスパラガスを供することができるようにした。

さらに、ニコラ・アペール（一七四九〜一八四一）が食品をガラス瓶に入れて密封し、長時間煮沸する方法を発明して以来、庶民もアスパラガスを季節を問わず、入手できるようになった。

4　アスパラガスの料理

食道楽のルイ十四世によって、面目躍如たるアスパラガスは、フランス料理の中でも高い評価を得、ロベール・J・クルティーヌ[5]も「アスパラガス讃」を書いている。『ラルース料理百科事典』の中にも二四種のアスパラガス料理が紹介されている。ここに、代表的ないくつかの料理を紹介しよう。

1　アスパラガスのグラタン

茹でたアスパラガスをよく水切りし、耐熱性の皿に並べ、モルネーソースをかけ、パルメザンチーズをかけて、グラティネして供する。

2　アスパラガスのクルスタード盛り、カレーム風

大きなホワイトアスパラガスの穂先を茹でて、一本ずつゼリーを混ぜたマヨネーズソースを塗って冷蔵庫で冷やす。焼いたクルスタード（かりかりに焼いたパン）のパイ殻の半分の高さまで、オイルとレモン汁で調味したグリーンアスパラガスの穂先とトリュフのサラダを詰め、その上に冷製ホワイトアスパラガスをピラミッド形に盛り付けて仕上げる。

3　アスパラガス、フォントネル風

塩茹でにしたアスパラガスをバターと一緒に供する。会食者はアスパラガスに溶かしたバターを滲み込ませてから、半熟卵の中につけて賞味する。

5　今日のアスパラガス

今日、アスパラガスの主要生産国はアメリカ合衆国、ヨーロッパ、メキシコ、台湾などである。アスパラガスは《スペア》と呼ばれる若い茎を食用とするが、スペアは《クラウン》と呼ばれる地下にある根茎から伸び、クラウンは一五～二〇年の間スペアを生み続ける。種類はいろいろあるが、いずれも春が収穫期で、一五～二〇センチの長さになり、軟らかく多肉の茎と細く小さな穂先を持っている。成熟すると茎は木質化し、シダのような葉が穂先の部分から広がって食べられなくなる。最も一般的なタイプはグリーンアスパラガスであり、緑に色づくのを防ぐために、土で覆って軟白させながら育て、土から頭が出たらすぐに収穫されるのがホワイトアスパラガスである。

古代人はアスパラガスに薬効を期待していたが、今日、アスパラガスの栄養成分は次のように考えられている。

アスパラガスは、葉酸の優れた給源であり、ビタミンC、カリウム、チアミン、リン、フラビン、ビタミンB、銅、ビタミンA、鉄、亜鉛などを含んでいる。アスパラガスは硫化物を含むので、尿にその匂いが移る。また、アスパラギン酸を含むので、特有の風味と利尿作用をもつとともに、便通促進、ミネラル補給、強壮作用がある。なお、アスパラガスは一〇〇グラム当たり総食物繊維含量は一・七グラム、そのうち水溶性が〇・四グラム、不溶性が一・三グラムである。

二　フォンデュ

フォンデュはフランス語圏のスイス料理に起源を持つ鍋料理の一つであるが、《チーズ・フォンデュ》がブリア゠サヴァラン著『味覚の生理学』に登場するほど関心の対象となっていたのは、たいへん興味深いことである。ブリア゠サヴァランは本書の中で、「フォンデュについて」という項を設けて、かなり独創的なつくり方を示している。すなわち、チーズ入り炒り卵といった感じの料理であるが、後世の人はこれを《サヴァラン風チーズ・フォンデュ》という名を与えた。

このサヴァラン風・フォンデュが話題になったのは、主客であるパリから赴任したばかりの司教がフォークを使うべきところをスプーンを用いて食べたということであり、フォークとスプーンの論争としていつまでも食卓を賑わしているとのことで、フランス的なエスプリが窺える話として感慨深いものがある。

フォンデュの代表的な料理はスイス料理の《チーズ・フォンデュ》であるが、フォンデュとは溶けるという意味のフランス語で、ぐつぐつと煮立ったチーズの鍋をみんなで囲んで、パンにチーズをからめて食べる。チーズ・フォンデュはスイスのフランス語使用地域の特有な料理である。チーズを白ワインの中で溶かし、こしょうとナツメグで調味し、最後にキルシュ（さくらんぼのブランディー）を少量加えるだけの料理でパンにつけて食べる。主材料のチーズは、脂肪分が多く、粘りや味の強いグリュィエールチーズと溶けやすく味のやや淡白なエメンタールチーズを混ぜて使うことが多い。

フォンデュ専用の鍋は銅、陶器、ほうろう引き、耐熱ガラス製など、厚手のものが用いられている。銅鍋が最もオーソドックスなもので、銅の高い熱伝導率やピカピカ光る鍋の色が食卓の雰囲気を盛り上げる。そのほかに、アルコールランプと専用の柄の長いフォークを用意する。鍋の内側ににんにくをこすりつけて香りをつけ、火にかける。これに辛口の白ワインを入れて温め、おろしたチーズを少しずつ入れて溶かし、こしょう、ナツメグ、キルシュなどで好みの風味をととのえ、二㎝角程度に切ってフォークに刺したパンにからませて食べる。

さて、ブリア＝サヴァランの『味覚の生理学』の中では、《チーズ入り炒り卵》をさしているが、これはかなり独創的な作り方であり、《ブリア＝サヴァラン風フォンデュ》ということになろう。

1　ブリア＝サヴァラン風フォンデュ

これは、ブリア＝サヴァランが『味覚の生理学』の中で書いている、かなり独創的な作り方である。

それは健康的でおいしい、即席にできる料理である。したがって不意の来客の場合などにうってつけであろう。それに私はここで、私個人の満足のために書きとめることにする。この名は今でも生まれ故郷のベレの古老たちが忘れずにいるある事件を私に思い出してくれるからである。

十七世紀の終わりごろのことだった。ムシュ・ド・マドという人がベレの司教に任じられて赴任してくることになった。

彼を迎えるために、司教館を整える役目の人たちが、その場に相応しい祝宴を用意し、司教様の着任を祝うために当時の調理術の限りを尽くした。

そのアントルメの中に、たっぷりとしたフォンデュが黄金色に輝いていて、司教様はそれを十分にきこし召された。しかし、なんという驚きでしょう！　外見を見てクリームと間違われたのだろうか、昔からフォークでいただくことになっているのに、司教様はスプーンを使って召し上がったのである。

会食者一同は、この異例な様子にびっくりし、目と目を合わせてかすかに微笑むのであった。しかしながら尊敬の念がすべての人の舌を抑えてしまった。というのは、パリからお出でになった司教様がとくにご赴任の第一日になされたことは正しいに決まっていると考えていた。

ところが、このことが評判になり、翌日から寄ると触ると、次のように尋ねない人はいなかった。「どうだった？ 今度の司教様はどんな風にフォンデュを召し上がったか知っているかね？」
「知っているさ、スプーンで召し上がったそうだよ。おれはじかに見てきた人から聞いたんだよ」。それは町から田舎へと伝わって、三ヶ月後には教区中、知らない人は一人もいなくなった。

ここで、特筆しなければならないことは、この出来事がまさに古老の信仰を揺るがしそうになったことである。新しがり屋の人たちはスプーン側の味方であった。しかし、私の大叔父の一人は今でもそのことをおかしがっては、わっはっと笑いながら、ムッシュ・ド・マドがスプーンでフォンデュを召し上がった格好を面白おかしく語り聞かせるのであった。(pp.383-384)

2

ブリア＝サヴァラン風フォンデュのつくり方

会食者の予定数に応じて卵の目方を計る。

次に、その目方の三分の一の重

フォンデュ用の鍋と焜炉

(ラルース料理百科事典　三洋出版貿易　1975　p. 831)

さの上等なグリュイエール・チーズ、六分の一のバターを用意する。

鍋に卵を割り入れて十分に泡立て、それにバターとおろしチーズを加える。

鍋を火にかけ、ふんわりとなるまで攪拌しながら、塩加減をして仕上げる。温めておいた皿に盛り、上等なワインを用意して、ぐっとやってみたまえ。(p.384)

3　フォンデュ・ブールギニョン

今日でも、人気の高いフォンデュで、ブルゴーニュ風ということであるが、フランスのブルゴーニュ地方とはまったく関係はなく、スイス生まれの料理である。ミートフォンデュとも呼ばれる、チーズの代わりに油を用いたもので、鍋にオイルとバターを混合して入れ、熱した後、フォークに刺した牛のヒレ肉の角切りをこの中に入れて適当に火を通し、好みのソースをつけて食べる。ソースには、カクテルソース、ベアルネーズソース、クリームレホールソース、タルタルソースなどが用いられる。卓上でフォークに刺した肉を揚げながらたべる楽しい鍋料理である。もっぱら肉を食べる料理なので、別にサラダなどをつけ合わせるとよい。

注

1　マグロンヌ・トゥーサン＝サマ著　玉村豊男監訳『世界食物百科』原書房　一九九八

2　シュヴェ夫人の夫、ジェルマン・シュヴェはパリ郊外のバニョレの園芸家で、バラのご用達商人としてマリ・アントワネット（フランス王妃）に仕《つか》えた。コンシエルジュリの獄中にいた王妃に、優雅にしつらえた花束の中に陰謀の手紙を隠して手渡すほどに、不遇の王妃に対して忠実な男であった。一七九三年に逮捕されたが、十七人の子供たちの奔走のお蔭で処刑を免れた。釈放されはしたが、バラは貴族の花、腐敗した花ということでせっかくのバラを全部抜く羽目になった。そこで、ジャガイモを栽培したが売れなかった。パリに出て、パレ・ロワイヤルの近くに一軒の屋台店を借り、ここで、最高級のエビ、カニ類と初物の野菜の売り手として名声を上げて行った。

3　当時は労働者の一日当たりの収入がおよそ二・五フラン程度で、それも仕事あればの話でという時代であり、ブリア＝サヴァランもさすがにこの値段には驚いた。

4　アピキウス著　ミュラ＝ヨコタ・宣子訳『アピキウス 古代ローマの料理書』三省堂　一九八七

5　ロベール・J・クルティーヌ著　黒木義典訳『味の美学』白水社　一九七〇

第四部　没後一〇〇年記念

フェルナン・パイアン講演

（川端晶子訳）

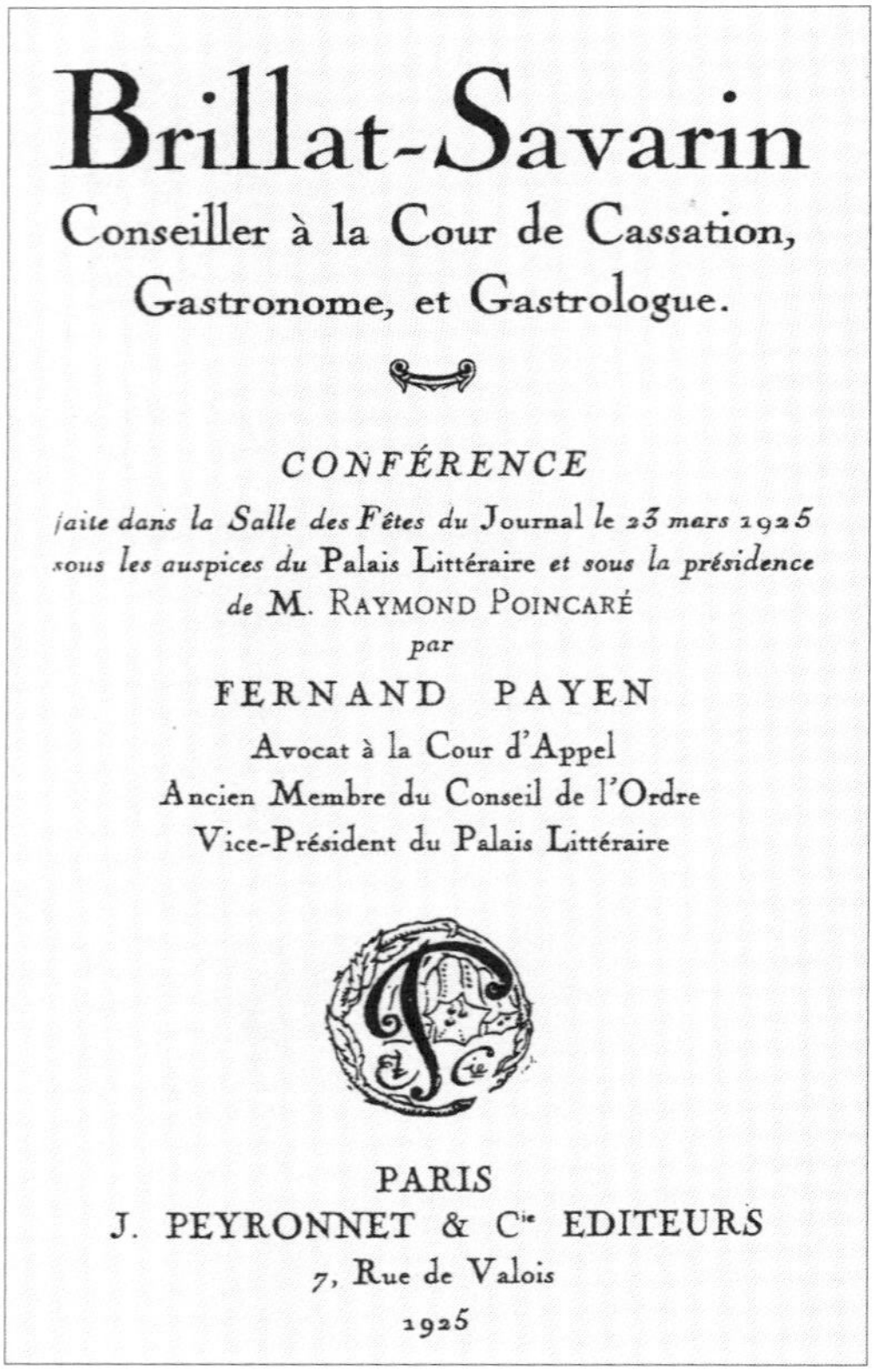

Brillat-Savarin
Conseiller à la Cour de Cassation,
Gastronome, et Gastrologue.

CONFÉRENCE
faite dans la Salle des Fêtes du Journal le 23 mars 1925
sous les auspices du Palais Littéraire *et sous la présidence*
de M. RAYMOND POINCARÉ
par
FERNAND PAYEN
Avocat à la Cour d'Appel
Ancien Membre du Conseil de l'Ordre
Vice-Président du Palais Littéraire

PARIS
J. PEYRONNET & Cie EDITEURS
7, Rue de Valois
1925

パイアン著　『ブリア＝サヴァラン』（初版）
1925

ブリア＝サヴァラン没後一〇〇年を記念して、一九二五年三月二十三日、パレ・リテレール後援、当時のフランス大統領レイモン・ポワンカレー氏臨席のもとに、フェット・デュ・ジュルナル・ホールにおいて、「破毀院判事・美食家・美食家ブリア＝サヴァラン」と題する控訴院弁護士フェルナン・パイアンの講演が行われた。没後一〇〇年のブリア＝サヴァランについての論評を紹介する。

はじめに

皆さん！　本日は、破毀院[1]判事・美食家であるブリア゠サヴァランについて話を聞こうと、お忙しい中を多数ご出席下さいまして有難うございました。

「破毀院判事」とことさらに言うのは、口実であって、私たちが取り組んでいる文学の世界に法的な要素が強くなると、文学的重要性が弱まる。そこで、まず、パレ・リテレールに大いに関心を深めていただきたいと考えたからである。今晩は、とくに破毀院の礼服をまとう方々が出席されているのは、ひとえに美食学の権威を高めるためである。美食学とはおごりを持たない一種の文学であるといえよう。

さて、ブリア゠サヴァランは三十年近く最高裁判所の役職を務めた。

皆さん、この三十年という歳月は、幾多の難解な学術報告や純粋な法問題の厳しい学術論争に相当することかを、お考えください。

ブリア゠サヴァランの歴史政治学に関する著作に『国家財政に関する見解と企画』『アン県における考古学考』『司法行政に関する断章』『決闘に関する歴史的考察』がある。しかし、こういったものは皆さんの興味を引かないであろう。長く働いたからといって後世に名が残るわけではない。美徳は人間の本性に属するもので人びとの注意を惹かない。死後に名を残したいと願うならば、美徳以外のものを見つけなければならない。探さなくても見つかることがある。それがブリア゠サヴァランの場合であり、この卓越した司法官の栄光はひとえに『味覚の生理学』[2]によるものである。小作品であり、個人的な楽しみのために書かれたものであるが、本人がこれを重視していたことは確かである。一般の人びとには重視されないだろうと思っていた。画家・アングル(一七八〇～一八六七)が長い間、ヴァイオリン奏者として有名であったということと同様である。

さて、ブリア＝サヴァランの出発点から始めることにしよう。

ブリア＝サヴァランの生家

ジャン＝アンテルム・ブリア＝サヴァランは一七五五年四月二日に生まれた。ブリア＝サヴァラン(Brillat=Savarin)とは宿命的な名前である。この名には聡明な輝きがあり、《Brillat とは優れた・輝くの意》で、味わいのある《Savour すなわち味》の意味がある。数々の才気に富んだ話題や学識豊かな料理のレシピを想像させる。唇に微笑を、口の中には唾液が満たされるような名前である。

父親マルク＝アンデル・ブリアは、ブレのエレクシオン裁判所つき検察官であった。母親はクロディーヌ＝オロール・レカミエといい、その美貌は地元に広く知れわたっていた。ちょうど、当時フランス全土にその美貌が知られ、現在も知られている、もう一人のレカミエ[3]と同様に。

しかし、二人のレカミエの美貌は美貌でも種類が違っていた。あの長椅子のシャトーブリアンをジュリー・レカミエが平手打ちをするなどは想像も及ばないが、どうやら八人(三男五女)のわが子に、それも通りの真ん中で平手打ちを繰り返していたのがブリア＝サヴァランの母であった。サヴァランはこのことを少しも恨まなかった。だからこそ、正方形のおいしいパイに、母の思い出をこめて《麗しのオロールの枕》という名をつけたのである。

この大家族はブレの閑静な通りにある六十二番と記された古い館に住んでいた。御影石の基礎、柏で造られた重い扉、高くて広い窓、全体に板を当てた広々とした各部屋、広いタイル張りの見事な台所には、響きのよい大きな中庭から光を取り込んでいた。この邸宅にはゆとりのないつつましい生活をする貧相な、あるいは神経質な客などを迎えるということは想像できない。

実際に、ブリア＝サヴァランの一族の先祖は、古くから続く安定したフランス人種で、きわめて健全なバランスのとれた、肉体的および知的生活を幾世紀にもわたって送ってきた人びとである。金銭を追い求める競争や有害なものへの嗜好、受験競争体制といった絶えざる慌ただしさが、筋肉や胃を犠牲にしてまでも、神経系を発達させる人種ではなかった。ラブレー[4]の星の下や、またモンテーニュ[5]の星の下に生まれたこの類の人びとは、陽気な仲間をつくり、気楽で平穏な、十分に楽しみながら節度ある生活を送っていた。当時はこうした人びとが何千もフランス各地に見られた。

とりわけ、ル・ビュジェ[6]は恵まれた地方で、もしラブレーが訪れていたとしたら、彼の幻想上の宝の国コカーニュをこの地に定めていたに違いない。野、草原、ブドウ畑、川、森、山、もしもっと海に近かったら、ル・ビュジェは完全な小宇宙であったことだろう。

ここにはあらゆる食べ物がある。しかもとりわけ、きわめて珍しい、たいそう高価な、最高とされる食材がある。トリュフ、アミガサタケ、ザリガニ、ブロンド色のレバーのとれる肥育鶏、エゾ雷鳥の産地であり、口をさわやかにし、頭脳を明晰にする手頃な軽い白ワインや発泡ワインの産地でもある。テーヌ[7]なら、グルメたちの王が誕生し成長するのは、この地でしかあり得ないと、うまい具合に説明したことであろう。

若きアンテルム〔ブリア＝サヴァラン〕は優れた古典教育を受けた。当時、古典教育と科学の学業の両方が可能であり、一七七五年、ディジョンの学生であったブリア＝サヴァランは、法律学の授業と並行して科学と医学の講義も受講していた。

ブリア＝サヴァランはなぜ独身だったのか？

大学を卒業すると、ブリア＝サヴァランは結婚を考えていた。彼が恋していた一人の若き女性はまことに魅力的で、少しぽっちゃりしていて赤ら顔だった。この時代には、このように、いかにも健康そうな若い女性の人気は衰えていた。そして血色の悪い痩せ型になろうとして酢を飲むことが流行していた。

「これは間違った健康法ですぞ！　ご婦人がた」。

彼女も一ヶ月の間、毎日コップ一杯の酢を飲み続け、とうとう十八歳で亡くなったのである。彼女の名はルイーズだった。ブリア＝サヴァランは独身を守ることになった8。

バイイ裁判所付き弁護士時代

ブリア＝サヴァランはブレのバイイ裁判所付きの弁護士として仕事をはじめた。これは、今だってあるだろうが、周辺にイノシシの出没が警告されたら、全会一致で閉廷し取りやめてしまうような、そんな裁判所であった。とくに所有権と地役権の弁護を行っていた。それだけではなく、当時の人びとが口にしていた《ヴォルテール精神》9なるものに感化されていた。

次のような訴訟がある。債務者が長年の支払いに充当するのは、二世紀にわたって、はるか昔の遺言者の魂の休息のために、毎年唱えられているミサの謝礼金であった。この債務者が免除を要求したのである。「故人は弁護人によって久しい以前からミサをあげてもらっており、煉獄（試練の場所）から天国へと移っているに違いない。そのいずれが正しいにしても、ミサは無用の長物にすぎない」。

ブリア＝サヴァラン弁護士は裁判に敗れ、裁判長に不服を申し立てた。狩猟や食卓の仲間たち、司法官や弁護士たちの間には家族的な温かい雰囲気があった。

ブリア＝サヴァラン「どうしてこの訴訟を私の負けにされたのですか？」

裁判長「よくなかったですと？……あなたに何がおわかりになるのですか」。

憲法制定議会の議員時代

ブリア＝サヴァランは平穏で幸せな生活を送っていた。しかし、遠い昔、意地悪なカラボスの妖精がブリア＝サヴァランの足元に忍び込み、のちに他の多くの人たちに対して言ったように、呪いの言葉をかけてきた。

《おまえは健康・財産・知性・友人といった幸福に必要なすべてのものに恵まれるであろう。だが、……

政治に携わることになろう……》

一七九〇年、三十五歳で憲法制定会議の議員に選出された。議会でのブリア゠サヴァランは、目立つこともなく二つの演説をしただけであった。一つは、刑罰事項における陪審の設置に反対するものであるが、未だに実証による裏づけの得られない説である。もう一つは死刑存続を支持するもので、一七九一年五月三〇日に行われた。これに関してブリア゠サヴァランはたいへん満足した。かなり辛辣な誇張表現による対照法によって締めくくっていた。「市民の皆さん！ 死刑の採択こそ、人命の尊さの証明なのである」。有名な《殺人者諸氏が登場することについて》のアルフォンス・カール（一八〇八～一八九〇）が登場する五十年前のことである。

民事裁判所の裁判長時代

憲法制定会議会の議員たちは、あらかじめ、立法議会への再被選挙資格がないことを自己表明しており、ブリア゠サヴァランは地元に帰った。彼は設置されたばかりの民事裁判所の裁判長および国民軍の司令官に選ばれ、さらに満票で町長に選出された。この時からブリア゠サヴァランの不幸が始まる。

彼はこの時初めて、上層部において反革命容疑者とみなされる。上層部とは国民公会議員が派遣されて在住していたドール県のことである。彼のすばらしい味わいある話をぜひ聞いてほしい。この話とは、①彼が旅券（通行証）をもらおうとして向かうドールへの旅、②その十五年後に裁判長で弁護士会長のグレヴィ氏が誕生する小村モン・ス・ヴォドレに立ち寄ったこと、③その地で法定関係の人びとと共にとった見事な夕食、そして、④ドールへの到着、⑤魅力的な女性の獲得についてである。その女性とは、まさに当地に赴任中の国民公会議員の夫人その人だったのであるが、彼女の獲得によこしまな意図があったわけではない。ご夫人は音楽の愛好家であるが、ブリア＝サヴァランの魅惑的な道具、すなわち、楽器は弦だけであった。

ブリア＝サヴァランが軽率にも行った演説は「自由を踏みにじること甚だしく、また、フランス国民の友であるマラー10の記憶に対しても最も侮辱的である」と評された。ブリア＝サヴァランはブレ人民協会に〈国民陪審〉の任命を提案し、国民公会を裁こうとした。

ブリア＝サヴァランといとこは「パリに移送後、革命裁判所への出頭」が予定されていた。ブリア＝サヴァランはこの言葉の意味を理解し、夜半、徒歩でスイスに向け逃亡し、ローザンヌに落ち着いた。一七九三年の夏、あわや革命裁判所に引き出され処刑されそうになった11。

スイスでのすばらしい夕食の思い出

このすばらしい土地は、ブリア＝サヴァランに強烈な印象を与えた。リオン・ダルジャンでのおいしい夕食と言ったら！　三〇年後さえ、彼は感動とともにここでの夕食のことを思い起こす。「テーブルの上の上座には、ノートル・ダム・ド・パリの僧会員が座っていて、（いまなお健在であればよいが！）わが家におけるごとく振る舞っていた。彼の前に給仕がメニューの中の最上級のご馳走を並べておくことを忘れなかった。彼は私を見つけて、私を副官として彼の住む地方に呼んでくれた」。

ここでの夕食のメニューは二フラン二十五サンチームで、三コースのご馳走であったが、近くでとれる猟鳥獣肉、ジュネーヴ湖の魚の味は忘れることはできない。また、岩清水のように透明な白ワインで思う存分、口をうるおした[12]。

ロンドンでの友人・ダルビニャック

ブリア＝サヴァランはローザンヌを出てロンドンに着くと、あちこちでフランス語を教えたが、暮らしは楽ではなかった。彼はフランス人ダルビニャックという貴族と友情で結ばれた。この人はブリア＝サヴァランよりもずっとよい暮らしをしていた。彼は独特な仕事、すなわち、食事時になると、金持ちのイギリス人の家へサラダを作りに行っていた。

これで、彼は財をなした。

ニューヨーク時代

ブリア＝サヴァランはロンドンからニューヨークへ出発し、あしがけ三年間そこで暮らした。フランス語を教え続けるとともに、夜は小さな劇場でヴァイオリンを弾いた。何という幸せな性格でしょう！　ブリア＝サヴァランは決して悲観的にはならない。追放者で、逃亡者であり、財源に困っても、いつも周囲の沈んだ気持ちを穏和な気性と変らない食欲とで、元気づけ、常に未来志向で夢を持ち続けていた。「革命自体に消化を妨げられたことはない」と彼は言っている。

ロベスピエール13の失墜の後、ブリア＝サヴァランは亡命貴族のリストから抹消されることになった。一七九六年七月のことである。

破毀《はき》院判事時代

ブリア＝サヴァランはフランスに戻るとパリに居を構え、憲法制定議会時代の仲間や財産の一部と再会した。しかし、財産の一部は売却されており、絶品のワインを生産するマシュランのブドウ畑もその一つだった。このことをブリア＝サヴァランは一生諦めきれなかった。やがて、彼は共和国軍の参謀秘書官に任命された。しかし、一ヶ月足らずで、破毀院判事に任命された。この早い昇進をどうやって手に入れたのだろうか？

ずっと後で、「彼はタイミングよく招待できるなら、おいしい食事がいかに効果をもつか」について記しているが、彼自身、そのことを念頭においていたのだろうか？

「あまりに遠くで起こる出来事に対しては、少々のスキャンダルが生じるものである。つまり、夕食に招待されて誘惑のままになった人がおり、パイのお蔭の出世があり、法の神殿はフォークで開かれたわけである」。

ブリア＝サヴァランの場合、六年前の一七九一年には、主権人民に司法官を任命する能力があるとされた時点で、彼はすでにアン県によって破毀院の代行判事に選ばれていた。ブリア＝サヴァランは法の制定によって役職にありついた、まず間違いのない唯一の司法官であろう。七ヶ月後、彼は役職を後任にゆずり、ヴェルサイユ裁判所付きの総裁政府法務官に任命された。これは昇進ではないが重要な役職であった。ブリュメールのクーデター14の後、ナポレオン・ボナパルトはブリア＝サヴァランを破毀院に戻した。彼はここを安住の地とし、ナポレオン、ルイ十八世、シャルル十世のもとで、休むことなく二十七年間、任務を果たした。

ブリア＝サヴァランのポートレ

伝記や破毀院にある三枚の肖像画をみると、ブリア＝サヴァランは非常に背が高く、それに見合った横幅のある体格をしていた。丸顔で、ひげはなく、血色がよくて目つきの溌剌とした、豊かな髪をもつ人物である。晩年になって初めて頭が禿げ、埋め合わせに長いひげを生やしていた。

その力強くやや重たげな体の内には、きわめて鋭敏な知的精神が宿っていた。彼はそれを知ったかぶりもせず、開けっぴろでもなく、冗漫でもなかった。ただ、愛想がよく、礼儀正しく、微笑みを絶やさない人であり、努力や才能ではなく、丈夫な胃と今で言う立派な循環器系機能をもっていた。やるべきことには必死で取り組み、また喜びをことのほかに熱心に求めたブリア＝サヴァランは、人びとが争うことを好まなかった。地方には今でもいるでしょうが、判決文を作成し、料理の準備をし、つぎには花の女神クロリスに捧げる花束を作るというような、そんな司法官の一人であった。多くのことを見、多くのことを読んだブリア＝サヴァランは、多くのことを記憶していた。だからこそ、知識の幅の広さや多様性が評価されたのだと、現代のある人は言っている。ヴォルテール（一六九四〜一七七八、作家。十八世紀啓蒙主義の代表）、ジャン＝ジャック・ルソー（一七一二〜一七七八。政治哲学者、教育者、随筆家）、フェヌロン（一六五一〜一七一五。神学者）、ビュフォン（一七〇七〜一七八八。博物学者）といった人びとの文章をそらんじていた。また、ブリア＝サヴァランは五つの言語を理解し、流暢に話した。また、足しげく社交界にも出入りしていた。

一八〇〇年頃、ブリア＝サヴァランはリュクサンブール通りにある、後の大法官パスキエがポリーヌ・ド・ボーモンの誘惑に屈して間もないという住居に現われる。《青壁の小さな客間を照らすほのかな明かり》の下では、額と黒い巻き毛を傾けながら、シャトーブリアン（一七六八〜一八四八。政治家、作家）が『アタラ』（一八〇一年。この作品によって小説家としての名声を確立した）の草稿を読んでいた。

そして、当然ながら、ずっと頻繁にブリア＝サヴァランを目にするのが、アンジュー通り三十一番地のレカミエ夫人邸であった。帝政下のレカミエ夫人邸には新旧の全貴族が顔を見せ、ナポレオンをたいそう不機嫌にし、つぎのように言わしめていた。「いつまでも閣議をレカミエ邸で開くのか？」ブリア＝サヴァランはサロンでは飽き足らず、食堂へも通い詰め、あらゆる社交界に出入りし、夕食にも招待された。年配の婦人方ばかりでなく、若いお嬢さんたちも一緒だった。一八〇八年の冬のある夕べ、食後に若いお嬢さんたちはダンスをしたくなったが、伴奏者がいなかったので、ブリア＝サヴァランがヴァイオリンを、同席の神父がピアノを弾くというようなこともあった。また、独身であった彼はキャバレーでもよく夕食をとっていた。たとえば、グリモ・ド・ラ・レニエール(一七五八～一八三七。弁護士、美食評論家)が、ふんぞり返る「ヴェリ」にもよくでかけた。

ブリア＝サヴァランにとって、ほんとうに幸福な時代であった。トリュフ詰め七面鳥が二十フラン、アントルコート肉(リブロース、肋間肉)は七十五サンチームで、メニューの選択肢には次のような料理がリストアップされていた。十二のポタージュ、二十四のオードブル、十五ないし二十の牛肉のアントレ、二十の羊肉のアントレ、三十の家禽《かきん》・野禽《やきん》のアントレ、十ないし二十の仔牛肉料理、十二のパティスリー、二十四の魚料理、十五のロースト料理、五十のアントルメ、五十のデザート、加えて三十種のワインと二十ないし三十種のリキュール！

こうしたことはそれもブリア＝サヴァランの読書やとくに考古学と法学の勉強の妨げにはならず、むしろ、独創性を発揮させせた。

ブリア＝サヴァランのイメージ

詰まった襟もとに首を埋め、三重のらせんを描く黒いネクタイを締めて、チョコチョコ歩きで裁判所を出ると、セーヌの河岸をブラブラと歩き、そこから、当時のルーヴルを取り巻いていた幾つもの狭い通りに入り、パレ・ロワイヤルを通り抜け、書店の店頭のショーウインドで立ち止まり、ボジョレーの小路に入り、カフェ・ド・シャルトルか、カフェ・ランブランで哲学者のバランシュか、プゥルデュー、シャップ・クロード、デュポン・ド・ヌムールなどと会っていた。アカデミー会員の三人、ジュイ、オジェール、カンプノンと会うこともあったが、彼らの名声は不滅のアカデミーというにはあまりにはかないものだった。

私（パイアン）が知るかぎりでは、ブリア＝サヴァランは四回、住いを移った。一七九一年にボン・ザンファン通り十四番地に住んでいた。一七九六年、アメリカから帰国すると、マイユ通り十一番地のポルトガル館に住む。一八〇二年頃には現在（一九二五年）ショセ・ダンダン通りになったモン・ブラン通りに住み、つぎはアパルトマンを借りるが、これはリシュリュー通りに現在（一九二五年）も六十六番地と表示されている。フィーユ・サン・トマ通りとの交差点に当たる建物の中にあり、彼はここに最も長く暮らし、ここで亡くなった。

ブリア＝サヴァラン宅の夕食

ブリア＝サヴァランは帰宅すると竈《かまど》に眼差《まなざ》しを向ける。いよいよ友人たちと食卓に着く時間であるが、十人を超えることはない。バイヨ将軍、ヴェルマン、皇帝付きの外科医のコルヴィザール、元国民会議のメンバーで才気煥発な老人で優れた美食家でもあるシャザル氏、医学部教授のリシュラン男爵（この人には一つだけ決定的な欠点があり、それが早食いである）、破毀院の同僚とも食べるが、誰とでもとはいかない。

おそらく、シエイエス、トロンシェ、ジュゼフ・カルノとは皆無だったろう。ポリタリス、ジョーベール、初代院長のミュレールとは、何度かあったであろう。いずれにしても、ほぼ確実に、そして頻繁に合ったのが、ファヴァール・ド・ラングラード判事、百日天下で司法卿を務めたアンリオン・ド・パンセ破毀院予審部長との食事であろう。学士院に調理人のための部門を創設することを望んだのはこのド・パンセである。夕食後、ブリア＝サヴァランはフロックコートのポケットから草稿を取り出す。学術的な草稿ではない。『味覚の生理学』の章の一つか、あるいは十八世紀風の短篇の草稿である。

彼の死後、五つの短篇が見つかった。『赤いキャロット帽』『わが最初の堕落』『アラスカへの旅』『見知らぬ男』『夢』である。五つとも非常に淫らで、ブリア＝サヴァランの遺産相続人たちも、そのまた相続人たちも、その公開を拒んだのである。良心の咎めは尊重すべきであるが、残念なことである。能力があるならば何を語ろうとよいではないか。ブリア＝サヴァランはあらゆることに通じていたので、聴衆はどんな話題にも耳を傾けた。彼の聴衆はリシュリュー通りのサロンにいる友人たちや同僚たちであり、あるいは、狩猟先での昼食後、食器が並んだままの食卓を囲んで、肘をついて語り合うブレ時代からの仲間たちであり、彼と同じように洗練された快楽主義者で文学にも通じた仲間たちである。

ブリア＝サヴァランの文体

作家の文体には、機転、エスプリ、特有な表現様式が必要である。ブリア＝サヴァランにはそのどれもが揃っていた。バルザックが、ラ・ロシュフーコ（一六一三〜一六八〇。作家）やラ・ブリュイエール（一六四五〜一六九六。作家。一六八八年刊『人さまざま』が有名）と彼を同列に置いたのは、やりすぎであろう。

しかし、ヴォルテール（前掲）の座る肘掛椅子にほど近い折りたたみ補助席なら、座らせてあげてもよいではないか？

ブリア＝サヴァランの文体には、クリスタルグラスに注がれたシャンパンのような透明感と華やかさがあり、十八世紀の優美さを余すところなく備えている。

『見知らぬ男』の序文

せめて、五つの短篇を代表して『見知らぬ男』と題された一作品の短い序文をお聞きいただこう。

【ブリア＝サヴァラン】「夫人よ（レカミエ夫人宛の謹呈文です）！　この一老人の著作を好意をもって読んでください。これはあなたの少女時代に始まる私の友愛の印です。いや、もしかすると、それよりももう少し優しい心の印かも知れません」

【レカミエ夫人】「小説がお好きなのですから、一つ書かれてはいかがですか」

【ブリア＝サヴァラン】「親愛なるいとこのあなた様、よくご存知ではありませんか。やるべきこと、仕事、楽しみに時間をとられ、私には著作のための時間など、ゆとりがないのです」

【レカミエ夫人】「……」

【ブリア＝サヴァラン】「その夜、とんでもない時刻に目が覚めた私は、深い息をしながらろうそくを灯し、構想をまとめ、興にのって最初の四つの章を書きました。残りについては言うまでもありません。そして三日後、私は従順にも……」

以上は、実は小作品の元話である。この作品をご婦人方、この小さな足をし、上品な体形の、想像力豊かな興奮しやすいご婦人方のもとに置こう。そういう方々は、私の『見知らぬ男』に興味を示し、この男があたかもそこにいるかのように感じ、書かれていない話を作り上げ、著者に会いたいと思われるであろう。著者の方は、大成功にすっかり気をよくし、感謝したくてうずうずしながら、四十年早く生まれてしまったことを痛切に悔やむことだろう。

ブリア＝サヴァランの休暇

ブリア＝サヴァランにとって、破毀院時代は事件のない幸せな生活であった。彼は一年のうち、十ヶ月を破毀院に捧げ続け、残りの二ヶ月の休みは、愛するビュジェ（彼の郷里）で農夫たちや老若の友人たちに囲まれて最良の時間を過ごした。

「よい季節だ」と一八二五年九月二十二日、最後の滞在時に、彼はこう記している。

「ここにはすべてがある。二十六日にブドウを収穫する。うちの畑はよい状態だ。家には香気が漂う。十人を超える十六歳から二十歳の少女が生活しているのだから……」。

その年はそれに加えて、少なくとも若い男が一人いた。ブレの法廷の司修生で、狩猟の始まりに合わせてきていたアルフォンス・ジラルダンである。それから、ブリア＝サヴァランの二人の妹が当地でのどかに暮らしていた。三人目の妹ピエレットは長生きし、九十九歳と十一ヶ月で亡くなっているが、ベッドから上体を起こし、たっぷりの夕食を平らげると彼女は声をかぎりに「もうじきに私は死んでしまう……早く……デザートを持ってきておくれ」と叫んだということである。

ブリア＝サヴァランの死

ブリア＝サヴァランは一八二六年二月二日、いとこであるレカミエ博士の腕の中で息を引きとった。一月二十日、ルイ十六世の命日を祝ったサン・ドゥニで風邪にかかっていた。セーズの初代院長が次のような言葉を召喚状に添えている。

「サン・ドゥニ大修道院でお目にかかれれば、初対面のことでもあるので、たいそう嬉しく思います」。すでに苦しみを感じながらも、ブリア＝サヴァランは欠席を考えられなかった。凍りつくようなバジリカ教会堂は、彼にとっても、同時に二人の同僚にとっても命とりになった。

二人とはサン・ヴァンサンの判事とマルシャンジイの検察官であった。

ブリア＝サヴァランは友人たちに深く長く惜しまれたようである。彼が単に楽天家で才気のある人物だっただけでなく、心の優しい人だったことから、間違いはないであろう。そんな友の一人が次のように言っている。

「彼は、まことしやかに大袈裟な感情を装うことよりも、正しい行いを慎ましく実行することを好む人だった」。

いずれにしても、ブリア＝サヴァランには並々ならぬ精神力があった。もはや起き上がれないだろうその苦しみのベッドで、彼は間近に迫った死の恐怖から逃れようと努めた。避けることのできない不安を自分で和らげた。諦念と冷静さと、そして最後までエレガンスをもって、彼は今わに浮かんだ詩にリズムを与えた。

ブリア＝サヴァランの辞世の詩

《私は行く、遠い遠いところ、
還ってくるすべもない国へ。
その国では何がなされ、何が言われていることやら。
そこからは何の便りも聞かれぬから、
誰にもそれを知る由もない。
しかし、私はいくつか善行をした、
そしてこれから、
安らかに死んで行く》

表1 ブリア＝サヴァランの略年表

1755	4月2日ブレに生まれる。家は代々法官、弁護士を務める。（参考：父はマルク＝アンテルム・ブリア、母はマリー＝クロディーヌ＝オロール・レカミエ、もう一人のレカミエ夫人はサヴァランのいとこで、パリで有名なサロンを開いていた。3男5女で弟はフランソワ＝グザヴィエ、下の弟はフレデリック）
1775	リヨンで学んだ後ディジョンで法律を学ぶ（初恋の女性ルイーズの死が、サヴァランが独身で通した決定的理由と考えられている）。
1778	学位取得。バイイ裁判所付き弁護士となる。
1790	憲法制定会議の議員となる。
1791	アン県民事裁判所長。ブレ町長となる。
1793～1796	革命裁判所で処刑されそうになり亡命する（スイス→ロンドン→ニューヨーク→ルアーブル→パリ）。
1796	駐独共和国参謀部秘書（食卓係）となる。
1797	ヴェルサイユ裁判所付き総裁政府法務官となる。
1799	破毀院（フランス最高裁判所）判事となり、死ぬまで27年間務める。（参考：ブリア＝サヴァランの『味覚の生理学』以外の著書『決闘に関する歴史的考察』『アン県における考古学考』『国家財政に関する見解と企画』『司法行政に関する断章』）
1825	12月10日付の新刊書案内に『味覚の生理学』の名がある。1826年出版される。
1826	2月2日肺炎で逝去（70歳10カ月）。（参考：死後見つかった未公開の短篇。『赤いキャロット帽』『わが最初の堕落』『アラスカへの旅』『見知らぬ男』『夢』）

（著者作成）

『味覚の生理学』の出版について

ブリア＝サヴァランがこの本の出版を決意したのは、一八二五年十二月のことであった。この本を出せば、大金が入るに違いないと出版者に囁《ささや》かれながら、買い手はまったくなかった。結局、著者の自費で出版された。そして、著者は栄光の夜明けを見ること無く、一八二六年二月二日、七十歳十ヶ月の生涯を閉じた。

一八二六年一月三十日『レ・デバ』誌に最初の批評がでたが、それはブリア＝サヴァランの死の前々日のことであった。

『味覚の生理学』の論評

皆さん！ ご出席の全員の方々は『味覚の生理学』をお読みでしょう。

この本は三十章の論考にわかれており、感覚、味覚、食欲、食べ物、渇きなどについて語っている。全感覚の永久的な損失、死についての論考まである。作品の冒頭の「アフォリスム（格言）」はそのあまりにも巧みな表現により、すぐさま古典となり、また、自らはこのようなものを書けない多くの人びとに、気のきいた言葉として利用されている。

《新しいご馳走の発見は人類の幸福にとって天体の発見以上のものである》

《チーズのないデザートは片目の美女である》

《調理人にはなれても、ローティスー

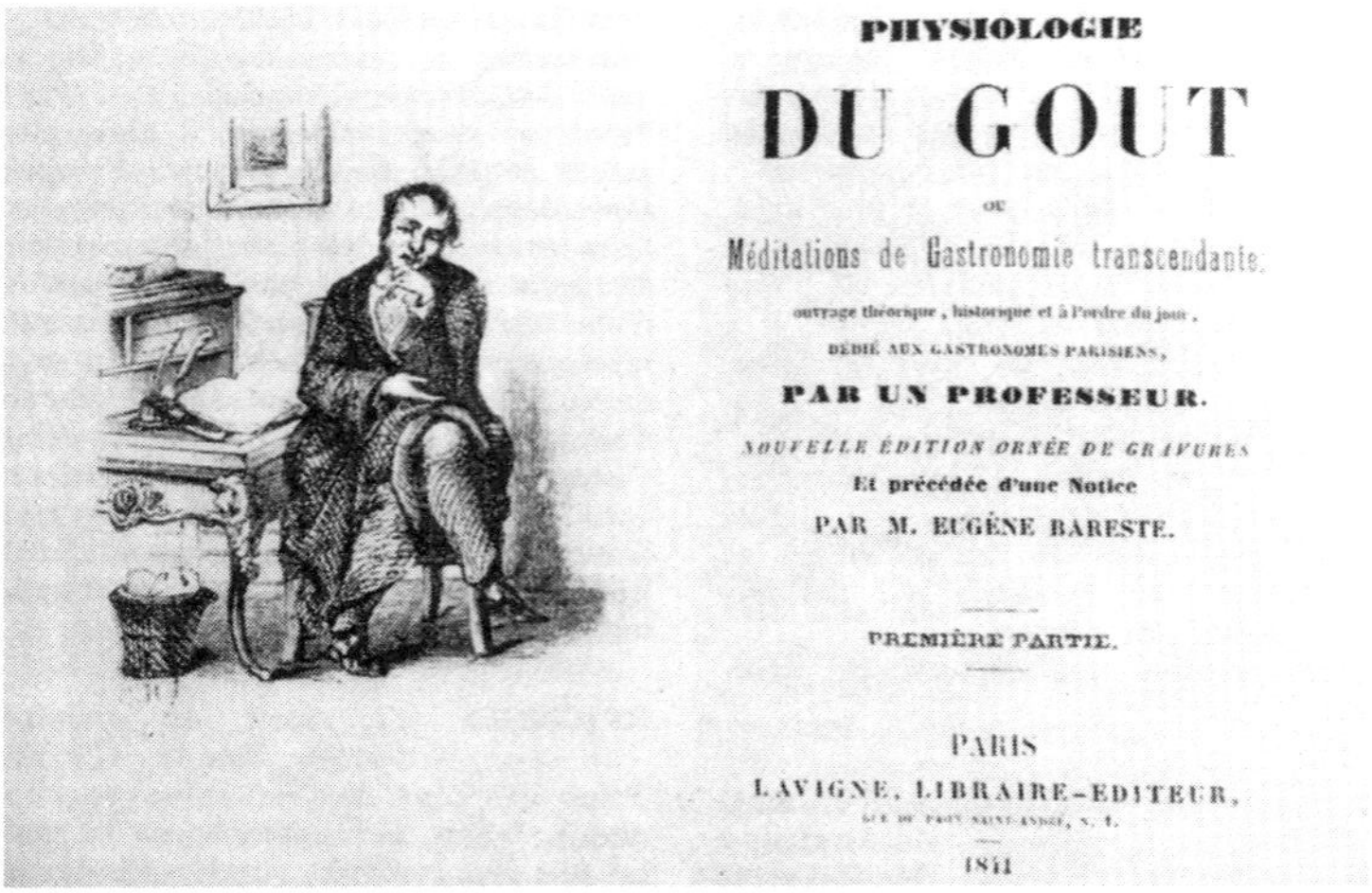

PHYSIOLOGIE

DU GOUT

OU

Méditations de Gastronomie transcendante;

ouvrage théorique, historique et à l'ordre du jour,

DÉDIÉ AUX GASTRONOMES PARISIENS,

PAR UN PROFESSEUR.

NOUVELLE ÉDITION ORNÉE DE GRAVURES

Et précédée d'une Notice

PAR M. EUGÈNE BARESTE.

PREMIÈRE PARTIE.

PARIS

LAVIGNE, LIBRAIRE-EDITEUR,

1841

『味覚の生理学』のタイトルと口絵（1841年版）

(Dictionnaire de L'academie sed Gastronomes, 1962)

1841年版には、まだ著者名としてブリア＝サヴァランの名は記されていない。

ル（焼肉師）のほうは生まれつきである。》など。

三十章の論考の中には、哲学、料理のレシピ、医学、旅の話、詩、逸話まで、魅力的な話題があふれている。料理と比較する絶好のチャンスであるから、思い切って言おう。これは「ごった混ぜ料理」である。ただし、すばらしくおいしく、たっぷりの量がありながら、同時に洗練された、そして巧妙な辛さで、ぴりっと効いた「ごった混ぜ料理」である。味わい豊かなこの料理のどれか一切れにフォークを刺してみよう。グルマンディーズの章にあたった、この厳粛なテーマをブリア＝サヴァランはどのように考えていただろう。

グルマンディーズ

グルマンディーズを悪者にしないのは言わずもがなであるが、ここのところが重要である。ブリア＝サヴァランにとって、グルマンディーズは大食いでも、貪り食うことでもなく、単に味覚を喜ばすものを、情熱的に、理知的に、また常習的に愛する心なのである。グルマンディーズのせいで仕事ができなくなったり、財源との縁が切れてしまうなど、まったくないのである。

ブリア＝サヴァランは過剰を敵視した。彼は「私たちは往々にして食べすぎである」と言った最初の人である。また、「消化不良や酔っ払いの連中は、飲み方も食べ方も知らない」とも言っている。より正確に言うならば、「グルマンディーズとは、どういう角度からみても肉体、倫理、政治、経済、財政、夫婦関係さえも、まさに賞賛と奨励に価する」のである。彼はこのことを、例えば、推論、統計、逸話を引用して証明している。

さらに付け加えると「しかしながら、グルマンには望んでなれるものではない。グルマンになるためには宿命を要する。一目瞭然である。集まった男女の中に誰がグルマンであり、反対に、誰が冷酷な自然の出し惜しみによって、味覚の喜びに恵まれない人であるかを見極めるのは容易なことなのだ」。

グルマン

ここに生まれつきのグルマンと並んで、職業的グルマンがいることが書かれている。次の四種類である。

★金融家　彼らであっても、他人よりも多く食べられるわけではないのだから、その分良いものを食べられる筈であり、それを望んでいる。

★医者　私の言うようにしなさい。私のするようにしてはいけない……。

★文学者　彼らの会話には通常、どこか辛辣なところがある（十八世紀初めの話）。人びとをおびき寄せ、ご馳走をして輝かせる。するとそれをごく自然なものとみなし慣れを生じる。彼らはグルマンとなり、そのままグルメであり続ける。

★信心家　断じて忌むべき、決して許されないようなことがある……そういったことを嫌悪している間にグルマンディーズが現われ、きわめて神学的な声に合わせて動きだす。どうして神が与えたもうた徳を……しかもその徳により、万物の創造者に対して、われわれは一層感謝の念を深めるというのに？

お気付きのように、ブリア＝サヴァランは司法官を話題にしてはいない。慎みからであろう。こうして、一つの章を読んでいると、少なくとも、この有名な書物はグルメにとっての聖書、そうでないにしても『方法論序説』には相当することに気付く。

確かに、人はいろいろなことを言うであろう。ブリア＝サヴァランは批判に身をさらしている。彼は祭壇を茶化す司祭たちとは違う。このグルマン教会の博士たちはにこやかであるが、信念を持った使徒であり、それゆえにこそ、少々彼を馬鹿にして見せる人びとがいるのである。ブリア＝サヴァランは多大な努力と才能をつまらないことに注いだのではないか……と。われわれは生きるために食べるのであり、食べるために生きているのではないのだ……と。

このような非難である。私には抗弁を紹介する権利とおそらくは義務がある。

ブリア＝サヴァランに対する批判への抗弁

ブリア＝サヴァランこそ、人類への貢献者の一人である、よく考えてください。

私たちの感覚は五つしかない。自然――広大な全宇宙――は、たった五つの性質によって私たちの前に姿を現す。色・形・音・匂い・味、これだけである。おそらく物質にはこのほかにも、私たちが想像さえできない性質があるであろう。たとえば、伝書鳩には六番目の感覚が備わっているため、何百キロも離れた鳩舎に戻ってこれるのである。

ブリア＝サヴァランの出現までは、五つの感覚のうちの嗅覚は味覚の附属物にすぎず、他の三つの感覚が優遇されるのに対して、完全に無視されていた。

調理の名人たちは、経験を頼りに暗中模索しながら、味覚の完成を目指して努力をしてきた。ともかく、グルメの学説は——批判も含めて——揺籃期とも言えず、混沌期であった。ブリア＝サヴァランはこの学説を世に示した。しかし、まだ円熟にまでに導いてはいない。やるべきことはたくさん残っている。

音階が決まり、色調が細かなグラデーションに分解されてからずいぶん経つというのに、同様のことが味覚や嗅覚について行われていないではないか？　味覚の世界では、少ない表現の甘味、塩味、苦味、酸味の初歩的な感覚レベルに留まっているではないか？

ブリア＝サヴァランは美食の魅力の完全な開花とまでは行かないまでも、少なくともそのよちよち歩きを、正しい道に導いた。前人未踏だった美食の地平線を切り開いた。視覚の芸術である絵画について、また聴覚の芸術である音楽についての文章があるように、ブリア＝サヴァランは味覚の芸術である料理について書いた最初の人である。彼は味覚と新しい思想の巨大な宇宙をほぼ解明し、人類に示したのであるから……。

しかも、それを描写しただけでなく、そこから詩と哲学を導き出した。彼はそこに概念さえ見つけ出したのである。ブリア＝サヴァランは、美しく整えられた美食を調理場から客間《サロン》へと移し、その精神と文体とで、感覚と新しい思想を価値あるものにした。

皆さんの顔から笑みがこぼれている。ほんとうに嬉しい反応である。この反応に間違いはない。

食卓の効用

食卓作法とは、一緒に食べる作法、応接の作法である。ブリア＝サヴァランは「わが家に客がいる間、その幸せを担うのは私たちだ」と自分の料理人に言っていた。自宅に客を招いて会食することは、社会生活において基本的な、しかも非常に有益なことである。一つの食卓を囲んで集まり、同じワインを飲みながら同じ料理を食べれば、すぐにも愁眉は開かれ、気持ちはゆったりし、舌はほぐれ、心は感情の動きに応じて開かれる。また、食後に少しばかりコーヒーを飲めば、互いに思いやりと愛が生まれる。

いつの時代でも、人は社会生活の重要な場面の前やさなかに、おいしい料理を出す。この世の中の一つとして――政治、外交、あるいは単に家庭の間でも――饗宴の中においしい料理が準備され、祝福されなかった行事は一つもないというのが、全世界の経験した真理である。

食卓には敵同士の和解がある。食卓には夫婦の契りが、指導者たちの選択が、平和が、戦争がある。ごく慎ましい住まいにおけると同様に、王の宮殿では、食堂が住まいの中心なのである。そして、ブリア＝サヴァランこそ、まさに食堂の立法者そのものである。

料理とは、はばかりながらも、芸術とはすべからくそうであるように、文明を立証することであり、人類の才能を時間をかけて征服することである。ブリア＝サヴァランなら、このテーマについてきわめて雄弁に語ったことであろう。彼ならこう言ったかも知れない。

私たちの食料になる家畜・鳥類・魚・野菜・根菜・果物のことを考えてみよう。経験・試行錯誤・熟考があったからこそ、死骸となった肉、冷たい体から肉汁を完全に抽出できたのである。また、《神がそこに封じ込めた味わいは、人のたゆまない努力がなければ、永遠に知られないまま、役立つことなくそこに眠ったままでいたかも知れない。その味わいを解放する》ようにして、食材間の調和を考え、配合割合を決め、組み合せることができたのである。この努力、この獲得をどういう理由で卑俗だというのだろうか？ 味覚はどういう理由で他の感覚よりも劣っていると言われるのだろうか？

この偏見の誤りを、無意識に出てくる日常の何げない言葉が明らかにする。ある非常に細やかなエスプリに富んでいる人が、文学や芸術を含むあらゆることに美と調和を強く感じ取れるとき、その人に聴覚があるとか、視覚があるとは言わない。見事な直感力をもち、優れた味覚を持っていると言う。

グルメは慎ましい人びとである。グルメは味覚を全感覚の最上位におくことを要求してもよい。しかし、平等しか求めない。現在、グルメはまさにその平等を得ようとしている。三年前、私たちはブリア＝サヴァラン週間に参加した。今日では、国の助成金を受けている研究所に、医学博士による《ガストロテクニ》という美食技術の講義が置かれている。

大新聞は、最近、料理人の営業にも薬剤師の営業のように試験を課することを提案した。さし当たっては、サロン・ド・トーヌの美術展に料理術の部門ができ、昨年は料理人コンクールが開催された。

審査員長は大臣職の経験者で、入賞作品は市庁舎に展示され、一般にも公開された。もっともブリア＝サヴァランは恐らく、このことに反対するであろう。彼の時代、料理を作るのは食べてもらうためであった。料理に写真映りの良さや見映えは求められなかった。

人生は短く、人生のもたらす楽しみには限りがある。最も近づきやすい楽しみ、他の楽しみが衰えようとも生きる楽しみ、一生の間、日に二〜三回は確実に手にできる唯一の楽しみをどうしてないがしろにすることができよう。

理想主義者であるパスカル（一六二三〜一六六二。科学者、宗教家、思想家）は「自己を過小評価してはいけない。われわれはエスプリ（精神）であると同時に肉体でもあるのだ」と。その通りである。しかも、肉体は精神の働きを妨げることはできない。

度し難い理想主義者である私たちフランス人にあっても、知性と数々の最も高貴な感情は、味覚が現実にとらえる味わいや、別の形をした快楽の少なくとも一つを見事にわかり合えるのである。

洗練されたおいしい味の料理はフランスの伝統であり、フランスの誇りでさえあることを忘れないようにしよう。外国人たちは早くも十六世紀から、フランスの城や風景を語る一方で、ロースト料理店やオーベルジュ（小規模のホテル・レストラン）に触れている。それは、私たちが書物や制作、大建造物の建造におけるのと同じように、優雅な調和、均整、大きさ、必要なら一粒のファンタジーを付け加えるという心配りを調理の中で行なっているからである。

繰り返すが、美食の優位性をきちんと認めようではないか。美食の優位性ほど、誰もが一致して認める優位性はない。フランス語が外交言語の座を降りようとも、少なくとも、料理用語であり続けることはほどほど満足のいくことである。

皆さん！　以上で私の口頭弁論は終わります。

どうか、ご意見を聞かせてください。

あなたは、ブリア゠サヴァランを有罪にするか、それとも――私が強く望むように――彼を無罪とし、さらに賞賛するかを……。

おわりに

絵画の講演は必ず美術館で行われるであろう。音楽家や詩人についての講演は作品鑑賞の前の緒言でしかない。絵や交響楽を言葉の説明でイメージすることはできない。見るなり、聴くなりする必要がある。舌では感じ取れない言葉に、生き生きとした臨場感を味わうために、会場を自由に行き来してもらい、ブリア゠サヴァランの作品のいくつか、チーズ・フォンデュや竜涎香《りゅうぜんこう》風味のチョコレートなどを味わっていただきましょう[15]。

注

1　フランスの最高裁判所

2　ブリア゠サヴァラン著『味覚の生理学 (*Phisiologic du goût*) Julliad』

3　ジュリー・レカミエ（一七七七〜一八四九）はブリア゠サヴァランのいとこで、著名な人びとが集まるサロンの主宰者として有名であった。彼女の晩年の最も有名な友人はシャートブリアン（一七六八〜一八四八、政治家・作家・美食家）であった。

4　ラブレー：一四九四?〜一五五三?　医者、風刺家、人文学者。

5　モンテーニュ：一五三三〜一五九二、随想録は、時代の新思想や人物批評を行って、新しい文学のジャンルを開いた。

6　父親マルク＝アンデル・ブリアはピュジュー・アン・ビュジェの領主であった。

7　テーヌ：一八二八〜一八九三、文藝批評家、歴史家、実証主義の哲学者で文筆生活に転じ、批評作品で有名である。

8　ブリア＝サヴァランはこの件について、《肥満症の予防と治療》の項で、恋人であったとは言わずに、「私は記憶の残っているかぎりの、最も美しい女性友達として愛していた。このルイーズというお嬢さんはとても可愛い人だった。とりわけ見事に調和のとれた古典的肥満体であり、画家や彫刻家の創造意欲をかきたてるものであった。よくおしゃべりもし、自分（ブリア＝サヴァラン）では気が付かなかったけれども、ひょっとしたらこの色香のせいで、彼女に対するあの清らかな感情がいっそう強められていたのかも知れない。（…中略…）そして彼女の死が、生まれて初めての人の死との対面であった」と。今日（二〇〇九年）でいう拒食症の一種による死であると考えられる。

こうして、パイアンは、ブリア＝サヴァランが一生独身で過ごした理由を本講演で初めて公表した。

9　ヴォルテールは啓蒙思想家中の第一人者であり、彼の思想はフランス革命とつながる知的思潮に重要な影響を与えていた。

10　マラー（一七四三〜一七九三）はフランス革命期の政治家である。フランス革命期に急進的な新聞「人民の友」を創刊。その辛辣な論調が強い批判をあび、しばしば身を隠さざるを得なかった。国民公会に選ばれて山岳派のリーダー的存在となり、急進的な改革を提唱した。

11　パイアン氏はとくに、ブリア＝サヴァランの逃亡時代について、①スイスでのすばらしい夕食の思い出、②ロンドンでの友人・ダルビニャック、③ニューヨーク時代の三つをとりあげて話題にしているが、ブリア＝サヴァラン自身の筆による「亡命時代の食べ物の思い出」と比較すると興味深い。

12　ここで、今日（一九〇〇年代はじめ）と一七九四年の物価を比較してみると、物価上昇がないということである。一九〇〇年代はじめにはフランス中のオーベルジュ（小規模のホテル・レストラン）で、三回のサービスからなるワインが飲み放題のすばらしい食事の値段が一七九四年と同じ、平均二十五フランで供されている。

13　ロベスピエール（一七五八〜一七九四）はフランス革命指導者で、冷酷な権力行使がエスカレートするにつれて人気が衰え、革命裁判所の規制によって断頭台で処刑された。ブリア＝サヴァランは人間的な祖国愛が強く、アメリカ滞在を後に、フランスの秩序が回復した一七九六年九月、ル・アーブルにたどり着いた。

14 一七九九年十一月九日のクーデター、これによってナポレオンが実権を握る。

15 ブリア＝サヴァラン没後一〇〇年を記念して、一九二五年に次のような行事が行われた。

★パリ市広報（二月十一日付）の付録で、リシュリュー通り六十六番地のブリア＝サヴァランがなくなった時に住んでいたところに記念の銘板をつけたが、その時の除幕式でスピーチの収録。

★『フイガロ』の一月三十日付で四面をまるまる使い、当時の名士のコメントを収録。

★『アクション・フランセーズ』の二月二日付で、レオン・ドーデ（作家・政治家）の文章を掲載。

文献　Ferand Payen: Brillat-Savarin, Conseiller a la Cour de Cassation, Gastronome, et Gastrolongue, Peyronnet, Paris (1925)

あとがき

「サヴァラン」というおいしいお菓子をはじめて食べたときの感動！　次には、ネグリタ印のラム酒を探し求めて自分で作り上げ、香り高いシロップをたっぷりと含ませた高雅な風味の「サヴァラン」！　こうして、おいしいお菓子からサヴァランの名を知り、やがて関根秀雄訳『美味礼賛』を手にしたのは、一九五〇年代半ばのことであった。

その後、フランス政府招聘による留学の機会を得、一九六五年秋に、ソルボンヌ近くのデ・ゼコール通りを散歩していると、Julliard 版として復刊された *Physiologie du goût* の山積みされているのが目に止まった。感動しながら、早速一冊を購入し、折々にページをめくった。

関根秀雄・戸部松実訳『美味礼賛（上・下）』（岩波文庫）が出版されたのは一九六七年であった。この文庫版の「あとがき」の中に「……料理の実際については東佐与子女史の教示を得て、ところどころ初版の誤りと不備脱落を訂正補足した」と書かれているが、東佐誉子（本名）先生の門下生の一人である私は、関根先生のあとがきを重く受け止めさせていただいた。関根・戸部訳の『美味礼賛』は、その魅力的な訳書名と緻密で的確な訳文には、右に出るものはなく、同文庫版は今日までに五十一版を重ねているが、本書執筆に際しても、啓発されること多大であった。

また、本書刊行にあたっては、一九九三年からフランス哲学につきご薫陶いただいている東京大学大学院人文社会系研究科松永澄夫教授から、今回、第四部の資料とさせていただいた、フェルナン・パイアン著『政治家そして美食家で知られるブリア・サヴァランについての講演録』(没後一〇〇年記念)の原書をご紹介いただき、入手することができた。さらに、松永教授には、本書のご校閲を賜りましたことに対し、心より感謝申し上げるとともに、常々お励ましをいただいておりますことにも厚く御礼申し上げます。

なお、本書出版につき、献身的なご尽力ご配慮をいただきました㈱東信堂社長下田勝司氏に心から御礼申し上げます。

二〇〇九年一一月

川端　晶子

著者紹介

川端 晶子（かわばた あきこ）

東京農業大学名誉教授、農学博士、食学研究所主宰。

専攻　調理科学、食品物性学、食哲学。

1926年生まれ。日本女子大学家政学部卒業。1965〜1967年、フランス政府招聘留学生としてフランス国立農学研究所に留学。1993〜2009年、東京大学大学院フランス哲学、松永澄夫教授に師事。

著書に『おいしさの表現辞典』(共編、東京堂出版、2006)、『食教育論』(共編、昭和堂、2005)、『レモンでイキイキ』(講談社、2000)、『食品のテクスチャー評価の標準化』(共編、光琳、1997)、「21世紀の調理学全7巻」(編著、建帛社、1996-1997)、『食品物性学』(建帛社、1990)、『ジネットマチオ フランス料理』(共訳書、柴田書店、1976) など。

いま蘇るブリア＝サヴァランの美味学

2009年11月30日　　初　版第1刷発行　　〔検印省略〕

定価はカバーに表示してあります。

著者©川端晶子／発行者 下田勝司　　印刷・製本／中央精版印刷

東京都文京区向丘1-20-6　　郵便振替00110-6-37828

〒113-0023　TEL (03)3818-5521　FAX (03)3818-5514

発行所 株式会社 東信堂

Published by TOSHINDO PUBLISHING CO., LTD.

1-20-6, Mukougaoka, Bunkyo-ku, Tokyo, 113-0023, Japan

E-mail : tk203444@fsinet.or.jp　　http://www.toshindo-pub.com

ISBN978-4-88713-945-9 C1098

東信堂

（世界美術双書）

バルビゾン派	井出洋一郎	二〇〇〇円
キリスト教シンボル図典	中森義宗	二三〇〇円
パルテノンとギリシア陶器	関 隆志	二三〇〇円
中国の版画―唐代から清代まで	小林宏光	二三〇〇円
象徴主義―モダニズムへの警鐘	中村隆夫	二三〇〇円
中国の仏教美術―後漢代から元代まで	久野美樹	二三〇〇円
セザンヌとその時代	浅野春男	二三〇〇円
日本の南画	武田光一	二三〇〇円
画家とふるさと	小林 忠	二三〇〇円
ドイツの国民記念碑―一八一三年―一九一三年	大原まゆみ	二三〇〇円
日本・アジア美術探索	永井信一	二三〇〇円
インド、チョーラ朝の美術	袋井由布子	二三〇〇円
古代ギリシアのブロンズ彫刻	羽田康一	二三〇〇円

（芸術学叢書）

芸術理論の現在―モダニズムから	藤枝晃雄・谷川 渥 編著	三八〇〇円
絵画論を超えて	尾崎信一郎	四六〇〇円
美術史の辞典	P・デューロ他 中森義宗・清水忠訳	三六〇〇円
バロックの魅力	小穴晶子編	二六〇〇円
新版 ジャクソン・ポロック	藤枝晃雄	二六〇〇円
美学と現代美術の距離―アメリカにおけるその乖離と接近をめぐって	金 悠美	三八〇〇円
ロジャー・フライの批評理論―知性と感受性の間で	要 真理子	四二〇〇円
レオノール・フィニ―境界を侵犯する新しい種	尾形希和子	二八〇〇円
いま蘇るブリア＝サヴァランの美味学	川端晶子	三八〇〇円
ネットワーク美学の誕生―「下からの綜合」の世界へ向けて	川野 洋	三六〇〇円
イタリア・ルネサンス事典	J・R・ヘイル編 中森義宗監訳	七八〇〇円
福永武彦論―「純粋記憶」の生成とボードレール	西岡亜紀	三二〇〇円
雲の先の修羅―『坂の上の雲』批判	半沢英一	二〇〇〇円